O chamado ao discernimento
em tempos conturbados

Dean Brackley

O chamado ao discernimento em tempos conturbados

Novas perspectivas para a sabedoria transformadora de Inácio de Loyola

Tradução:
Barbara Theoto Lambert

Edições Loyola

Título original:
The call to discernment in troubled times
© 2004 by Dean Brackley, SJ
The Crossroad Publishing Company
831 Chestnut Ridge Road, Chestnut Ridge, NY 10977
ISBN 978-0-8245-2268-1

This book was published by arrangement with The Crossroad Publishing Company.
Este livro foi publicado em acordo com *The Crossroad Publishing Company.*

Dados Internacionais de Catalogação na Publicação (CIP)
(Câmara Brasileira do Livro, SP, Brasil)

Brackley, Dean
   O chamado ao discernimento em tempos conturbados : novas perspectivas para a sabedoria transformadora de Inácio de Loyola / Dean Brackley ; tradução Barbara Theoto Lambert. -- São Paulo, SP : Edições Loyola, 2021. -- (Exercícios espirituais & discernimento ; 1)

   Título original: The call to discernment in troubled times : new perspectives on the transformative wisdom of Ignatius of Loyola.
   ISBN 978-65-5504-119-4

   1. Inácio de Loyola, Santo, 1491-1556. Exercícios espirituais 2. Vida espiritual - Igreja Católica I. Título II. Série.

21-78179   CDD-248.3

Índices para catálogo sistemático:
1. Inácio de Loyola, Santo : Exercícios espirituais : Cristianismo   248.3
Eliete Marques da Silva - Bibliotecária - CRB-8/9380

Capa e diagramação: Viviane Bueno Jeronimo
     foto © Kenjo | Adobe Stock
Revisão técnica: Antonio Abreu, SJ
Revisão: Rita Lopes

Edições Loyola Jesuítas
Rua 1822 nº 341 – Ipiranga
04216-000 São Paulo, SP
T 55 11 3385 8500/8501, 2063 4275
editorial@loyola.com.br
vendas@loyola.com.br
www.loyola.com.br

Todos os direitos reservados. Nenhuma parte desta obra pode ser reproduzida ou transmitida por qualquer forma e/ou quaisquer meios (eletrônico ou mecânico, incluindo fotocópia e gravação) ou arquivada em qualquer sistema ou banco de dados sem permissão escrita da Editora.

ISBN 978-65-5504-119-4

© EDIÇÕES LOYOLA, São Paulo, Brasil, 2021

100122

Aos meus pais, Nan e Dean,
a quem mais devo depois de Deus —
com profunda admiração, gratidão e afeto.

Sumário

A conversão da copidescadora: apresentação para os
  incrédulos (Ellen Calmus) 9

Agradecimentos 19

Libertar-se

1. Espiritualidade em prol da solidariedade 23

2. Livres para amar 31

3. A realidade do mal 41

4. Perdão 51

5. Reforma de vida 61

6. Regras de discernimento 67

Alguma coisa pela qual vale a pena viver

7. O chamado 81

8. O Reino de Deus 93

9. Contemplação de Cristo 99

10. As Duas Bandeiras 105

11. Mobilidade descendente 117

12. Humildade e solidariedade 133

13. Expansão da alma 137

Discernir e decidir

14. A vida no Espírito 155
15. Mais regras de discernimento 163
16. Três modos de tomar decisões............................... 173
17. O caminho de verdade e vida 189

Paixão e compaixão

18. A graça da compaixão 207
19. A solidariedade de Deus 213
20. Felizes os perseguidos 221

Ressurreição

21. A ressurreição e o Espírito.................................... 229
22. Consolação, ação e libertação............................... 239
23. Para aprender a amar como Deus 249

Oração

24. Introdução à oração.. 263
25. Escola de oração 275
26. Oração terrena 283

O pinguim é real 295

Apêndices 299

Abreviaturas.. 313

Bibliografia selecionada de recursos inacianos, em inglês 315

Sobre o autor... 319

A conversão da copidescadora: apresentação para os incrédulos

Ellen Calmus

Enquanto fazia o copidesque do manuscrito deste livro, aconteceu-me uma coisa extraordinária — apesar do fato de eu ter iniciado a tarefa sem o menor interesse no assunto, supondo que todos os livros de teologia fossem por definição incompreensíveis, confusos e enfadonhos. Eu só tinha uma vaga ideia de quem era Inácio de Loyola e nunca tinha ouvido falar de seus Exercícios Espirituais, mas imaginei que também fossem incompreensíveis e enfadonhos.

Mesmo assim, tendo feito bastante copidesque no decorrer de muitos anos como escritora necessitada, imaginei que poderia fazer meu trabalho costumeiro de organizar o manuscrito nos termos dos problemas que surgem em praticamente tudo escrito em minha amada e com tanta frequência maltratada língua inglesa, independentemente do assunto. Avisei ao autor que minha leitura refletiria necessariamente o fato de eu não ser "alguém que crê" (o que quer que isso significasse) em nenhum sentido tradicional da palavra: minha educação foi fortemente calcada primeiro nas ciências, em especial em física, e mais tarde nas artes, enquanto minha instrução religiosa foi uma mixórdia de igrejas nas regiões onde cresci, filha de pais ateus (que lavaram as mãos quanto à educação religiosa, mas permitiram que eu acompanhasse amigos a uma diversidade de escolas bíblicas protestantes na Flórida, a um templo judaico em Nova York e a uma eventual missa católica com uma vizinha ítalo-americana em San Antonio). Em minha família, a religião era reconhecida principalmente como fonte de material para piadas e prova da ingenuidade humana. Embora qualquer coisa que dependesse de uma educação cristã tradicional estivesse com certeza bem acima de minha capacidade, pensei que eu poderia ser de alguma utilidade como caso precedente para a ideia do autor de tornar o pensamento inaciano acessível ao leitor pós-moderno, pós-religioso: além do papel usual do copidescador, eu seria uma espécie de prova dos nove incrédula para o manuscrito.

Afinal por que assumi a tarefa se tinha tão pouco interesse no assunto? Para explicar, tenho de lhes falar um pouco sobre o autor, Dean Brackley, e como o conheci — e receio ter de lhes contar também um pouco de minha história. Fui apresentada a Dean em San Salvador na UCA (Universidad Centroamericana), durante uma vigília noturna em memória dos seis professores jesuítas ali assassinados na guerra. Era o sexto aniversário da morte deles, a primeira dessas vigílias a que compareci. Fiquei com medo de ir não tanto por temer algum ato de repressão (sobrevivi a muitos momentos com esse medo durante os anos de guerra, mas aparentemente esses dias tinham acabado). Não, o que me assustava era o medo das lembranças que o evento poderia reviver.

Eu mal pusera os pés no *campus* da UCA desde que assistira ao funeral dos seis jesuítas, em 1989 — tempo estranho aquele, com guerra nas ruas de San Salvador, sons que ecoavam da explosão do vulcão, helicópteros que voavam no céu com metralhadoras que se projetavam para fora da porta, o ar de certas regiões com cheiro de cadáveres deixados no calor durante dias de combate inconsequente. Estava atordoada demais para ter medo. As lembranças daquelas semanas formavam uma confusão caleidoscópica de impressões vivas demais, detalhes lembrados cortantes como cacos de vidro, justapostos de forma estranha, difíceis de reconciliar. Um dos seis, Ignacio Martín-Baró — Nacho, para os amigos —, dedicado psicólogo social inovador e vice-reitor da UCA, foi meu mentor e amigo durante o ano que passei em El Salvador entrevistando pessoas para um livro sobre a guerra e fiquei arrasada com sua morte, caindo em uma depressão tão profunda que me deixou incapaz de escrever.

Senti-me um fantasma na noite em que compareci à vigília, um fantasma entre fantasmas. Zanzei silenciosamente entre grupos de pessoas pela estrada que serpenteava colina acima passando pelos prédios da UCA até os degraus da biblioteca, tremendo na noite tropical. Uma procissão de pessoas com velas passou por mim, a luz quente em rostos que não reconheci, de pé em meu círculo de escuridão. Corri os olhos pela multidão, pensando se veria pessoas que conheci durante os anos de guerra — tantos que talvez estivessem ali ou que talvez não tivessem sobrevivido. Então ouvi chamarem meu nome. Olhei em volta e vi um grupo de pessoas da paróquia de Nacho, em Jayaque. Fiquei admirada por ainda lembrarem meu nome do tempo em que Nacho me levou lá tantos anos antes. Morena (uma das mulheres mais maternais na face da terra, que tinha sido assistente de Nacho na paróquia) e eu nos abraçamos e choramos e percebi que estava precisando fazer isso havia anos. Enquanto eu enxugava os olhos, Morena me disse: "Você precisa conhecer o Padre Dean!" — apontando para um estrangeiro alto e magricela de óculos, em pé ali perto. Explicou que ele era o sacerdote americano que tinha assumido a paróquia de Jayaque depois que Nacho morreu. Embora eu tivesse me emocionado ao ver Morena e o grupo de Jayaque, francamente não fazia muita questão de conhecer o padre americano que veio assumir o lugar de Nacho na paróquia — se ele nem mesmo era salvadorenho e só veio depois que Nacho se foi, então imaginei que não podia ter conhecido meu amigo, assim de que adiantaria conversar com ele? —, mas não dava para resistir à Morena. Portanto fomos apresentados. Considerando todos os pontos contra ele, o Padre Dean Brackley parecia bem simpático. Não que eu me interessasse muito por pessoas simpáticas naqueles tempos sombrios.

Só quando voltei a El Salvador no décimo aniversário dos assassinatos comecei a apreciar a profundidade do conhecimento que Dean possuía. Passei por sua sala no departamento de teologia na UCA para cumprimentá-lo e de algum modo tive a *confianza* de dizer-lhe que durante essa visita eu — finalmente — pretendia visitar alguns dos lugares difíceis para mim em El Salvador, na esperança de que isso me ajudasse a retomar o trabalho em meu livro. Dean me surpreendeu, oferecendo-me o tipo de apoio moral que esperaríamos da família ou de velhos amigos (quando acontece de termos muita sorte no departamento de família e de velhos amigos). Sua sala passou a ser para mim um ponto de parada frequente durante essa visita: depois de uma entrevista difícil ou uma visita a um lugar carregado de lembranças que eu não via desde a guerra, Dean e eu íamos almoçar em um pequeno restaurante mexicano em uma subida perto da UCA e ali eu lhe contava onde estivera e o que ouvira e chorava sobre minhas tortilhas. Foi com o apoio e o incentivo de Dean que pude finalmente encarar aquele reencontro inicial com os lugares que tinham me afetado tão profundamente e falar a respeito de Ignacio Martín-Baró com alguém que parecia realmente entender o grande homem que eu conhecera, o que, acredito, Dean aprendeu a conhecer ao trabalhar com os antigos colegas, alunos e paroquianos de Nacho.

Receber seu apoio enquanto eu enfrentava o que precisava enfrentar ali, beneficiar-me daquele acompanhamento exatamente quando eu mais precisava dele, ao dar os primeiros passos hesitantes para pôr meu livro de volta nos trilhos, deixou-me tão profundamente grata a Dean Brackley que eu não conseguia imaginar como retribuir tanta generosidade. Foi essa gratidão que, quando Dean me contou também estar escrevendo um livro, levou-me a me prontificar a ler o manuscrito do livro que você tem nas mãos. Um livro de teologia. Como eu disse, imaginei que seria um trabalho incompreensível e enfadonho, mas eu estava tão grata por começar a sair daquela nuvem de tristeza paralisante, bloqueadora, que disse a Dean que ficaria muito feliz em fazer o copidesque de seu manuscrito, jurando intimamente que por mais incompreensível que a teologia acabasse sendo, no decorrer de meus trabalhos usuais de copidesque eu faria o possível para torná-la compreensível.

No princípio, minha — do que chamar o impedimento com o qual o descrente trabalha ao ler um livro de religião? — minha *desvantagem teológica* tornou esse trabalho desalentador. Ao encontrar a primeira referência a Deus, eu queria imediatamente assinalar na margem em vermelho: Defina seus termos! Eu sabia que isso não era para ser álgebra, mas toda a minha educação se baseara na ideia de que para falar de alguma coisa precisamos concordar sobre o que essa coisa é. Contudo, aqui parecia que desde a página um estávamos mergulhando diretamente no inefável. Decidi pensar na palavra "Deus" no texto como uma espécie de variável desconhecida, o X, cujo valor surgiria quando eu solucionasse o restante da equação. Isso parece ridículo? Foi como procurei pôr de lado minha descrença a fim de tentar seguir uma lógica que me parecia bem estranha. O salto mental envolvido lembrava-me poesia, o que me ajudou em direção a uma espécie de definição de trabalho: *a força que pelo fusível verde guia a flor, pairando sobre o mundo inclinado com — ah! — asas brilhantes.* Não exatamente Euclides, mas por enquanto servia. Era um pouco inquietante ver-me iniciando a travessia de águas tão inexploradas, mas a escrita clara e sensata de Dean me transportava e eu prosseguia lendo.

Nos primeiros parágrafos a corrente levou-me diretamente às ideias do próprio Inácio — e me surpreendi ao descobrir que elas imediatamente começaram a me fascinar. Fiquei impressionada (graças em parte às paráfrases de Dean) pela modernidade desse soldado espanhol quinhentista que virou religioso. De jeito nenhum incompreensível! De fato, parecia-me que Inácio estava séculos à frente de nossos psicólogos modernos na percepção das dificuldades que encontramos na vida devido às formas essenciais pelas quais não conseguimos entender a nós mesmos, tomando decisões que são contrárias a quem somos e seguindo nas direções que mais nos sabotam. Impressionou-me a inteligência pura por trás dos exercícios de meditação que Inácio criou para nos ajudar a tomar decisões importantes na vida, para a qual estamos — por definição — despreparados. Como sabermos, antes de nos comprometer a seguir durante anos um caminho que pode ser ou ser certo para nós, o que significa desposar determinada pessoa ou escolher uma carreira em particular? Bem, acontece que Inácio de Loyola tem alguns métodos muito específicos para nos ajudar a compreender as coisas. Eu me vi desejando que alguém tivesse me dado este livro para ler anos atrás.

Enquanto continuava a enfrentar a tarefa com disposição, não pude deixar de sentir o momento ocasional de susto provocado pela contínua interrupção de minha incredulidade nativa, mas fiz o melhor que pude para manter o equilíbrio pelo cuidadoso exercício de minha arte, metendo vírgulas onde eram necessárias, removendo-as onde não eram, fechando aspas, mantendo as orações em ordem. Ainda assim, havia muitos outros escolhos de vocabulário nos quais encalhar. "Fé", por exemplo. O conceito de fé, empregado no sentido religioso, sempre foi um dos termos mais problemáticos para mim. A ideia de crer em alguma coisa só porque decidimos crer nela, ou — pior — porque nos dizem que devemos crer, parecia-me a própria semente do autoritarismo, o primeiro passo para desistir do que considero ser o maior tesouro dos seres humanos: nossa capacidade de questionar, de examinar as coisas e decidir com base nos indícios que nos foram apresentados. Mas em uma repentina mudança de perspectiva trazida à baila, creio eu, pela análise incomum de ideias religiosas por parte de Dean em um contexto moderno, comecei a me perguntar se esse conceito de fé que parecia exótico não teria um sentido mais interessante de modo geral do que aquele que aprendi em criança, alguma coisa semelhante à noção, tão querida de nós pós-modernos, de amor-próprio, a crença em nossa capacidade de agir eficazmente no mundo, o sentimento de que merecemos ser amados e que tantos de nós parecemos não ter. Vi-me querendo repensar muitas ideias que eu havia rejeitado anos antes como infantilidades que deviam ser descartadas ao entrarmos na idade adulta racional. Essas ideias não eram, em absoluto, superficiais, mas sim as praias de continentes inteiramente novos de conceitos a serem explorados.

À medida que a combinação da acuidade inaciana com a análise de amplo alcance que Dean faz do sentido inaciano e de como suas ideias podem ser usadas para abordar as necessidades e os problemas específicos da sociedade mais interligada de hoje levava-me a avançar no texto, eu continuava a ler da maneira atenta, de lupa na mão como é costume dos copidescadores. O que aconteceu em seguida — a coisa extraordinária que mencionei — é difícil de descrever. De fato, acho que talvez seja impossível descrever exatamente o que aconteceu, mas vou tentar descrever *como* aconteceu.

Em casa, no México, trabalhei intermitentemente no texto de Dean durante vários meses enquanto me recuperava de um divórcio doloroso. Naquele ano vi a aproximação do Natal com pavor: nessas circunstâncias, eu só queria ficar sozinha. Festividades estavam fora de questão, por isso decidi aproveitar o tempo de desânimo para adiantar o mais possível o copidesque daquela pilha de capítulos. Fiz uma sopa e instalei o computador na mesa da sala de jantar, vazia de tudo, exceto com uma samambaia de vaso. Dean tinha questionado minha decisão de fazer isso, dizendo que eu só deveria dedicar os feriados ao trabalho de copidesque se eu realmente quisesse. "Quero realmente", eu disse. Aos poucos amigos que perguntaram sobre meus planos, respondi rindo que pretendia passar o Natal com Santo Inácio, o que acharam divertidamente original.

As ruas se esvaziavam enquanto montes de residentes da Cidade do México saíam da cidade para estar com os parentes no campo ou nas praias. Meu prédio estava quase vazio e toda a cidade foi ficando muito silenciosa. Em 23 de dezembro, sentei-me na frente do computador e comecei a trabalhar no capítulo intitulado "Humildade e solidariedade". Trabalhei sem parar, só fazendo uma pausa para aquecer a tigela de sopa ocasional, que tomava sentada em frente ao computador enquanto continuava a estudar o texto. No dia seguinte, véspera de Natal, eu me vi, quase sem saber como cheguei lá, absorvida no capítulo seguinte: "Expansão da alma". A essa altura, não tinha vontade de parar nem para tomar sopa. Estava tão absorvida no texto que a mesa da sala de jantar estava começando a parecer o lugar mais atraente da cidade. Ao fazer uma pausa, notei como um feixe da luz solar do fim da tarde iluminava a samambaia e meu pequeno *laptop*. A Missa em Si Menor de Bach estava tocando no aparelho de som, a coisa mais próxima de música natalina que eu tinha à mão. Trabalhei sem parar a noite toda? Acho que devo ter descansado em algum momento, embora a essa altura estivesse tão envolvida no trabalho — um capítulo fundindo-se no outro — que dormir começou a me interessar tão pouco quanto comer. Sem eu saber bem como aconteceu, a véspera de Natal transformou-se em manhã de Natal.

Ora, há uma peça que prego em mim mesma quando faço copidesque. Imagino que sou o autor ou, talvez com mais exatidão, que habito a mente do autor. Acho isso útil, pois ajuda-me a perceber aonde o texto vai e desse jeito é mais fácil para mim entender quando o autor tem em mente alguma coisa que não chegou muito bem à página. Pode parecer um jeito esquisito de fazer copidesque, mas para mim funciona. Entretanto, eu nunca tinha feito o copidesque do texto de um autor com uma mente como a de Dean Brackley — muito menos como a de Inácio de Loyola. A experiência de imaginar-me dentro dessas duas mentes excepcionais começou a ter um efeito curioso: eu me via sentada quieta diante do computador, fitando o vazio, os pensamentos voando alto. O que acho que acontecia era que, sem qualquer intenção de fazer isso, eu estava de maneira natural entrando no tipo de meditação recomendada por Inácio — e Dean — nesses capítulos. Era como se, mesmo enquanto minha mente racional continuava a funcionar, alguma inteligência mais profunda aí dentro começava a despertar e a se envolver.

Foi quando a coisa aconteceu — embora dificilmente eu saiba que nome lhe dar. Se eu estivesse escrevendo em um contexto comum, não teológico, não hesitaria em chamá-la de milagre (hoje em dia usamos a palavra tão imprecisamente como superlativo de múltiplas finalidades para qualquer coisa, de qualquer modo), mas aqui a palavra corre o perigo de ser tão literalmente apropriada que é quase presunção escrevê-la. Talvez eu desista de lhe dar nome e só tente descrever o que parecia ser. Embora isso também não seja fácil e eu não tenha certeza como é possível comunicar esse tipo de coisa com alguma clareza.

Vou tentar. Era como se as duas palavras, "luz" e "leve" fossem de repente uma só, o mundo brilhantemente iluminado e, como se por uma correlação inteiramente lógica em uma geometria não euclidiana de uma física altamente avançada, todo peso tivesse se convertido em leveza. O sol resplandeceu como piscadela celeste de cumplicidade e a luz transformou-se em uma felicidade que eu não sentia desde a morte de Nacho. Doze anos de depressão evaporaram-se, simplesmente dissiparam-se de meus ombros. A felicidade não era em absoluto uma espécie de tontura provocada pelo champanha. Parecia mais uma claridade, uma transparência maravilhosa. Recordando aquele momento, o que ele mais me lembra é o tempo em que, adolescente de muita sorte, fui ouvir um físico verdadeiramente genial explicar a prova da teoria de Einstein da relatividade especial e, depois de seguir o físico por domínios de cálculo que ampliaram os limites de minha capacidade eu, de repente, radiante de assombro e admiração, *compreendi* a relatividade especial.

★ ★ ★

O que fazer com essa graça repentina? Olhei pela janela: ainda era Natal; eu ainda estava sozinha. O que fiz — com ainda mais prazer que antes — foi simplesmente continuar o copidesque, imaginando enquanto isso quanto tempo duraria aquela sensação maravilhosa. Pouco tempo depois, tendo ficado dias em silêncio, o telefone tocou. De algum modo, embora fosse uma extravagância de longa distância e ele nunca tivesse me ligado antes, não fiquei surpresa ao ouvir a voz de Dean na linha (do jeito que me sentia não ficaria inteiramente surpresa se o telefonema tivesse sido do próprio Inácio). Suponho que Dean tenha sentido um pouco de compaixão por mim, principalmente sabendo como eu tinha estado deprimida e considerando que eu estava passando o Natal sozinha, não fazendo nada além do copidesque de seu manuscrito e acho que o chamado era apenas uma gentileza de sua parte. Mas, naquele momento esplêndido, parecia inteiramente de acordo com a súbita mudança no universo que eu experimentara havia mais ou menos uma hora. Dean pareceu surpreso de me encontrar tão bem disposta, mas estava além de minhas possibilidades explicar o que acontecera. Disse-lhe que estava muito bem, apreciando muito o trabalho e desejamos Feliz Natal um ao outro.

Será que eu ficaria surpresa se soubesse que exatamente dali a um ano Dean me batizaria? Embora eu ache que nada me surpreenderia depois do que aconteceu naquela manhã, certamente a ideia nunca me passou pela cabeça. Mas foi isso realmente o que, depois de um ano fazendo perguntas e falando de teologia com Dean e vários amigos religiosos pacientes, aconteceu na igreja da Cidade do México, chamada La Resurrección, em uma missa simples que incluiu uma cerimônia batismal tão comovente que me fez sentir legalmente adotada por aquela paróquia de boas almas, que continuam a me tratar com a mais gentil das afeições. Sempre que vou à missa em La Resurrección, parece-me que o que os teólogos da libertação dizem a respeito de Cristo estar presente nos pobres é verdade de maneira visível e palpável. O verdadeiro milagre é que a felicidade daquela gloriosa manhã de Natal ainda está comigo, não mostrando nenhum sinal de diminuir, apesar dos ataques de setembro e da guerra que se seguiu — sem mencionar doenças, adversidades na família, morte de amigos, problemas financeiros —, ao longo do caminho foi preciso suportar alguns golpes.

Houve, confesso, um momento de abalo de fé, quando me perguntei, o que é que uma feminista como eu fazia pensando em entrar para uma instituição tão dominada pelos homens e abalada por erros e contradições como a Igreja Católica. Quando contei a meus amigos teólogos, eles agiram depressa, organizando entrevistas com feministas católicas e freiras de notável inteligência e força espiritual. Refleti (enquanto continuava a fazer copidesque) que, até mesmo nosso Inácio católico quinhentista, parece ter tido alguma coisa parecida com uma sensibilidade feminista. Ocorreu-me uma analogia política. Com certeza eu não esperaria que amigos imigrantes decidissem tornar-se cidadãos dos EUA para endossar a política externa de qualquer administração que estivesse no poder no momento, mas eu me alegraria se trouxessem mentes questionadoras para nossa democracia em desenvolvimento. Não era igualmente razoável para mim ingressar na Igreja e manter minha convicção de que o domínio masculino é arcaico e contrário ao cristianismo, errado por mil razões e precisa deixar de existir? Quem sabe: talvez eu metesse a colher de pau para ajudar essa evolução a ir adiante.

Por outro lado, eu sabia que nunca poderia ingressar na Igreja Católica ou em qualquer outra igreja se isso exigisse que eu me distanciasse de outras igrejas e religiões importantes para mim: o judaísmo de meus primos e amigos nova-iorquinos com quem compartilho a Páscoa judaica, a ciência cristã de minha amada tia Anne e meus primos do Maine, as igrejas presbiterianas que me fazem sentir à vontade em Princeton e outras cidades americanas. Dean contou-me que muitos católicos têm laços estreitos com outras religiões, mencionando um de seus irmãos jesuítas cuja prática religiosa inclui celebrar o sábado na tradição judaica e assegurou-me que a Igreja Católica não me excluiria pela associação com outras religiões: outro obstáculo desapareceu. E embora eu anteriormente entendesse que a palavra "conversão" significava a renúncia a uma religião supostamente inferior em favor de uma supostamente superior — conceito que eu achava condescendente demais para levar a sério — passei a entender o conceito de conversão no sentido de transformação espiritual. De jeito nenhum condescendente, mas profundamente interessante.

O tempo todo, aquele momento confortante de alegria natalina amparou-me nessas e em outras dúvidas sérias e manteve-me no que talvez fosse um estado prazeroso quase importuno naqueles meses exaustivos de trabalho com os Serviços Católicos de Assistência Social, durante o terremoto de 2001, em El Salvador. Porém o melhor de tudo foi que a intensa felicidade que se desenvolveu durante o ano de sucessivas epifanias depois daquele momento de luz natalina deu-me a coragem para enfrentar a dor do passado, superar meu bloqueio como escritora — e voltei a escrever.

Não prometo que se ler este livro você terá a mesma experiência transformadora que eu tive. Mas creio haver uma boa chance de, se lê-lo com alguma atenção e refletir nas ideias aqui apresentadas, portas podem bem se abrir. Considere o fato de eu ter começado a ler o livro sem absolutamente nenhum interesse em seu conteúdo: tendo pegado este livro voluntariamente, você já está cinco passos à frente de onde eu estava quando comecei a leitura. Talvez você também esteja bem à minha frente na capacidade para falar de coisas espirituais, pois confesso que a palavra "Deus" ainda me deixa apreensiva; minha variável X continua indefinida, ao menos em palavras. Entretanto, está claro para mim que as fórmulas apresentadas aqui funcionam — embora, como dizem, de modos misteriosos. Se acontece de você ser como eu era, incrédulo sem nenhuma experiência em espiritualidade cristã, aconselho-o a pôr de lado sua descrença pelo tempo que levar para ler este livro e tentar fazer estes exercícios: penso que vai achar esta abordagem particularmente acessível para entender o que significa essa experiência. O que Inácio de Loyola planejou fazer há quatro séculos e o que Dean Brackley planejou tornar acessível às pessoas de nosso tempo é uma espécie de metodologia que nos ajuda a preparar o terreno a fim de estar o mais bem equipado possível para tomar as decisões que nos levarão a uma vida melhor e mais realizada. Quer a leitura deste livro leve-o a uma experiência espiritual transformadora, quer não leve, estes exercícios destinam-se a ajudá-lo a obter discernimentos mais profundos de si mesmo, seus talentos, seus anseios e seu relacionamento com o resto do mundo — uma conquista nada pequena nesta nossa época fragmentada.

Malinalco, México
Abril de 2004

Agradecimentos

Ao escrever este livro, recorri bastante à experiência e ao testemunho de outras pessoas. Esse modesto processo ajudou-me a melhor apreciar tudo que temos como dons recebidos.

Muita gente ajudou a tornar este livro possível. Quero agradecer aos colegas da Universidad Centroamericana (UCA) em San Salvador que me dispensaram de outras tarefas, bem como aos muitos amigos que compartilharam seus conhecimentos, hospitalidade e recursos no Woodstock Theological Center em Washington, D.C.; no Jesuit Center for Spirituality in Wernersville, Pensilvânia; no Ciszek Hall na Fordham University no Bronx; na Schell House e na John Carroll University em Cleveland; e na St. Alphonsus House e no Loyola Center na St. Joseph's University na Filadélfia.

Sou particularmente grato a Gwendolin Herder e Roy Carlisle da Crossroad por sua paciente colaboração e assistência. Também desejo agradecer a Tom Clarke, SJ, Elinor Shea, OSU, Miriam Cleary, OSU, Sagrario Núñez, ACJ, Mary Campbell, Jack Barron, SJ, Gene Palumbo, Dan Hartnett, SJ, Arthur Lyons, Vincent O'Keefe, SJ, Jon Sobrino, SJ, Peter Gyves, NSJ, José Antonio Pacheco, SJ, David López, Martha Zechmeister, Xavier Alegre, SJ, Robin Waterman, Jean Stokan e Trena Yonkers Talz as proveitosas sugestões e a Zulma Alvarado a assistência como secretária.

Tenho um débito impagável com Ellen Calmus que, com talento e generosidade, melhorou imensamente o estilo e o conteúdo do livro.

DB
San Salvador
Abril de 2004

Libertar-se

Estes tempos turbulentos expõem nossa necessidade de disciplina do espírito. Para reagir a nosso mundo, precisamos estar livres para amar. Isso envolve a transformação pessoal, que inclui aceitar o mal no mundo e em nós mesmos, acolhendo o perdão e a mudança.

1

Espiritualidade em prol da solidariedade

Vivemos em tempos conturbados. Embora as pessoas se conectem como nunca, o mundo parece mais fragmentado. Somos inundados por informações, porém é difícil obter o sentido do todo. À medida que as comunidades e as famílias se desintegram, nós nos sentimos mais sozinhos. Os monstros vorazes da ganância, das desenfreadas forças de mercado e da violência rondam o planeta, deixando em seu rastro a miséria e a exclusão. O vírus da aids se espalha e a crise ambiental intensifica-se. Tudo isso deixa muita gente desanimada e apreensiva.

Mas há sinais de esperança. Um desses sinais é o crescente interesse na espiritualidade. Ao mesmo tempo que o deserto do materialismo se expande, as pessoas procuram água doce. Com "espiritualidade" quero dizer disciplina do espírito (que somos), um modo de vida. Para os que creem, a espiritualidade é um modo de vida "no Espírito", com E maiúsculo, um modo de viver-no-mundo em relação a Deus. Para os cristãos, é um jeito de seguir Cristo.

A desorientação que tantos sentem hoje atingiu-me pessoalmente na faculdade. A perplexidade começou enquanto eu refletia em como todos os gênios que estávamos lendo discordavam entre si. Para mim, a visão de vida de cada um parecia tão válida ou inválida quanto a dos outros, o que provocou profunda crise. Cresci católico, fui instruído na fé e tive exemplos maravilhosos. Agora parecia que a doutrina cristã pairava sobre um abismo. Relembrando, vejo que eu não tinha experiência, particularmente a que nos ajuda a entender a vida e seus enigmas. Eu não tinha familiaridade com o sofrimento dos pobres.

Felizmente, minha criação deu-me recursos para essa crise que durou quatro anos. Apeguei-me à moralidade básica e a um sentimento de vocação (na ocasião eu me preparava para ser jesuíta). Procurei orientação e usei ferramentas que adquirira recentemente, como as "Regras de discernimento" de Santo Inácio de Loyola. Embora eu tivesse dúvidas a respeito de Deus, parecia-me que as palavras de Inácio tinham um bom sentido prático. Suas regras ajudaram-me a atravessar dias de depressão e ansiedade e prometeram que eu sobreviveria à tempestade. Elas me ajudaram a perceber que ao me aproximar do sofrimento eu experimentava uma sensação de firmeza e certo alívio. Deixar o drama de vida e morte romper minhas defesas — o drama de adultos e jovens sem futuro, em risco na parte baixa de Manhattan onde eu morava e trabalhava — ajudou-me a reunir meu eu disperso. Aproximar-me dessa gente me fez bem.

Desde então, esse tipo de experiência continuou a me alimentar. Os crucificados de hoje nos conduzem ao centro das coisas. Com o tempo, ajudaram-me a redescobrir o cristianismo. Durante aqueles anos difíceis e desde então, a trajetória inaciana, a espiritualidade inaciana, foi e tem sido crucial para eu encontrar meu caminho.

Descobri que tinha companhia. Muitos outros seguiam a mesma trajetória que eu, especialmente membros de minha "tribo" de classe média. Para muitos, envolver-se com as vítimas da história foi momento decisivo em sua jornada, deixando-os "arruinados por toda a vida", como dizem os voluntários jesuítas (arruinados, isto é, para a vida convencional à qual outrora aspiravam). As vítimas nos ajudam a achar um propósito na vida. Ajudam-nos a descobrir nossa vocação para a solidariedade.

Nestes tempos de transição, o mundo clama por isso. Uma "ordem" está se desfazendo e sua sucessora ainda não está à vista. Não tenho certeza de qual é a melhor estratégia política para fazer do mundo um lugar mais habitável. Sei que o mundo precisa de uma multidão de pessoas críticas que reajam ao sofrimento, que estejam prontas para um compromisso de longo prazo e que no caminho façam escolhas sensatas. Sem esses "novos seres humanos", duvido que algumas quantias de dinheiro, estratégias sofisticadas e mesmo mudanças estruturais façam nosso mundo muito mais humano.

Inácio: cultivar a chama

Levar uma vida de serviço generoso exige espiritualidade. Que é onde Inácio entra. Gênio da vida espiritual, ele viveu na Europa no alvorecer dos tempos modernos e abordou a necessidade crescente de espiritualidade personalizada, o que, durante a Idade Média, era considerado mais apropriado para profissionais religiosos — monges, freiras e o clero. Plebeus religiosos tinham de se contentar com o mínimo de sacramentos e devoções populares, inclusive práticas públicas como procissões. Em retrospecto, avaliamos como o desmoronamento da Idade Média trouxe à luz a necessidade de uma espiritualidade personalizada para os leigos. No tempo de Inácio, as devoções oficiais e coletivas mostravam-se menos proveitosas para sustentar um compromisso cristão sério. A Renascença, a redescoberta da Bíblia, a invenção da imprensa, o nascimento da ciência moderna, a descoberta de "novos mundos" — tudo isso desestabilizou a confiança exclusiva na autoridade antiga e no costume venerável. O comércio facilitou as viagens; as pessoas percebiam que suas tradições eram locais, não universais. Essa situação formulou perguntas semelhantes às que fazemos em nossos tempos desregradamente pluralísticos: Como estabelecermos nossas convicções e cumprirmos compromissos e como fazermos isso juntos?

Nas cidades de uma Europa renascentista que lutava com o sofrimento da Reforma, as pessoas razoáveis discordavam cada vez mais a respeito das questões básicas da vida. Em um ambiente de questionamento crítico e alternativas viáveis, não poderia haver substituto para a convicção pessoal fundamentada não só na fé, mas também na experiência e na razão.

Inácio respondeu a esses tempos inconstantes com originalidade incomum. Soldado basco, até os trinta anos, Iñigo (como ele foi batizado) buscou os prazeres e o prestígio da vida palaciana. Mas em 1521, enquanto convalescia em Loyola de um ferimento em combate em Pamplona, ele passou por uma experiência intensa que mais tarde interpretou como ação direta de Deus sobre ele. Sentiu dentro de si o nascimento de um grande amor e do forte desejo de dedicar a vida a serviço de Deus. Mais tarde ele falou de estar "inflamado por Deus".

Partindo de Loyola em 1522, fixou residência em uma gruta em Manresa, perto de Barcelona, onde passou vários meses em intensa oração e reflexão. Tendo resolvido imitar as façanhas dos santos, praticou duras penitências e adotou outras ações severas sem considerar circunstâncias nem consequências. Mais tarde concluiu que nesse período sua paixão por servir estava contaminada pelo egoísmo e era desprovida de "prudência". Em Manresa, caiu em desolação tão profunda que pensou em suicídio. Implorou a Deus que lhe mostrasse o caminho para seguir em frente. Logo depois, diz ele, aprendeu a deixar Deus conduzi-lo e a ordenar seus amores complicados.

Com esse progresso vieram vigorosas revelações sobre a vida, o mundo e Deus. Entendia melhor as pessoas, percebia o ambiente mais claramente e adquiriu um melhor domínio de como o mundo funcionava. Com o tempo, ele falaria de encontrar Deus facilmente e comunicar-se "familiarmente" com Deus.

Dotado de intuição excepcional e do hábito de refletir, Iñigo logo descobriu que seus dons beneficiavam os outros. Ele podia ajudá-los a entender sua experiência, acima de tudo como Deus operava em suas vidas. Sua paixão tornou-se, e permaneceu sempre, em ajudar as pessoas a controlar a chama de amor que Deus acendera dentro delas para melhor servir o mundo à sua volta. Essa chama espalhou-se pelas muitas amizades sinceras que ele formou. Toda a espiritualidade que associamos a ele trata de cultivar a chama em nós, enquanto ela se purifica, floresce, ou mesmo enfraquece, e de atiçar o fogo nos outros.

Iñigo era um leigo sem nenhuma intenção de ser padre, quanto mais de fundar uma ordem religiosa. O desejo de ajudar as pessoas levou-o a expressar suas novas intuições em uma série de meditações ou "exercícios espirituais" que ele ministrava aos outros. Para os que tinham a disposição apropriada, seu retiro durava cerca de trinta dias, agrupados em quatro "semanas" desiguais, cada uma dedicada a um tema diferente. Durante cerca de dez anos depois de Manresa, ele aprimorou as notas do retiro, juntando-as em um manual, *Exercícios Espirituais*, para os outros usarem ao guiar os "exercitantes". (Vou referir-me ao retiro em si como Exercícios Espirituais e ao manual como *Exercícios Espirituais*, em itálico. Atualmente, os que fazem retiro costumam ser chamados "retirantes".)

Os *Exercícios Espirituais* esclarecem a maior parte das principais intuições inacianas — mas não todas. Inácio continuou a estudar vários anos e a reunir o grupo de amigos íntimos que se tornaram os primeiros jesuítas. Ao mesmo tempo, sua visão evoluiu, o que é comprovado por sua volumosa correspondência (mais de sete mil cartas e instruções chegaram até nós!), a chamada *Autobiografia*, fragmentos do *Diário Espiritual*, as *Constituições* que escreveu para a nova Companhia de Jesus durante seus últimos anos e testemunhos dos outros a seu respeito. Para Inácio em seus anos maduros mais tardios, viver significava procurar e encontrar Deus em toda parte, a fim de colaborar com Deus no serviço para os outros.

A perspectiva inaciana era revolucionária. Embora fosse filho do seu tempo, Inácio também o transcendia. Transcende até o nosso tempo. Segundo o grande teólogo Karl Rahner, a originalidade inaciana só será entendida no futuro. Sua espiritualidade "não é típica de nosso tempo; não é característica da era moderna que está perto do fim. É antes, sinal do futuro que se aproxima"[1]. O interesse retumbante em Inácio hoje em dia parece confirmar a profecia de Rahner. Promove-se e pratica-se agora a espiritualidade inaciana também fora da Igreja Católica

---

1. RAHNER, KARL, Ignatian Spirituality and Devotion to the Sacred Heart, in: *Christian in the Market Place*, Nova York, 1966, 126.

onde ela nasceu, entre membros de outras igrejas e entre não cristãos. Seu vigor contemporâneo é evidente na acolhida que recebe de muitas feministas[2].

A leitura destas páginas

Embora evoluísse, a visão inaciana continuou fundamentada na experiência em Manresa e nas intuições apresentadas em seu manual de retiro. Os Exercícios Espirituais continuaram sendo sempre o instrumento preferido de Inácio para apresentar as pessoas a uma vida de fé, esperança e amor mais profundos. Quando encontrava alguém aberto a um compromisso generoso, ele convidava essa pessoa a fazer os Exercícios.

Aqui, sigo seu exemplo. Igual aos Exercícios, este livro oferece aos leitores a oportunidade de refletir em sua experiência de um jeito ordenado e a progredir no compromisso. Igual ao retiro inaciano, ele reapresenta-os ao cristianismo como experiência, mais que uma série de doutrinas. Com esse propósito, dificilmente posso melhorar sua pedagogia básica. Como eu disse antes, os Exercícios completos duravam cerca de um mês, dividido em quatro "semanas" desiguais. Uso o mesmo esquema para a organização deste livro. Ao mesmo tempo, incorporo as intuições inacianas mais maduras, que "resultam" dos temas dos Exercícios, de modo que todos os elementos essenciais de sua espiritualidade estão incluídos.

Entretanto, este livro é mais que uma introdução. Busca adaptar a visão inaciana a nossos tempos, como muitos já fizeram, mas com atenção especial a nossa crise social global. Obviamente, há uma necessidade de reapresentar a sabedoria inaciana em uma linguagem contemporânea, inclusive em linguagem teológica mais adequada. Mas precisamos também analisar suas *implicações sociais* — ponto de ênfase especial neste livro. Nos Exercícios Espirituais, a atenção concentra-se no indivíduo e na ação divina na vida do indivíduo, o que só é apropriado em um retiro em que as pessoas deem grande valor a sua vida. Mas os Exercícios não são toda a espiritualidade inaciana. Além disso, temos certeza de que, se estivesse vivo, Inácio expandiria o alcance social de suas intuições. Estamos hoje mais conscientes das dimensões sociais e institucionais de nossa vida. Os cristãos estão mais conscientes das implicações sociais de sua vocação e da missão da Igreja. Estamos *todos* mais conscientes da extensão da miséria no mundo, dos mecanismos

---

2. DYCKMAN, KATHERINE; GARVIN, MARY; LIEBERT, ELIZABETH, *The Spiritual Exercises Reclaimed. Uncovering Liberating Possibilities for Women*, Nova York, Paulist Press, 2001. Veja esse trabalho pioneiro.

institucionais de injustiça e da dimensão global de nosso drama moral. Reagir à enorme injustiça conforme o chamado de cada um é o preço de sermos humanos e cristãos hoje. Os que procuram uma espiritualidade privatizada que os proteja de um mundo violento vieram ao lugar errado.

Explico minha interpretação do alcance social de alguns temas inacianos fundamentais em dois apêndices no fim deste livro — um a respeito do exercício "do Chamado" (ou "do Reino"), o outro a respeito da meditação das "Duas Bandeiras". Os leitores sem interesse nessas discussões mais eruditas podem pular os apêndices sem perder as linhas principais de pensamento.

A Primeira Semana dos Exercícios (que corresponde à Primeira Parte deste livro) trata do pecado e do perdão; a Segunda de seguir Cristo e fazer importantes escolhas de vida (Segunda e Terceira Partes); a Terceira Semana considera a paixão e a morte de Cristo (Quarta Parte); e a Quarta Semana, o Cristo ressuscitado (Quinta Parte). Embora ela seja examinada em todo o livro, os três últimos capítulos tratam sistematicamente da oração (Sexta Parte). Não dependem de capítulos anteriores e podem ser lidos a qualquer tempo.

Como sugere a progressão de "semanas", Inácio reconhecia um padrão típico nas relações divinas conosco, isto é, um padrão típico em nosso progresso na liberdade e no amor. Não que as pessoas passem em marcha cerrada pelas etapas para nunca mais voltar a elas. Ao contrário, como em uma sinfonia de quatro movimentos, os temas das quatro semanas repetem-se de modo diferente em toda a vida da pessoa que se aperfeiçoa.

Ao mesmo tempo, Inácio enfatizava que cada indivíduo é único e que Deus trata livremente com cada um. Ele sempre adaptou seu conselho às necessidades de cada um, advertindo severamente os outros contra conduzir todos pela mesma estrada. Nestas questões, não existe tamanho único.

Nem toda verdade é sempre conveniente. Precisamos de tipos diferentes de alimento em pontos diferentes de nossa jornada. Algumas pessoas talvez não estejam preparadas para certas verdades vitais e insistir nelas poderia fazer-lhes mal (cf. Jo 16,12-13). Outras podem não ter necessidade de praticar os princípios básicos e, com elas, então, "deixando para trás o ensino elementar sobre Cristo passemos a tratar de assuntos mais elevados" (Hb 6,1).

Os leitores devem, portanto, ler este livro com a virtude inaciana fundamental de prudência. Devem tirar dele o que ilumina sua experiência, o que cura e o que os desafia a seguir adiante em terreno novo. Inácio aconselha-nos a insistir somente nessas coisas e aproveitá-las. E melhor ainda que ler este livro é fazer os Exercícios, o que nenhum livro substitui realmente.

Estas páginas falam a língua da fé. Entretanto, há quem, além de cristãos convictos, tira grande proveito de Inácio (como eu próprio tirei durante anos de dúvida agnóstica). Tentei fazer este livro "amigo do pesquisador" e falar de Transcendência sem mistificação, explicando o mais possível a linguagem teológica. Essa é uma das razões por que introduzo a oração gradualmente. Quase sempre considero a experiência humana o ponto de partida de cada tema, não a revelação. Ao mesmo tempo, nossas vidas são valiosas demais para a explicação científica exata, pelo simples discurso de bom senso ou por ambos. Se, como acredito, o Mistério sagrado chamado Deus permeia nossa vida, então precisamos de símbolos religiosos que indiquem a realidade como ela é realmente. Sem essa linguagem, subestimamos nossa experiência. Como Inácio convidou aqueles que ele aconselhava, convido os leitores a dar uma oportunidade à linguagem que a princípio os desestimula [22][3].

Conclusão

Com instituições importantes em crise, achamos difícil dizer para onde o mundo vai. Há quem acredite que isso dá a grupos de pessoas profundamente comprometidas uma chance melhor de moldar o futuro do que teriam sob condições mais estáveis, menos variáveis: um jeito incentivador para pensar nesse estado de incerteza. De qualquer modo, precisamos urgentemente de muitas dessas pessoas críticas para fazer deste século o século da solidariedade e repelir a crescente maré de miséria, violência e crise ambiental.

A boa nova (o Evangelho) assegura-nos que faz sentido lutar contra as dificuldades e celebrar ao longo do caminho. Creio, realmente, como diz a canção, que um dia vamos superar. Espero que estas reflexões alimentem a chama interior de leitores generosos e lhes proporcionem recursos que ajudem a fazer esse dia se aproximar.

✳ ✳ ✳

Voltamo-nos agora para o "Fundamento", uma espécie de introdução dos primeiros princípios, nos quais Inácio convidou as pessoas a ponderar no início de seu retiro.

---

3. Quando não tiverem outra indicação, os números entre colchetes no texto referem-se à numeração padrão de parágrafos dos *Exercícios Espirituais*. Para racionalizar as referências, vou evitar os duplos parênteses (cf. [36]) em favor de [cf. 36]. Será útil, embora não necessário, ter à mão um exemplar dos *Exercícios Espirituais* durante a leitura deste livro. Veja versões na Bibliografia no fim deste livro.

2

Livres para amar

Vós fostes chamados para a liberdade, irmãos. Mas não façais desta liberdade um pretexto para dar vazão às tendências inferiores. Ao contrário, pela caridade ponde-vos a serviço uns dos outros. Porque a Lei inteira é plenamente cumprida nesta única formulação: deves amar o teu próximo como a ti mesmo.
(Gl 5,13-14)

Os Beatles estavam certos: só precisamos de amor. Mas não é fácil conseguir o amor verdadeiro. Dorothy Day costumava citar Dostoyevsky, dizendo: "Na prática o amor é uma coisa sombria e terrível comparado ao amor nos sonhos"[1]. Nem sempre o que o amor exige é óbvio. Acima de tudo, o amor exige sacrifício, o que nós demoramos a assumir. E, mesmo quando o fazemos, a trajetória do amor é cheia de armadilhas e becos sem saída que nos desviam do curso ou nos fazem dar meia-volta. Nossa fragilidade e nossos medos bloqueiam o caminho para um compromisso sério. Para responder com amor a um mundo que parece ter fracassado em hábitos fundamentais, um mundo arruinado, precisamos ser livres para amar — precisamos achar um meio de amar melhor e de modo duradouro.

O fundamento

A sabedoria e as canções populares estão cheias de conselhos sobre modos de viver e amar, mas até onde esses conselhos nos levam? Este livro oferece um modo baseado na sabedoria espiritual de Inácio de Loyola, o fundador dos jesuítas no século XVI.

---

1. DAY, DOROTHY, *Selected Writings. By Little and by Little*, Maryknoll, N.Y., Orbis, 1991, 264. Ela citou o padre Zósima de *Os irmãos Karamazov*.

Uma série de proposições básicas chamada "O Fundamento" está no início dos *Exercícios Espirituais* inacianos. O fundamento fala ao coração do drama da vida. Trata de ser livre para amar. Com o acréscimo de uma emenda esclarecedora no começo, diz o seguinte:

> O ser humano é criado para amar a Deus de todo o coração e com toda a alma, essencialmente amando e servindo ao próximo. Dessa maneira, participa do plano divino para levar toda a criação à perfeição e assim chegar à realização suprema (vida eterna).
> As outras coisas sobre a face da terra são criadas para o ser humano e para o ajudarem a atingir o fim para o qual é criado.
> Daí segue que ele deve usar das coisas tanto quanto o ajudam para atingir o seu fim, e deve privar-se delas tanto quanto o impedem.
> Por isso, é necessário fazer-nos *indiferentes* a todas as coisas criadas, em tudo o que é permitido à nossa livre vontade e não lhe é proibido. De tal maneira que, da nossa parte, não queiramos mais saúde que enfermidade, riqueza que pobreza, honra que desonra, vida longa que vida breve, e assim por diante em tudo o mais, desejando e escolhendo somente aquilo que mais nos conduz ao fim para o qual somos criados [23][2].

O texto original começa: "O ser humano é criado para louvar, reverenciar e servir a Deus nosso Senhor e, assim, salvar-se", mas traduzi "salvar-se" por "alcançar a realização suprema". Especifiquei o que Inácio deixou explícito: que louvamos e servimos a Deus essencialmente amando e servindo ao próximo.

O Fundamento descreve uma visão de vida e os critérios mais básicos para fazer escolhas. Diz que vivemos bem e alcançamos nosso propósito final, amando só uma coisa, ou antes, Alguém, e que isso exige liberdade interior — liberdade para escolher, habitualmente, a coisa mais afetuosa. Segundo o Fundamento, servir a Deus é o que nos faz felizes. Se isso é verdade, então o jeito sensato de lidar com "as outras coisas sobre a face da terra" é usá-las na medida em que contribuem para esse objetivo e afastar-se delas quando não contribuem. Devemos estar preparados para a riqueza e a pobreza, a honra e a desonra, a saúde e a doença, vida longa e vida breve, dependendo se servem ou não a esse objetivo. Não faz sentido ter coisas não viáveis na vida; por exemplo, buscar a segurança econômica

---

2. Ganss, George E., SJ, *The Spiritual Exercises of St. Ignatius*, St. Louis, IJS, 1992. Sigo aqui a tradução de Ganss do original espanhol inaciano. Na tradução brasileira o texto é o da tradução de Paiva, R., SJ, *Exercícios Espirituais, Escritos de Santo Inácio*, São Paulo, 2000, exceto quanto a alterações pelo Pe. Brackley, citadas no texto do livro (N. da T.).

ou o prestígio social a qualquer custo, ou decidir nunca fazer nada que ponha em perigo nossa saúde. Em vez disso, diz Inácio, devemos ser "indiferentes" a essas alternativas. Talvez a palavra "indiferentes" não seja a melhor escolha. Como diz o estudioso inaciano George Ganss, "indiferença" aqui significa:

> Indeciso quanto a uma coisa em vez de outra; imparcial; sem preconceitos; com a decisão deixada de lado até aprender as razões para uma escolha sábia; ainda irresoluto. De modo algum significa desinteressado ou insignificante. Subentende independência de afeições desordenadas[3].

"Indiferença" significa liberdade interior. É a capacidade de sentir e então adotar o que é melhor, mesmo quando isso é contrário a nossas inclinações. Indiferença não é nem impassibilidade estoica nem a extinção do desejo que certas correntes de religiões orientais defendem. Significa estarmos tão ardente e sinceramente comprometidos, tão completamente apaixonados, que estamos dispostos a sacrificar qualquer coisa, inclusive a vida, pelo objetivo final. Significa generosidade magnânima, abandono nas mãos de Deus, *disponibilidade*: não é tanto desapego das coisas como "disposição para o desapego"[4]. Significa ser como um bom jogador de beisebol, preparado para se mover em qualquer direção num átimo.

Não somos, já se vê, indiferentes ao homicídio ou ao adultério. Nem indiferentes a nosso cônjuge, família ou qualquer outra coisa que sirva imediatamente ao objetivo final. Quando decidimos que X é mais conducente a esse objetivo que as alternativas, vamos em seu encalço com ardor. Nosso único grande amor revela-se como amores ardentes de pessoas, projetos e toda a criação[5]. Mas precisamos de liberdade interior radical a fim de "desejar e escolher" o que é mais conducente a esse objetivo. E, enquanto cumprimos nossos compromissos particulares, precisamos estar livres para tocar a vida quando o objetivo supremo o exige.

"Indiferença" significa viver "sem se determinar por nenhuma afeição desordenada" [21]. Inclinações são gostos e aversões, "hábitos do coração", que dirigem a vontade para comida, posses, satisfação sexual, ou sono; ou para a beleza, a ordem ou o conhecimento. São ordenadas ou desordenadas. A desordem assume

---

3. Ibid., 151. Os comentários são de Ganss.
4. IVENS, *Understanding*, 31: Indiferença "é potencial a ser ativado quando apropriado".
5. Indiferença pressupõe desejo e é perfeitamente compatível com fortes desejos e repugnância. Veja CUSSON, *BibTheol*, 118-131; KINERK, EDWARD, Eliciting Great Desires. Their Place in the Spirituality of the Society of Jesus, *SSJ* 16, n. 5 (nov. 1984) 1-29; ALEXANDRE, DOLORES, El deseo y el miedo. Reflexiones desde la Biblia y desde la espiritualidad ignaciana, *Manr* 66 (1994) 121-130.

formas grosseiras de compulsão ou formas mais aprimoradas, construídas socialmente, como legalismo, racismo, elitismo ou conformidade com a convenção social[6]. Paulo fala de escravidão à "carne" (que para ele é a natureza humana em todos os níveis) e mesmo à "lei" que vem de Deus.

Liberdade interior não é a ausência total de desejo desordenado. Do contrário ninguém se qualificaria. Significa, mais exatamente, ser capaz de superar o desejo contrário, principalmente o desejo desordenado, quando temos de fazê-lo. Isso requer *ordenar nossos desejos*, ou antes, permitir que Deus os ponha em ordem [16; cf. 1], como um ímã que alinha limalhas de ferro, e os arregimente para o serviço com um só propósito. É o que acontece quando nos apaixonamos: aquele que amamos ocupa nossos sentimentos e os alinha para uma única referência, o que nos libera para a ação espontânea e criativa. Traçar as raízes bíblicas do Fundamento nos ajuda a entender melhor tudo isso.

Aliança, medo e fé

Assur não nos salvará, não montaremos mais em cavalos,
e nem diremos mais que a obra de nossas mãos é o nosso Deus
pois é junto de ti que o órfão obtém misericórdia.
(Os 14,4)

A história mais importante da Bíblia hebraica é o Êxodo. Javé, o Deus de Israel, libertou os hebreus da escravidão no Egito e os conduziu à terra da promessa. Quando no deserto, Javé fez uma aliança com Israel e prometeu-lhe segurança e bem-estar (*shalom*). É isso que se esperava que os deuses fizessem para as comunidades em risco de guerra, doença, animais selvagens e fracasso das colheitas. Em troca, Israel prometeu confiar apenas em Javé. Essa aliança de devoção exclusiva era revolucionária. Em geral, os povos do antigo Oriente cultuavam diversos deuses simultaneamente, confiando em um para chuvas copiosas, em outro para

---

6. Traduzo a *afección* inaciana como "inclinação". *Afecciones* "são propensões e não meras emoções". Ganss, *Spiritual Exercises*, 148. Na terminologia escolástica do tempo de Inácio, "afeto" referia-se a "toda capacidade da pessoa humana (das faculdades 'mais baixas' às 'mais altas') para ser atraída ou para desfrutar um objeto de algum modo percebido como 'bom', juntamente com a capacidade correlativa de odiar e esquivar-se de objetos de algum modo percebidos como 'maus'. Em sua forma mais elevada, essa capacidade é uma qualidade da vontade." Ivens, Michael, The First Week. Some Notes on the Text, *The Way Supplement* 48 (outono de 1983) 5. Afetividade não é só central à escravidão interior; como veremos, Inácio era um desses raros gênios que reconheciam que a afetividade (na forma de "consolação") é também decisiva para a libertação interior.

a fertilidade do rebanho, em ainda outro para a segurança nacional. Javé rejeitou essa divisão divina de trabalho assumindo responsabilidade exclusiva pelo bem-estar de Israel e fazendo uma exigência sem precedente: "Não terás outros deuses ante a minha face" (Ex 20,3). O Grande Mandamento do livro do Deuteronômio, o *Shema*, reafirma isso: "Escuta, Israel: Javé, nosso Deus, Aquele-Que-É, é o Único. Amarás a Javé, teu Deus, de todo o teu coração, de toda a tua alma e com todas as tuas forças" (Dt 6,4-5). Você não dará a Javé 80% de seu coração e os 20% restantes a outro deus, porque "Javé [...] é um Deus ciumento" (Dt 6,15). Israel deve viver inteiramente "ouvindo" a palavra de Javé e seguindo sua instrução (*torah*). Este "amor" exclusivo é amor e confiança juntos — a atitude religiosa fundamental que chamamos fé[7].

Com isso, a humanidade dá um passo decisivo para a frente. Servir a muitos deuses atrai as pessoas em mais de uma direção, como alguém que tenta dar conta de dois cônjuges. Servir somente a Javé significa ter o coração indiviso. Uma única superlealdade põe todas as outras em perspectiva, o que significa não ser tiranizado por nada nem no céu nem na terra. Significa liberdade. É a raiz principal do Fundamento inaciano.

A Bíblia, Inácio e a teologia espiritual tradicional, todos miram "afeições desordenadas" como principais obstáculos à liberdade. A Bíblia enfatiza os *objetos* dessas afeições, que chama de ídolos. Israel devia adotar o Deus da vida e rejeitar os ídolos da morte (cf. Dt 30,15-20). A linguagem idólatra revela a dimensão pública de nossas desordens internas.

Aqui a Bíblia mira uma afeição desordenada: o medo. A insegurança provoca nosso medo — de privação, rejeição e morte. O medo "desordena" nossos desejos; buscamos ídolos que prometem segurança, mas não a entregam. Ídolos escravizam seus devotos e exigem sacrifício humano.

Hoje temos inseguranças diferentes e ídolos diferentes. Embora controlemos o ambiente melhor que nossos antepassados, ainda temos medo. Nós nos apegamos aos meios de controle — dinheiro, poder, *status* e armamento. "Indiferença" é a liberdade de renunciar a essas coisas. Como diz a canção: "Liberdade é só outra palavra para nada a perder".

---

7. No Grande Mandamento, "amor" inclui fidelidade confiante a Javé. Veja MORAN, WILLIAM L., The Ancient Near Eastern Background of the Love of God in Deuteronomy, *Catholic Biblical Quarterly* 25 (1963) 77-87. É o "louvor, reverência e serviço" de Deus no Fundamento inaciano.

Moro em El Salvador, onde fico impressionado com pessoas que parecem ter perdido todo medo, inclusive mães e esposas dos "desaparecidos" e massacrados durante a guerra civil da década de 1980. Em uma situação tensa durante a guerra, uma mulher me disse: "*Mire*, quando você procura seus filhos entre pilhas de cadáveres, você perde o medo. Não podem mais fazer-lhe nada".

Embora seja natural e benéfico na presença do perigo, o medo pode dominar-nos. Entretanto, não precisa ser assim. Quando o terror invadiu Jesus no Getsêmani, ele o superou, colocando seu destino nas mãos do Pai: "Não se faça como eu quero, mas como tu queres!". Ele repetidamente chamou os discípulos à confiança radical: "Homem pobre de fé, por que duvidaste?" "Não tenhais medo". Apontando para as aves e as flores, disse-lhes para não se preocuparem com comida e roupa. Sua mensagem era que Deus nos conhece e cuida de nós. Procurem primeiro o Reino de Deus e sua justiça e todas as suas necessidades serão satisfeitas (cf. Mt 6,25-33). A Carta aos Hebreus diz que Jesus cortou a raiz do medo. Libertou "todos os que, durante a vida inteira, estavam debaixo da escravidão por medo da morte" (Hb 2,15).

"Indiferença" a alimento, abrigo, roupa — e morte — pode parecer tolo e mesmo perigoso. Contudo, até essas coisas de que mais precisamos e às quais temos direito podem nos dominar. E, sozinhas, nenhuma dessas coisas, nem todas as coisas juntas, nos fazem felizes[8]. Aliviam o sofrimento e dão prazer. Passar sem elas traz dor, até morte. Mas toda a satisfação que as coisas nos dão não aumenta a felicidade; e toda a dor da perda não aumenta a infelicidade.

A felicidade vai mais fundo que o prazer; a miséria vai mais fundo que a dor. Quando paz e felicidade estão presentes, correm dentro de nós como um rio, mesmo que nos faltem coisas que são boas, mesmo que nos faltem coisas que são essenciais (cf. Jo 7,37-39). Essa água viva não depende decisivamente do que temos ou de onde estamos. Paulo escreveu aos romanos:

> Quem nos separará do amor de Cristo? O sofrimento, a aflição, a perseguição, a fome, a nudez, o perigo, a espada? [...] Estou convencido de que nem a morte, nem a vida, nem os anjos [...] nem outra criatura qualquer poderá nos separar do amor que Deus nos manifesta em Cristo Jesus, Senhor nosso (Rm 8,35-39).

---

8. Veja MELLO, ANTHONY DE, *Awareness. A. de Mello Spirituality Conference in His Own Words*, STROUD, J. FRANCIS, SJ (ed.), Nova York, Doubleday, 1990. Temos muitas necessidades, mas só uma necessidade absoluta.

Assim, Paulo pôde escrever: "Já aprendi, em boa hora, a contentar-me com o que tenho. Sei viver na necessidade e na fartura [...] estar saciado ou passar fome, estar na abundância ou na pobreza" (Fl 4,11-12).

O rio de água viva não é nossa propriedade privada, mas um rio compartilhado e "canalizado" por amigos que alimentam uma visão e uma práxis comuns. (É o que a Igreja deve ser e fazer.) Nesse sentido, amigos (e cônjuges) realmente "nos fazem felizes". Mas se um ou outro morre, apesar de nossa perda e tristeza, nossa felicidade deve permanecer. Sua fonte por excelência está alhures. Paisagens, uma festa ou uma vitória da comunidade intensificam nossa alegria, mas não a criam.

Foi para essa paz e alegria que nascemos. Sua condição necessária é a liberdade para amar. Parece que nossa felicidade depende de como reagimos às inseguranças que nos assediam. No fim, há só dois meios de lidar com elas: ou buscamos ídolos ou vivemos na fé. Quando buscamos ídolos, eles viram-se contra nós e dominam nossas vidas. Viver pela fé é nos abandonarmos à Realidade Última que nos cerca e nos entende e que é a única coisa que nos satisfaz.

O povo de Israel expressou sua alegria cantando:

Deus é nosso refúgio e fortaleza,
socorro permanente em nossa angústia.
Se a terra estremecer, não temeremos;
nem se dentro do mar ruem montanhas.
Podem rugir e altear-se as suas águas,
podem tombar os montes sob o impacto:
Eis que o Deus do Universo está conosco;
é o Deus de Jacó nosso refúgio! (Sl 45)

Santa Teresa d'Ávila rezou com fé semelhante em meio a conflitos e provações:

Nada te perturbe,
Nada te amedronte.
Tudo passa; só Deus permanece.
A paciência tudo alcança,
A quem tem Deus, nada falta.
Só Deus basta.

O salmo e Teresa dão testemunho da confiança radical e do compromisso total do Grande Mandamento e do Fundamento Inaciano.

De todo o teu coração, de toda a tua alma e com todas as tuas forças

Parece ser muito pedir confiança radical e compromisso total. Em última análise só descobriremos se o Grande Mandamento e o Fundamento inaciano fazem sentido se aceitarmos seu desafio. Mas talvez ajude abordarmos sucintamente alguns dos obstáculos que muitas vezes bloqueiam esse caminho. Todos esses problemas merecem um tratamento mais extenso e mais adiante voltaremos a alguns deles. Não raro a primeira dificuldade é a própria fé.

• Fé inclui confiança e crença: por exemplo, a crença de que Deus existe e age para o nosso bem. A fé não é um salto irracional no escuro. Embora salte além dos indícios a nosso alcance, a fé salta da sólida plataforma da experiência e na direção em que os indícios apontam. Exercitamos a fé desse jeito no motorista de ônibus, no dentista, no nosso amigo ou cônjuge. Confiamos neles baseados em nossa experiência ou no testemunho dos outros e arriscamos o salto porque é mais razoável confiar que não confiar. Quando Jesus repreendeu os discípulos por sua falta de fé, não foi porque queria que eles agissem racionalmente, mas porque tendo olhos não *viam* e tendo ouvidos não *ouviam*. Seus sentidos estavam entorpecidos, sua capacidade de experimentar, amortecida. Eles deixaram de entender a realidade (cf. Mc 8,18) e de perceber o Reino de Deus em seu meio. Autênticos testemunhos de fé baseiam-se na experiência. Brilham como farol não em algum mundo imaginário, mas no fundo do coração da realidade, que experimentamos muito superficialmente. A diferença entre fé religiosa e fé corriqueira (no dentista, por exemplo) está no tipo de indícios e no tipo de verificação subsequente que no caso da fé religiosa quase sempre deixa margem a dúvida. Mas a dúvida também aproxima-se furtivamente de nossa fé que alguém nos ama. Em nenhum dos casos a dúvida invalida a fé ou necessariamente a enfraquece.

• Mas como o compromisso total com Deus é compatível com a liberdade e a realização humana? O Deus da Bíblia não é uma "entidade" a mais no universo. Este Deus age como nenhum outro agente, desejando nossa liberdade e plena humanidade e desejando levar toda a criação à realização e operando só para isso. Deus é Amor diz a famosa carta joanina, um Deus por quem nos apaixonamos. Do contrário, o compromisso total não faria sentido.

• O "louvor, reverência e serviço de Deus" [23] consiste, essencialmente, em amar o próximo como a nós mesmos, principalmente o próximo que é vítima de injustiça (cf. Lc 10,25-37). Essa é nossa única obrigação (Mt 7,12; etc.)[9].

• Em vez de um fardo impossível que nos é imposto de fora, o Novo Testamento entende o amor como dinâmica interna de liberdade (Tg 1,25), que o Espírito divino ajuda-nos a viver com alegria e satisfação.

• Finalmente, há o problema de como a lealdade exclusiva a um deus serve para legitimar sociedades, famílias e igrejas patriarcais autoritárias, bem como a intolerância fanática e a conquista imperial. De fato, como qualquer outra coisa, também a religião pode ser abusada. Entretanto, isso não invalida o monoteísmo mais do que o *Mein Kampf* hitleriano invalida os livros. Mas deve servir de aviso. A religião só liberta quando é profética, isto é, quando denuncia abuso, defende os fracos e anuncia uma utopia verossímil. Essa visão inspirou pessoas como Martin Luther King, Dorothy Day, Oscar Romero — e Jesus de Nazaré.

Conclusão

Segundo o Fundamento, nossa realização depende de estarmos livres para amar. As inseguranças da vida agitam nossos medos — de privação, rejeição e morte. À medida que aumenta, o medo "desordena" nossos amores e leva-nos a servir a ídolos que escravizam e desumanizam.

Pela fé, abandonamo-nos ao mistério que nos cerca, confiantes que o universo está em boas mãos. A fé nessa bondade radical supera o medo e põe em ordem nossos amores. Mas para chegar a um acordo com a bondade radical, precisamos também chegar a um acordo com o mal. A verdade — a dupla verdade de mal radical e bondade radical — nos libertará.

---

9. Inácio não especifica isso no Fundamento. Os estudiosos também debatem se o texto refere-se ou não diretamente a Cristo. Há igualmente outras ambiguidades. O Fundamento apresenta a vida como um mero teste para o céu ou o inferno? Supõe que girafas e oceanos existem só para nós, seres humanos, e nossa salvação? Seja o que for que o conciso Fundamento pareça sugerir, a visão mais ampla de Inácio e outros escritos inacianos nos conduzem para além desse tipo de pensamento mesquinho.

3

A realidade do mal

*Os homens preferiram as trevas à luz,
porque suas obras eram más.*
(Jo 3,19)

A noite estava muito fria e, na calçada de Manhattan, esbarrei em um sem-teto. Envolvido em capa de plástico contra o frio e coberto pela geada, parecia uma criatura das profundezas. Fiquei assustado. Custei a reconhecer o que ou quem estava na minha frente. Como reagir? O que fazer? Quando o abordei ele me olhou com hostilidade. Recuei e me retirei, indo para casa perturbado. Um pensamento confuso levava a outros. Será que ele sobreviveria muito tempo? Quantos mais havia como ele? Eu devia tê-lo levado para casa? Ele teria aceitado? Como meus companheiros reagiriam? Eu devia tê-lo levado ao hospital?

Fiquei cara a cara com o problema dos sem-teto no lugar mais rico da face da terra e não sabia o que fazer. Depois disso, pensava nos moradores de rua quando estava no chuveiro quente em manhãs frias. Nunca esquecerei o homem coberto pela geada. Ele chamou-me a atenção para o mal — a horrível injustiça da falta de um teto — e chamou-me a atenção para mim mesmo.

É difícil lidar com o mal. O noticiário noturno nos ataca verbalmente com assassinatos e ações violentas, mentiras e corrupção. Ainda assim, é necessário enfrentar o mal e a parte que nele desempenhamos, para vivermos conforme nossa dignidade. Os evangelhos se iniciam com o chamado de João Batista ao arrependimento, o que reflete essa urgente necessidade.

Os Exercícios Espirituais também começam com um convite para mudarmos de vida e aceitarmos o perdão. Foi aqui, na Primeira Semana dos Exercícios, que Inácio abordou as questões de pecado e perdão, mais extensivamente[1]. Parte do que ele diz abala nossas sensibilidades contemporâneas. Seguindo séculos de tradição, ele começa apresentando atos antigos, inclusive o pecado dos anjos e o pecado de Adão e Eva, que levaram tantas pessoas para a danação eterna [cf. 50-52]. (Essa preocupação diminui nos escritos inacianos mais tardios.) Aqui precisamos separar o que é essencial e instrutivo do que não é. Quando Inácio examina a mudança de vida, que é o centro do que ele tem a dizer a respeito do pecado e do perdão, podemos segui-lo mais de perto.

Hoje, se queremos ser ouvidos quando examinamos o mal moral e a mudança de vida, precisamos evitar táticas de medo e a moralização desprezível e defensora da culpa que realça a má nova à custa da boa nova de libertação. Há igrejas e outras instituições, bem como muitos pais, que incentivam a moralidade da obediência, mais a serviço do controle que do desenvolvimento humano, preocupando-se com pecadilhos e sendo negligente com as grandes injustiças. A ênfase inaciana está em aceitar o mal, inclusive o nosso, em vista do perdão divino que cura e liberta — o que era também a abordagem de Jesus.

A verdade vos libertará

Quando Jesus disse que a verdade nos libertará, o que ele quis dizer com verdade foi a má nova do pecado e a boa nova do amor divino. O conhecimento desta realidade não é uma coisa que sozinhos entendemos com facilidade. A profundidade e o alcance do mal nos escapam. O mal esconde-se sob uma pilha de virtudes, destruindo em nome da liberdade, de direitos de propriedade, segurança nacional e religião. A sociedade liberal banaliza o mal e praticamente nega o pecado[2]. Seu discurso padrão é mais ou menos assim: "Encontramos a solução para a felicidade (ganhar e gastar, eleições e mercado). Agora estamos em uma operação limpeza no caminho do paraíso. Temos só de eliminar terroristas e traficantes de drogas, limpar locais de lixo tóxico e checar o aquecimento global. Mas se

---

1. As Semanas dos Exercícios refletem uma progressão na vida e também no retiro. Não são etapas de crescimento que as pessoas transcendem definitivamente, mas momentos sucessivos que também vão se repetir mais tarde, beneficiados pelo que os precedeu. Tendo experimentado os momentos mais tardios, voltamos a experimentar os primeiros em uma nova luz.

2. Neste livro, "liberal" não se refere a políticas de bem-estar social ou à tolerância, mas, de modo mais amplo, ao sistema de valores da classe média ou da burguesia compartilhado igualmente por liberais (em sentido estrito) e conservadores. A principal virtude do liberalismo é a liberdade pessoal; o principal vício é o individualismo.

mantivermos nossa estratégia, uma tecnologia melhor solucionará nossos problemas". Isso é um disfarce.

O disfarce continua enquanto a vilania dos inimigos públicos explode em nossas salas de estar em imagens de violência gratuita, desligadas da maneira como a sociedade se organiza. O crime nas ruas e o terrorismo — males reais, com certeza — dominam o noticiário. Enquanto isso, a pobreza faz muito mais vítimas. Mas se um programa noturno de notícias começasse toda noite com o anúncio que aquele dia 120 mil pessoas morreram devido à subnutrição, talvez o programa não durasse uma semana[3].

Nem a demonização do inimigo, nem ameaças de castigo, nem culpa obsessiva revelam a verdade a respeito do mal. O entendimento dessa verdade vem da contemplação do mundo real, seu pecado e nosso papel nele, o que nos dá o que Inácio chamou de "conhecimento interno" [cf. 63, 104, 233 etc.]. O conhecimento interno muda-nos e liberta-nos. "Pois não é o muito saber que sacia e satisfaz a pessoa", diz Inácio, "mas o sentir e saborear as coisas internamente" [2]. O verbo espanhol *sentir* significa tanto sentir como entender. O conhecimento interno é conhecimento empírico, que envolve intelecto, imaginação, vontade, as "afeições", até ação. Não depende decisivamente de QI nem de instrução. Não é conhecimento esotérico. Raramente é dramático. Na maioria das vezes vem em forma de nova intuição e do desenvolvimento de novo modo de sentir verdades importantes da vida. Conhecimento interno significa caminhar e permanecer na verdade (2Jo 4).

Para realmente entender o mal, Inácio nos faz pedir o conhecimento interno, "sentir" como o mundo funciona e detestar profundamente sua desordem [63]. Queremos um realismo perceptivo sobre pessoas e instituições — governos, militares, igrejas, empresas — e nós mesmos. Queremos poder descobrir o mal à espreita por trás de sorrisos calorosos, plataformas políticas, retórica piedosa e propaganda.

Conhecimento interno e contemplação

A ciência empírica exige observação imparcial e alguma coisa como razão pura. Isso não basta para entender a vida. Como a vida é um drama moral, entendê-la exige empatia moral. Precisamos entrar nesse drama e permitir

---

3. Veja FAUS, J. I. GONZÁLEZ, *Proyecto hermano. Visión creyente del hombre*, Santander, Sal Terrae, 1987, 274, n. 36.

que ele entre em nós. É o modo como conhecemos outra pessoa, um país estrangeiro, uma nova vizinhança ou um novo lugar de trabalho.

Conhecimento interno é como absorver notícias importantes, como a boa notícia de que passei nos exames finais ou que Chloe concorda em se casar comigo ou a má notícia de que fui demitido ou que meu pai morreu. Posso entender os fatos rapidamente, mas levará tempo para cair a ficha. Não só minha cabeça, mas tudo de mim tem de se ajustar à nova realidade, talvez enquanto partes de mim resistem. É assim que nos apropriamos da realidade da injustiça. Primeiro absorvemos seu impacto. Então nos "sentamos com" ela, lidando com os sentimentos e pensamentos que ela evoca. Dessa maneira, a experiência transforma nossos gostos e aversões, nossa vontade e nossos pensamentos. Absorver essa realidade tira-nos de nós mesmos e até move nossos pés e mãos para agir.

Sentar-se com a realidade, permitir que ela nos influencie, lidando com os sentimentos e pensamentos que ela desperta é o que queremos dizer com *contemplação*. A contemplação surge naturalmente de nossa necessidade de estar em contato com a realidade em sua rica complexidade. Nesse sentido, a contemplação é o oposto de fuga da realidade.

Entendida corretamente, a espiritualidade é o oposto da fuga da realidade. Não é saindo do mundo que encontramos a Realidade Suprema, mas sim mergulhando nele, como Jesus fez. ("Retiro" é na verdade retirada tática das distrações, a fim de avançar mais profundamente na realidade.)

A contemplação é também comunhão e comunicação com a Realidade Suprema, isto é, com Deus. É oração. Não temos de escalar montanhas distantes nem praticar rituais estranhos para nos comunicar com Deus, como se Deus estivesse longe ou fosse difícil de encontrar. Nesse caso, fechar o abismo estaria além de nossas forças. A boa nova, o Evangelho do Novo Testamento, é que Deus fechou o abismo, especialmente na pessoa de Cristo. Deus se aproximou, como o Mistério Sagrado que nos cerca e nos pressiona de todos os lados, abraçando-nos e nos saciando. Deus está sempre bem no centro de nós, embora quase sempre estejamos em outro lugar. Deus ativamente oferece e comunica a própria pessoa divina (o Espírito).

Inácio insiste que Deus opera em nós diretamente, iluminando-nos e nos guiando [15]. Com isso em mente, ele recomenda uma oração para "o que

> quero e desejo" no início de cada exercício de oração do retiro, dependendo da matéria da oração. Isso dá foco e direção ao exercício. Pedimos o conhecimento interno que vem da experiência imediata de Deus: conhecimento do sentido da vida, de Cristo etc. No caso presente, pedimos o conhecimento interno do mal.

A crise do feijão e a grande pilhagem

Compreender a verdade sobre o mal requer esforço paciente, como aprendi um dia ao visitar minha amiga Gabriela Reyes em Talnique, El Salvador. Gabi é uma avó e catequista transbordante de humor irônico. Como os tempos eram duros e ela tinha estado doente, perguntei se estava comendo direito. Ela se inclinou e abaixou a voz para que os outros não ouvissem:

— É mais importante que os pequenos comam, o senhor não acha? — ela disse, sorrindo.

Só perguntei por causa do que fiquei sabendo a respeito de comunidades rurais como a dela. Em outra ocasião, enquanto Gabi servia-me o café da manhã, voltei ao assunto do feijão:

— Tem comido feijão? — perguntei. Ultimamente o preço do feijão estava nas alturas.

— Bem, não — respondeu. Ela reservava essas iguarias para ocasiões especiais como essa. A verdade era que a família de Gabi não comia feijão havia algum tempo. Arrastei os pés no chão de terra.

Foi então que a vizinha do lado, Toña, chegou.

— Tem comido feijão? — perguntei-lhe.

— Bem, não — respondeu — está muito caro.

— Como está se arranjando? — perguntei.

— Comemos tortilhas e às vezes arroz.

— Mais alguma coisa? — perguntei.

— *Mora* — respondeu, referindo-se às folhas comestíveis que as pessoas procuram na floresta a fim de fazer uma sopa rala.

Senti-me embaraçado no banquinho de madeira. Era difícil aceitar isso. Minha reação automática de gringo foi ir até o armazém de Delia comprar feijão para Toña e Gabi. No caminho fiquei pensando: Como essas famílias aguentam?

Tive outra surpresa: Delia não tinha feijão para vender.

— Por que não? — perguntei.

— As pessoas não têm condições de comprar feijão — ela explicou — e eu não posso comprá-lo se elas não podem pagar por ele. Hum, talvez Don Chico tenha feijão. Vá até lá — Delia sugeriu.

Fui, mas Don Chico também não tinha feijão. As coisas em Talnique estavam começando a ficar difíceis e Don Chico abriu-me um pouco mais os olhos.

— Olhe — disse ele —, a situação está realmente bagunçada. O ano passado, os *campesinos* desta região tiveram de vender seus produtos a um preço muito baixo. Não deu nem para cobrir os custos. Agora, não podem comprar feijão para comer! — (Muitos *campesinos* arrendam terra para cultivar, pois a terra foi roubada de seus antepassados há muito tempo.)

— Como isso é possível? — perguntei a Don Chico. — O que aconteceu entre a colheita do ano passado e este ano?

— São os intermediários — disse Chico. — Os atacadistas faturaram uma grana.

Os atacadistas tinham exportado parte da safra nacional e o governo ignorou as leis antiespeculação.

Nos dias que seguiram, essa experiência me ensinou lições valiosas. Uma era que não raro a realidade é muito pior do que parece a princípio. A fim de descobrir até que ponto as coisas estão ruins é preciso esforço para observar e escutar com atenção. A verdade tem de abrir caminho pela nossa resistência interna.

Segundo, quanto mais tomamos consciência de vítimas como Gabi e Toña, pior o mal nos parece. As boas pessoas prejudicadas, os projetos e valores sabotados mostram o mal como ele é.

Finalmente, as condições em Talnique esclareceram a situação em toda a zona rural. Como Don Chico explicou, a tragédia local estava ligada a estruturas mais amplas que prendem a comunidade local em uma teia letal de injustiça. Essa teia se estende ainda mais. Enquanto escrevo estas palavras, os governos dos EUA e da América Central negociam um acordo de "livre-comércio". Tio Sam quer que empresas agrícolas dos EUA sejam livres para despejar na América Central sua produção fortemente subsidiada, prática que vai arruinar os produtores locais.

O povo de Talnique faz parte de mais de 800 milhões que estão cronicamente subnutridos no planeta, apesar da superabundância de suprimentos de víveres. Todo dia mais de 30 mil crianças abaixo dos cinco anos morrem de causas evitáveis no mundo⁴. Segundo alguns relatos, mais de dois terços dos pobres do mundo são mulheres⁵. Mais de 100 milhões de habitantes dos países ricos são pobres, mais de 5 milhões sem-teto, quase 40 milhões desempregados — e muitos dos sem-teto e desempregados são jovens. Nos EUA, trinta milhões passam fome⁶.

Desde 1960, o abismo entre países ricos e pobres multiplicou-se muitas vezes⁷. Talvez a divisão entre ricos e pobres seja a única maior causa da degradação ambiental devida ao consumo pelos ricos e também aos desesperados métodos de sobrevivência que os pobres são forçados a adotar⁸. O poder concentra-se nos centros financeiros mundiais, sem nenhum dever de prestar contas aos bilhões que sentem falta das necessidades básicas. Organizamos um mundo que exclui bilhões da mesa do banquete e da mesa de decisões. A desigualdade não é defeito do sistema, é o sistema.

As coisas não precisam ser assim. Os países ricos não têm de subsidiar o agronegócio local no montante de US$ 300 bilhões por ano. Poderiam facilmente remover barreiras para importações dos países pobres. É provável que isso não exigisse mais que US$ 150 bilhões em ajuda bem identificada para tirar os países pobres da pobreza. Compare isso com os US$ 160 bilhões gastos todo ano em produtos de beleza⁹.

O antirreino e a idolatria

A pobreza não é primordialmente problema técnico. Acima de tudo, é problema moral, o grande pecado de nosso tempo. Raramente pensamos no pecado nesses termos. Em geral aplicamos esse rótulo primeiro a ações pessoais — roubo, adultério, mentira, homicídio — e então, analogamente, a pecado original, pecado habitual (vício) e, talvez, pecado estrutural, o que, de certo ponto de vista, está

---

4. Programa de Desenvolvimento das Nações Unidas (UNPD), *Human Development Report 2001*, New York, Oxford University Press, 2001, 9.
5. Veja Organização Mundial da Saúde, OMS, Fact Sheet n. 251, junho de 2000.
6. UNPD, *Human Development Report 1997*, 24; idem, *Informe sobre desarrollo humano, 1998*, Naciones Unidas, N.Y., Mundi-Prensa, 1998, 2; *Vida Nueva*, Spain, 19 de setembro de 1998, 24-29.
7. UNPD, *Human Development Report 1999*, 3.
8. POSTEL, SANDRA, Carrying Capacity. Earth's Bottom-Line, in: BROWN, LESTER R. et al., *State of the World 1994. A Worldwatch Institute Report on Progress toward a Sustainable Society*, New York e London, W. W. Norton, 1994, 5.
9. UNPD, *Human Development Report 2003*, 11-12; Pots of Promise, *The Economist*, 24-30 de maio de 2003, 69-71. Veja notável relato resumido da pilhagem global em CHIAVACCI, ENRICO, A Carefully Hidden Reality, *Concilium* 283 (5/1999), 30-38.

correto. O pecado pessoal está na raiz de todo pecado. Entretanto, isso é só parte da imagem. Ao levar os pecados pessoais totalmente a sério, o Novo Testamento coloca-os em um contexto mais amplo, como parte do "pecado do mundo" (Jo 1,29). O pecado é um empreendimento de grande escala, uma espécie de "antirreino" ao Reinado (ou Reino) de Deus (veja 1Jo 5,19; Lc 4,5-6). O pecado "reina" (veja Rm 5–7) em indivíduos e também em relacionamentos e instituições. O pecado pessoal é participação no antirreino.

Quando olhamos pelas lentes grandes, a sistemática espoliação dos pobres é o pecado mais óbvio, mais pesado e provocador de morte. (Quero dizer "os pobres" no sentido bíblico: antes de mais nada, os economicamente destituídos e também todos os outros grupos vulneráveis e oprimidos.) É o grande pecado de todos os tempos, o núcleo do pecado do mundo. É um pecado estrutural que é mais que a soma dos pecados individuais e que, hoje, nossa crescente interdependência global revela mais claramente. A menos que coloquemos esse pecado no centro da cena, nós nos arriscamos a trivializar o pecado, inclusive o pecado pessoal (que é uma razão para começar aqui em vez de com Adão e Eva)[10].

A linguagem da idolatria ajuda-nos a entrar na lógica do pecado. Os ídolos prosperam na insegurança que sentimos nos ossos. Os freudianos falam de nossa traumática expulsão do útero e de nossa total dependência na infância. Os existencialistas nos chamam de animais ansiosos, porque, ao contrário de outros animais, que só reagem aos perigos presentes, nós seres humanos também imaginamos ameaças futuras. A insegurança gera o medo. Aguentamos principalmente tentando controlar o ambiente e hoje em dia temos meios de controle sem precedentes: cadeados, arame farpado, câmeras de segurança, cães de guarda e meios nucleares de intimidação. Quando o medo domina, transformamos esses meios de controle em absolutos. Transformamos em ídolos o dinheiro, a lei, o partido, a eficiência, a Igreja, meu emprego, meus direitos, *status*, aprovação. Os ídolos fomentam rituais compulsivos e o hábito. Exigem sacrifício. Sacrificamos a verdadeira segurança como habitação, saúde e educação, para orçamentos militares inflados e construção de prisões.

Alguns ídolos são mais sanguinários que outros. Jesus citou a prioridade a Mâmon, às riquezas (veja também Ef 5,5; Cl 3,5). Mâmon é o que mais exige

---

10. Embora Inácio tenha um senso arguto do pecado como um vasto empreendimento, ou antirreino (como veremos), não nos surpreende que ele mostre pouca percepção do que hoje chamamos de pecado estrutural ou institucional.

vítimas. Como diz Jon Sobrino, a atual organização da economia é a mais sagrada de nossas vacas sagradas. É intocável e se justifica por si mesmo. ("Negócios são negócios".) A mesma coisa são seus componentes essenciais — o mercado "livre", a propriedade privada, o lucro (o "resultado líquido"). O sistema econômico gera ídolos adicionais, inclusive estabelecimentos militares intocáveis e a incontestável lógica da guerra[11].

Conclusão

Resumindo, o mal é um vasto empreendimento que segue a lógica dos ídolos. Acima de tudo, é a pilhagem dos pobres e dos fracos. Precisamos nos confrontar com o mal para sermos mais plenamente humanos. O conhecimento do mal que ajuda a nos libertar é aquele conhecimento interno que envolve a pessoa toda. Ele faz uma entrada lenta, às vezes difícil.

Entretanto, o mal que cada um de nós mais precisa enfrentar é o nosso. Aquele desafio inquietante é mais fácil — de fato, libertador e vivificante — quando sabemos que somos aceitos e perdoados. Vamos agora considerar essa mensagem.

---

11. Cf. SOBRINO, JON, *Jesus the Liberator. A Historical-Theological Reading of Jesus of Nazareth*, Maryknoll, N. Y., Orbis, 1993, 186-189. Trad. bras.: *Jesus, o Libertador*, São Paulo, Loyola, 1995.

4

Perdão

Mas o pai ordenou aos seus empregados: "Trazei-me depressa a melhor roupa e colocai nele. Ponde um anel no seu dedo e sandálias nos pés. Trazei também o novilho de engorda, matai-o, comamos e façamos uma festa; porque meu filho estava morto e voltou à vida, estava perdido e foi encontrado."
(Lc 15,22-24)

A trigésima nona testemunha[1]

Nas horas que antecederam o amanhecer de 12 de março de 1964, Kitty Genovese foi assaltada e morta na Cidade de Nova York. Seus gritos despertaram ao menos trinta e oito vizinhos que ouviram ou assistiram como, por outra meia hora, o assaltante atacou-a, apunhalou-a, estuprou-a e, por fim, matou-a. Ninguém quis se envolver, ou ao menos chamar a polícia. A história atraiu atenção internacional. Não foi só porque muitos se identificaram com a vítima e entenderam que algo parecido poderia facilmente acontecer-lhes. Assassinatos acontecem o tempo todo. Qual seria a razão para o intenso fascínio do público com este crime? Muitos que estudaram o caso o atribuem ao medo arraigado das pessoas que, se estivessem lá, teriam sido a trigésima nona testemunha calada. Nesse crime as pessoas vislumbraram em si mesmas o "mau samaritano".

A história de Kitty Genovese ressoa com nossa sensação de sermos espectadores culpados em um mundo cruel. Estamos mais cônscios que nossos antepassados da extensão da injustiça. Somos todos seus beneficiários, se não seus agentes. Sabemos que não devemos agredir nem explorar os outros, mas isso não

---

[1]. Inácio não desenvolve os temas de culpa e perdão em muitos detalhes. Este capítulo procura suprir essa necessidade em resposta a sensibilidades contemporâneas.

basta. Não existe campo neutro na guerra entre o bem e o mal. Tudo que é necessário para que o mal triunfe é que os bons não façam nada. O silêncio das pessoas decentes paradas do lado de fora perturbava mais Martin Luther King que os racistas que atiravam pedras[2]. Como sabemos, se você não é parte da solução, bem então... Mesmo quando tentamos fazer parte da solução, podemos alegar ter feito o bastante? E motivos menos que nobres não contaminam nossas ações nobres? A questão não é ficarmos deprimidos, mas despertar de uma hipocrisia solitária. Estamos todos juntos nisto. Melhor sentir nossa solidariedade no pecado e nossa necessidade de perdão que apegar-nos a uma falsa integridade. Ficar livre para amar requer enfrentar nosso papel no pecado do mundo.

Primeiro, a aceitação

Onde isso nos deixa? Enfrentamos nosso pecado com coragem? Conseguimos vencer esses velhos hábitos? Que tal reagir aos sofrimentos do mundo?

Mas espere. "Reagir aos sofrimentos do mundo" não parece arrasador? Isso cabe a nós? Poderíamos viver para isso? As exigências mais legítimas nos desanimam em vez de nos mover a agir.

Estamos começando mal? Os evangelhos sugerem isso. Com eles, a coisa toda vira ao contrário. Ali vemos Deus tomando a iniciativa da conversão, como o bom pastor que vai à procura da ovelha perdida. Jesus acolhe os pecadores *antes* de se arrependerem estes. "Este homem acolhe bem as pessoas de má vida e come com elas!" (Lc 15,2). Ele "frequenta a casa" deles em refeições festivas que celebram a aceitação divina. Dá aos pecadores públicos o respeito que a sociedade lhes nega[3]. A aceitação de Jesus é reconhecimento da dignidade deles. Inclui o oferecimento de perdão antes que eles o peçam (Lc 5,20; Jo 8,11). Ele empodera pessoas como

---

2. "Aquele que aceita passivamente o mal está tão envolvido nele quanto o que ajuda a perpetrá-lo. Aquele que aceita o mal sem protestar contra ele está, na verdade, cooperando com ele", KING, MARTIN LUTHER, *Stride Toward Freedom*, 1958, in WASHINGTON, JAMES MELVIN (ed.), San Francisco, Harper & Row, 1986, 429.

3. Veja SOBRINO, JON, *Jesus the Liberator* (cap. 3, n. 11, acima), 95-99. Nas notas uso abreviações para me referir a obras que cito com frequência. Para as demais, a referência inicial será completa. As referências ao mesmo trabalho em capítulos subsequentes remetem os leitores à referência inicial, indicando entre parênteses o capítulo e a nota em que ela ocorreu. Por exemplo, aqui citamos "cap. 3, n. 11": isso indica que a referência completa pode ser encontrada na nota 11 do capítulo 3 deste livro.

Zaqueu e a pecadora para que reconheçam seu pecado. Suas vidas mudam porque foram primeiro surpreendidos por sua aceitação (Lc 19,1-10; 7,41-43).

O perdão tem dois lados. Precisa ser oferecido e precisa ser aceito. Aceitá-lo significa admitir que precisamos dele e assumir a responsabilidade de nossas ações. Mesmo assim, a oferta de perdão por Jesus não depende, de modo algum, de nossos "méritos" passados. É gratuita: graça. Jesus diz que Deus oferece o perdão para todos, não importa o que fizeram. Essa oferta vem primeiro; está sempre ali para nós — o dia todo, todos os dias. O arrependimento é a resposta a essa oferta.

Enfrentar nossas faltas e mudar nossa vida não é primordialmente uma questão de força de vontade e esforço. Embora tenhamos um papel a desempenhar, ele não é o papel mais importante. Do ponto de vista evangélico, valorizar a misericórdia divina reparadora é mais importante que nos fixar em nossos defeitos. De fato, o que nos liberta é saber que somos aceitáveis e aceitos não como prêmio por sermos bons, mas apesar de não sermos tão bons. Do contrário é quase impossível enfrentar nossa pecaminosidade — muito menos admitir a fome em nosso mundo.

Para entender isso completamente temos de explicar o espinhoso problema da culpa.

Culpa e perdão

Não viveis sob o regime da Lei, mas sob o da graça.
(Rm 6,14)

Certo dia, quando Marta Dimas passou por aqui, convidei-a para almoçar. Marta tinha uns vinte anos. Anos antes o exército salvadorenho expulsara-a de sua aldeia com a família. A família é extremamente pobre. Coloquei uma travessa de frango diante dela e Marta levantou-se imediatamente, inclinou a cabeça e deu graças. Quando terminou de comer, insisti para que repetisse.

— Não, obrigada — disse educadamente.

— Vamos — disse eu —, quem sabe quando você poderá comer isto de novo.

— Na verdade, é isso — ela disse sorrindo —, não devo me acostumar com o que não posso ter.

Marta aprendera a controlar a fome. Sabia que comer muito hoje só piora as coisas amanhã. Quando caiu a ficha da verdade da vida de Marta, fiquei confuso, depois um pouco embaraçado. Não que eu devesse sentir-me mal quanto a comer. Antes, é apropriado sentir tristeza por Marta não comer bem — e ser movido a fazer alguma coisa a respeito.

Talvez você tenha sentido alguma coisa parecida ao se deparar com pessoas sem-teto ou alguém a quem foi negado tratamento médico. Dorothy Day sentia isso enquanto passava pela fila de mendigos para receber comida na parte baixa de Manhattan nas manhãs frias de 1937. "Toda manhã cerca de quatrocentos homens vêm à rua Mott para comer", escreve ela. "É difícil dizer, com simplicidade e alegria: 'Bom dia', quando passamos a caminho da missa [...] A vontade era mais de tomar-lhes as mãos e dizer: 'Perdoem-nos — vamos perdoar uns aos outros! Todos nós que estamos mais confortáveis, que temos um lugar para dormir, três refeições por dia, trabalho a fazer — somos responsáveis pela condição de vocês. Somos culpados dos pecados uns dos outros. Perdoem-nos e que Deus perdoe a todos nós!'"[4].

Dorothy expressa a "vergonha e confusão" que Inácio nos incentiva a pedir [cf. 48, 50, 74]. Estes não são os amargos sentimentos de culpa que nos castigam por ofender a autoridade ou não viver de acordo com a imagem ideal que fazemos de nós mesmos. São vergonha e confusão humanizadoras que surgem da tristeza pela dignidade menosprezada e da sensação de identidade com as vítimas. Ao contrário do remorso amargo, esses sentimentos movem para a frente, para a reconciliação.

A sociedade moderna produz egos frágeis. O consumismo faz com que nos sintamos inadequados por causa de nossa aparência, de quanto pesamos ou de nossa idade, porque não estamos à altura dos ideais promovidos pela propaganda e multiplicados pela pressão de nossos pares. Nesse contexto, a perspectiva de enfrentar nossos fracassos morais parece mais uma afronta, dessa vez por um acusador divino. O que fazer para superar isso? Temos de substituir essas mentiras de má nova pela boa nova de que somos aceitáveis e aceitos, o que não depende de estar à altura de nada. Se não somos certinhos, tudo bem, sem problemas. Isso nos liberta para enfrentar nossos fracassos e deixá-los para trás. Dá-nos o controle da culpa.

Sentimentos de culpa surgem espontaneamente quando transgredimos uma lei ou desobedecemos à autoridade. O superego que Freud descreve é mecanismo de reflexo subconsciente que se desenvolve na primeira infância. Inclui os critérios de autoridades que incorporamos há muito tempo e que agora constituem

---

4. DAY, DOROTHY, *Selected Writings* (cap. 2, n. 1, acima), 80.

uma espécie de eu ideal que no subconsciente almejamos ser. Não estar à altura provoca a dor aguda do remorso. Para evitar isso, algumas pessoas atacam revoltadas, enquanto outras esforçam-se para aplacar a autoridade; ambas estratégias sem saída. A primeira, ao jogar fora a moralidade abaixa o volume de um superego hiperativo, mas à custa de me desumanizar e prejudicar os outros.

> **Em outras palavras**
>
> A Carta aos Hebreus diz que como Cristo morreu uma vez por todas, somos perdoados uma vez por todas[5]. Antes dele, sacrifícios eram oferecidos repetidamente para expiar os pecados. Mas o amor até a morte por parte de Cristo era uma espécie de "sacrifício" totalmente suficiente que alcançou o perdão definitivo. Ora, basta aceitarmos esse perdão e voltar a aceitá-lo quando fracassarmos. Não há mais necessidade — nem cultual nem moral — de sacrifícios pelo pecado. A prática religiosa de confissão e Eucaristia nem sempre reflete essa verdade revolucionária.
>
> Outro jeito de expressar essa realidade, talvez o jeito mais radical de todos, é dizer que Deus decidiu cancelar nosso débito moral (Mt 18,27).

Escrevendo aos romanos, Paulo descreve a estratégia oposta, a de tentarmos nos tornar aceitáveis aos olhos dos outros, aos olhos de Deus e, em última análise, a nossos próprios olhos, observando estritamente as regras morais. Quanto mais nos esforçamos por obedecer à lei, diz Paulo, mais perceberemos suas exigências se intensificarem. Nesse meio tempo, a proibição estimula o desejo do "fruto proibido". Esse círculo vicioso produz intensa angústia (cf. Rm 7,17-25)[6]. O projeto sucumbe. Além disso, diz Paulo, quando buscamos justificação (isto é, perdão) por meio de nossas boas obras, rejeitamos a justificação que Deus oferece independentemente de nossos méritos. Isso é tentar comprar amor de alguém que o oferece gratuitamente. Se Cristo morreu por amor de nós, não é necessário nenhuma outra obra para "comprar" o perdão.

O que o Evangelho diz a respeito de nossa situação é que o Mistério sagrado (Deus) impõe-se sobre nós de fora e de dentro com uma oferta permanente de perdão, não importa o que tenhamos feito. Crer nisso e aceitar a oferta deixa-nos

---

5. Hebreus 7,23-29; 9,12.25-28; 10,1-18.
6. "Enquanto vivíamos segundo a carne [isto é, seguindo os impulsos da natureza humana], as paixões pecaminosas, estimuladas pela Lei, produziam fruto para a morte em nossos membros [...] se não existisse a Lei [o poder da Lei], o pecado seria coisa morta" (Rm 7,5-8).

em paz com Deus e conosco mesmos (cf. Rm 5,1-2). Remove o amargo aguilhão da culpa.

Depois disso, ainda esperamos fracassar e quando fracassamos devemos sentir remorso e "tristeza segundo Deus" (2Cor 7,11). Afinal de contas, isso é sinal de amor-próprio indicando que fizemos alguma coisa indigna de nós mesmos. Entretanto, se ofendemos alguém que amamos, que sabemos estar disposto a nos perdoar, isso torna a reconciliação mais fácil. O remorso é engolido na festa de acolhida de volta que o Pai faz para o filho pródigo. Teremos de admitir nossa ofensa, esclarecer mal-entendidos e reparar o mal feito. Mas a confiança e o amor vão nos impelir para a luz viva da reconciliação[7].

"Nós fomos curados pelas suas chagas"

Embora essa seja uma boa nova revolucionária, para muitos de nós a ficha não cai como gostaríamos. Continuamos a lutar com a culpa. Há quem experimente sentimentos de culpa que são desproporcionais a qualquer mal real que tenham feito. Seu superego insiste que não apenas: "Você fez uma coisa errada" (o que pode ser verdade), mas que: "Você não presta!" (o que não tem cabimento) ou "De qualquer forma você ainda é culpado". Como todos nós, essas pessoas precisam resistir a essas vozes interiores, confiantes que elas não vêm de Deus, pois este "é maior que" nossa consciência (1Jo 3,20). Como Paulo diz: "Agora já não há nenhuma condenação para os que vivem em Cristo Jesus" (Rm 8,1).

Mas, como digo, para muitos de nós a boa nova do perdão radical raramente assume o comando de nossa vida. E embora as pessoas digam com razão que precisamos nos aceitar e nos perdoar, poucas parecem capazes de dar a si mesmas esse remédio na dosagem certa. O perdão libertador que cura é um dom que não podemos forçar. Entretanto, se vier essencialmente de Deus, vem normalmente por meio dos outros. É canalizado por pessoas que, de seu jeito humano, nos aceitam e nos perdoam.

Jesus mediou o perdão radical a seus discípulos e aos pecadores públicos. Mais tarde, confessando seus pecados uns aos outros e perdoando uns aos outros, seus seguidores mediaram o poder divino (cf. Tg 5,15; Jo 20,21). A comunidade da Igreja continua a fazer isso por mim e por muitos outros, embora não por

---

7. Inácio recordou experimentar "uma grande confusão e uma grande dor" por seus pecados, mas não "medo dos seus pecados nem de ser condenado" por eles, pois tinha certeza do amor e do perdão divinos (cf. *Autobiog* 33).

todos. Acho o sacramento da reconciliação muito benéfico, mas ele não tem sido suficiente para me fazer entender claramente a aceitação radical que cura e nos liberta. Quem ou o que pode fazer isso? Proponho pessoas como minha amiga Marta Dimas. Meu país enviou as bombas que foram despejadas em sua aldeia. A aceitação cheia de graça por Marta e outros como ela de pessoas como eu coloca-nos diante de uma aceitação mais radical que a delas. Parece que Deus decidiu que pessoas como elas fossem embaixadores de graça para pessoas como eu.

Todo ano ondas de delegações estrangeiras visitam El Salvador. Muitos dos viajantes descem do avião um pouco apreensivos. Tendo sido informados a respeito de pobreza, massacres e terremotos, eles têm um vago temor do que os espera. "Esta gente vai investir contra minha carteira?", eles se perguntam. "Será que vou ter um ataque maciço de culpa quando chegarmos às primeiras comunidades pobres?"

Os visitantes passam grande parte do tempo procurando decifrar por que esses pobres sorriem e por que insistem em compartilhar suas tortilhas com estranhos. Se os visitantes escutam as histórias de privações indizíveis, seus anfitriões partem-lhes o coração — e isso vai acabar sendo o evento mais importante da viagem. Se os peregrinos deixarem acontecer, essa experiência vai mudar-lhes a vida.

As vítimas atravessam-se em seu caminho. "Meu Deus! Seus filhos morrem de desnutrição. Os poderosos roubam deles quando querem. É tão injusto. E o que meu governo faz aqui?" Os visitantes ficam chocados não porque os pobres são santos, mas porque obviamente não merecem isso.

À medida que a humanidade dos pobres colide com as defesas dos visitantes, estes vislumbram seu reflexo nos olhos dos anfitriões. ("Esta gente é exatamente como nós!") Sentem-se gentilmente convidados a pôr no chão o fardo de superioridade do qual eles mal tinham consciência. Vergonha e confusão roça-os levemente e eles sentem que estão perdendo terreno. Na verdade é o mundo que está perdendo terreno para eles. Refiro-me ao mundo que consiste em pessoas importantes como eles mesmos e em pobres insignificantes. Esse mundo começa a enlouquecer. A experiência ameaça fazê-los perder o controle como um riacho na primavera. É como a desorientação de se apaixonar. De fato, é o que está acontecendo, uma coisa parecida com se apaixonar. A terra treme. O horizonte se abre. Estão entrando em um mundo mais rico.

Não temos de viajar à América Central para isso. Muita gente sofre terrível injustiça mais perto de casa, em todos os nossos países: mulheres e crianças que sofrem abuso, minorias oprimidas, os sem-teto, imigrantes. O envolvimento com elas nos põe em contato com o mundo, conosco mesmos e com a divina misericórdia.

Põe-nos em contato com o mundo. As vítimas nos atraem para o drama central da vida. Mostram-nos que o mundo é um lugar muito mais cruel do que supúnhamos, mas também que está acontecendo alguma coisa muito mais maravilhosa do que ousávamos imaginar. Quando insistem em celebrar a vida por piores que estejam as coisas e em compartilhar o pouco que têm, os pobres comunicam esperança. Qual a razão desse sorriso com tão pouca base nos fatos? Há mais coisas aqui do que salta à vista. O pecado se multiplica, mas a graça de Deus se multiplica muito mais (Rm 5,20)[8].

O envolvimento com os rejeitados nos põe em contato conosco mesmos. O rejeitado chama de dentro de nós partes de nós mesmos que banimos para o exílio do inconsciente e nos cura. (Esse encontro nos curar sugere-me que nosso sofrimento psíquico tem raízes profundas no tipo de sociedade em que vivemos. O tormento psíquico nos subúrbios opulentos não é o reflexo antagônico da decadência dos bairros pobres? Sendo assim, então a cura de nossas divisões íntimas depende do esforço para curar nossas divisões sociais.)

Finalmente, as vítimas nos põem diante da misericórdia divina. Muitos peregrinos experimentam profunda paz ao serem tão calorosamente recebidos pelos pobres — antes de mudar o comportamento com eles e com bilhões de outros como eles. Nesses encontros, as massas de pobres do mundo saem do anonimato e adquirem carne e osso como seres humanos tridimensionais. Na verdade, há aqui mais de três dimensões. Os olhos das vítimas acenam como poços sem fundo. O rejeitado é como uma porta que se abre para o Mistério divino.

Isaías falou de um Servo de Javé cuja aparência era repulsiva, que tinha sofrido horrivelmente, mas que se mostrou fonte de cura e vida para os outros:

> Desprezado e repudiado pelos homens,
> homem de dores, experimentado na doença
> como alguém diante do qual se esconde seu rosto,
> desprezado e desconsiderado.
> Contudo, ele suportava nossas doenças
> e carregava nossas dores.

---

8. Há quem considere antiquado falar em vítimas. Desestimular uma síndrome de vítima de comiseração passiva é uma coisa; negar a realidade objetiva das vítimas é outra. As vítimas são os prejudicados por ações, políticas, relacionamentos e instituições objetivamente injustas. Ser vítima não impossibilita ser um agente voluntário.

Nós o reputamos como marcado,
como ferido por Deus e humilhado.
Mas ele era traspassado pelos nossos pecados [...]
nós fomos curados pelas suas chagas. (Is 53,3-5)

Hoje, como no tempo de Isaías, envolver-nos com essas pessoas aflitas tem alguma coisa indefinida, como o início de uma partida de xadrez com suas infinitas possibilidades. Elas despertam em nós o espanto e o fascínio que apontam para o Sagrado. Despertam a vergonha humanizadora que diz: "Afasta-te de mim, Senhor, porque eu sou um pecador!" (Lc 5,8)[9].

As vítimas de um mundo dividido estão singularmente qualificadas para perdoar. Nem todas se inclinam a fazer isso; mas, quando o fazem, são mediadoras de uma aceitação maior que a delas. Elas nos possibilitam reconhecer nossa parte no pecado do mundo e ficar diante do Mistério sagrado que se aproxima para identificar-se com o sofrimento delas e também para nos ajudar. Hoje Deus continua a aparecer em estábulos e no corredor da morte.

Minha "tribo" de classe média

As sociedades de classe média são novatas na história, existindo apenas há duzentos anos. Minha "tribo" de classe média é um grupo esquisito. Não somos pessoas completamente más, é claro, só uma minoria com a ilusão compartilhada por muitas minorias de que somos o centro de gravidade do universo. Os pobres nos libertam dessa fantasia.

Não me entendam mal. As culturas de classe média do Norte fizeram avanços extraordinários na civilização. Embora muitos viessem a um grande custo para nações e raças espoliadas, são, mesmo assim, avanços extraordinários. Refiro-me até ao progresso tecnológico ambíguo, mas em especial aos avanços espirituais, culturais e políticos: as oportunidades sem precedentes, liberdades políticas, democracia, ciência moderna, a consciência crítica do Iluminismo. Não há necessidade de depreciá-los. Contudo, também nós pagamos um alto preço por nossas liberdades e segurança econômica que, embora nos permitam ir atrás de nossos projetos pessoais de vida, também geram um espírito de individualismo isolado. Separam-nos uns dos outros. Mais grave ainda, distanciam-nos dos pobres e de

---

9. Cf. Isaías 6,5. Sobre o fascínio e espanto evocados pelo Sagrado, veja o clássico OTTO, RUDOLF, *The Idea of the Holy*, New York, Oxford University Press, 1958.

sua luta diária pela vida. Para manter a família viva, em sua grande maioria, todos os seres humanos que já viveram tiveram de batalhar diariamente contra as ameaças de fome, doença, acidentes e violência. Ao afastar-nos da ameaça diária de morte, os benefícios da modernidade induzem em nós uma crônica confusão ignorante a respeito do que realmente importa na vida: a saber, a própria vida e o amor. Para piorar as coisas, nossa tecnologia e a mídia nos levam a acreditar que nossa perspectiva na vida é a meta, na verdade a norma. As vítimas nos refreiam; mostram-nos que elas, os marginalizados, estão no centro das coisas. Nós que frequentamos cafés de Washington e Paris estamos à margem. Está claro que precisamos dessas pessoas mais do que elas precisam de nós.

Entretanto, elas também precisam de nós. Responda a este teste. O que as pessoas a seguir têm em comum: Dorothy Day, Mohandas Gandhi, Che Guevara, Madre Teresa, Martin Luther King, Simone Weil, Karl Marx? Resposta: Todos eram cultos, e da classe média ou abastada. Embora possamos não concordar com tudo que todos representaram, eles puseram seus talentos e formação a serviço dos necessitados. Parece haver esperança para minha tribo e muito para fazermos.

Conclusão

A experiência de aceitação e perdão nos fortalece para enfrentar nosso papel no mal do mundo. O Novo Testamento diz que Deus oferece esse perdão não importa o que tenhamos feito — não porque somos bons, mas porque Deus é bom. As pessoas que ofendemos e outras vítimas são mediadoras dessa notícia de cura e libertação.

Naturalmente, para haver reconciliação são necessários dois. Nossa parte na barganha inclui reconhecer nossos erros e mudar. Voltamo-nos agora para esse desafio.

5

Reforma de vida

Calado, eis que o meu corpo definhava [...]
Disse: "Vou confessar a minha falta!"
e o meu pecado, ó Deus, absolveste!
(Sl 31,3.5)

Em *A morte do caixeiro viajante*, de Arthur Miller, Willy Loman vive um inferno na terra. Não consegue enfrentar a verdade sobre sua vida. Construiu uma falsa identidade e um mundo falso para proteger-se de fracassos passados. Manter essas ficções destrói tudo à sua volta. Seu presente irreal depende de imaginar um passado fraudulento e sonhar com um futuro impossível.

Há um pouco de Willy em todos nós. Os pecados passados e as fraquezas presentes permanecem em nossa vida como hóspedes indesejáveis. O que vamos fazer com eles? Lidar com eles é certamente melhor que o subterfúgio ou a autocomiseração. Podemos ter abandonado o comportamento prejudicial há muito tempo. Talvez não tenhamos grandes esqueletos escondidos no armário. Mesmo assim, sombras do passado vão escurecer nosso presente se não fizermos as pazes com elas, se nossas feridas ainda estiverem abertas.

Os membros dos Alcoólicos Anônimos e de outros programas de doze passos ressaltam a importância de enfrentar os erros presentes. Em seguida eles fazem um inventário do passado, para tentar entender por que as coisas aconteceram e para reparar os danos que puderem[1]. Nesse espírito, Inácio convida-nos a exami-

---

1. Os Alcoólicos Anônimos e outros programas de doze passos seguem rigorosamente a dinâmica da Primeira Semana dos Exercícios Espirituais e o que a teologia ascética tradicional chama de "caminho purgativo". Veja HARBAUGH, JIM, *A 12-Step Approach to the Spiritual Exercises of St. Ignatius*, Kansas, Mo., Sheed & Ward, 1997. Como de vários outros livros recentes sobre Inácio, só tomei conhecimento deste livro convidativo tarde demais para tirar vantagem dele aqui.

nar nossos pecados presentes e rever nosso passado, o que desperta tristeza, vergonha, confusão e repugnância [cf. 45, 50, 55, 63]. ("Esse era eu? Não acredito que fiz isso!") Mas é uma tristeza que redime e uma confusão santa que leva a nova liberdade e paz interior. Lidar com o passado liberta-nos de suas garras. A experiência recente de sociedades que saíram da guerra civil e da atrocidade confirma isso. Ao trazer à luz horrores passados na África do Sul, nas Américas Central e do Sul e na Europa Oriental, comissões da verdade ajudaram países devastados pela guerra a mover-se em direção à cura e à reconciliação.

Como os membros dos A.A. sabem, fazer inventário também traz à luz o modo como nossos amigos e o Poder Mais Alto cuidaram de nós e nos ajudaram, até quando fizemos o mal. Também Inácio nos convida a relembrar como Deus e muitas criaturas nos deram vida e nos ampararam enquanto agíamos com egoísmo. Esse exercício produz gratidão e entusiasmo pelo futuro [cf. 60, 61]. Também nos dá uma avaliação mais madura do pecado como ingratidão e traição (como Inácio ressaltou em escritos mais tardios).

Podemos fazer este tipo de exame de diversas maneiras. Por exemplo, podemos reservar um tempo cada dia, durante vários dias. Escrever em um diário ajuda algumas pessoas. Começar com o presente, fazendo perguntas como: Aonde vou? Minha vida tem um objetivo global? Esse objetivo é louvável? Minhas escolhas são coerentes? É esta pessoa que quero ser? É esta pessoa que devo ser?[2]

Precisamos de tranquilidade para esse tipo de reflexão. Inácio recomenda imaginar-nos na presença benevolente de Deus. Sugere que imaginemos Cristo na cruz e perguntemos a nós mesmos: O que tenho feito por ele? O que faço por ele? O que devo fazer por ele [53]? O reitor universitário martirizado Ignacio Ellacuría sugeriu colocarmo-nos diante das vítimas crucificadas de hoje e perguntar: Ajudei a crucificá-las? O que estou fazendo para tirá-las de suas cruzes? O que devo fazer para que elas prosperem de novo?[3]

Perguntas mais específicas também nos ajudam a recapitular: Que idolatrias me fazem hesitar? Importo-me com meu cônjuge, meus filhos e meus pais? Faço minha parte em casa? Como cumpro as responsabilidades do trabalho? Domino ou manipulo os outros? Prejudico os outros? Demonstro preocupação com os pobres e outros necessitados? Compartilho o que tenho, ou acumulo? Falo em

---

2. Veja as formulações quinhentistas inacianas em [32-43].

3. ELLACURÍA, IGNACIO, Las iglesias latinoamericanas interpelan a la Iglesia de España, *Sal Terrae* 3 (1982) 230.

apoio da verdade e em defesa dos fracos? Sou preconceituoso? Minto para sair de uma encrenca? Sou preguiçoso ou covarde? Abuso da comida ou da bebida? Sou imoderado no uso da tevê ou de outras formas de entretenimento? Há desordem em minha vida sexual? Importo-me com o meio ambiente? Negligencio a oração? Descanso e cuido razoavelmente da minha saúde?

Tendo examinado o presente, fazemos em seguida o inventário do passado, examinando nossa vida ano por ano, lugar por lugar, emprego por emprego, avaliando não só nossos erros, mas também as graças recebidas [56, 60].

Nestes exercícios pedimos um profundo senso (conhecimento interno) da desordem de nossa vida; tristeza, vergonha e confusão apropriadas; repugnância do mal, profunda gratidão a Deus que nos perdoa seja o que for que tenhamos feito e as muitas bênçãos que recebemos [48, 55, 63]. Essas "graças" são apropriadas para tempos de reforma e conversão. Pedi-las faz parte de nossa colaboração com o Deus que nos cura e liberta.

Colaboramos também praticando a penitência, isto é, fazendo penitência por nossas fraquezas [cf. 82-87]. A melhor penitência é responder a nosso próximo necessitado. Também nos beneficiamos de uma noite sem televisão, ou jejuando "não só de comida, mas também da atividade frenética, de estimulantes, divertimentos perigosos, [e] bens supérfluos"[4].

Transformação pessoal

Nós sabemos que passamos da morte para a vida porque amamos nossos irmãos.
(1Jo 3,14)

Na perspectiva da fé cristã, reforma é mais que mudança de comportamento. Envolve transformação pessoal — ou "conversão".

O livro dos Atos relata a conversão de Paulo no caminho de Damasco. Agostinho e Inácio de Loyola produziram relatos clássicos da conversão deles. Mais recentemente, C. S. Lewis, Dorothy Day, Thomas Merton e Etty Hillesum fizeram o mesmo[5].

---

4. DYCKMAN et al., *The Spiritual Exercises Reclaimed* (cap. 1, n. 2, acima), 74-75. Os autores valem-se de sugestões de Margaret Miles.

5. Além de AGOSTINHO, *Confissões*, e INÁCIO DE LOYOLA, *Autobiografia*, veja LEWIS, C. S, *Surprised by Joy. The Shape of My Early Life*, London, Geoffrey Bles, 1955; DAY, DOROTHY, *The Long Loneliness*, New York, Harper, 1952; MERTON, THOMAS, *The Seven Storey Mountain*, New York,

A mudança crucial da vida é a mudança do egoísmo para o amor. Para alguns isso acontece no início da vida, para outros mais tarde; outros ainda evitam-na até o fim. Há quem faça a mudança e mais tarde inverta a direção. A mudança fundamental pode ser dramática ou mal perceptível; para muitos, parece acontecer em etapas. Sempre envolve luta. Afinal de contas, um falso eu está morrendo e um "novo ser humano" está nascendo. A pessoa "nasce de novo" (cf. Jo 3,3). A mudança básica inicia uma aventura contínua que inclui miniconversões e recaídas. A reforma será sempre apropriada. O arcebispo Oscar Romero já era verdadeiro santo quando a repressão violenta e o assassinato de seu amigo Rutilio Grande provocou outra conversão que o transformou em profeta e mártir.

A conversão é processo de autotranscendência. De voltados para nós mesmos passamos a estar abertos para o próximo. Depois de procurar o que era apenas autogratificante e nos trazia conforto, agora procuramos o que é verdadeiro e bom[6].

A conversão é religiosa bem como moral. Abre-nos para a Suprema Realidade. Agostinho, Inácio e Etty Hillesum asseguram-nos que é trabalho mais de Deus que nosso. O primeiro impulso vem de fora de nós e o que acontece é desproporcional a nossos esforços.

Os santos descrevem a conversão como o ato de apaixonar-se. Um forte novo amor inflama-se e avança por toda a pessoa. Põe na linha amores menores, como um ímã que alinha limalhas de ferro. Estar apaixonado dá à vida profundo senso de propósito. Tira-nos da cama nas manhãs frias para enfrentar duros desafios.

Apaixonar-se envolve despreocupação, abandono. Um amigo meu, alcoólico em recuperação, certa vez confidenciou: "Tudo começou a mudar quando me demiti do cargo de presidente do universo".

A conversão motiva o conhecimento interno. Nosso horizonte se expande, embora talvez não haja visões nem lampejos de intuição; vemos o mundo com novos olhos.

Hartcourt, Brace, 1948; Hillesum, Etty, *An Interrupted Life. The Diaries, 1941-1943 and Letters from Westerbork*, New York, Henry Holt and Co., 1996.

6. Lonergan, Bernard, *Method in Theology*, Toronto, University of Toronto Press, 1990, 240. Com referência à conversão, veja p. 104-107, 237-243. Lonergan distingue a conversão intelectual, moral e religiosa. A conversão moral "contradiz" a conversão intelectual e a conversão religiosa "contradiz" as outras duas. O que contradiz não anula o que é contradito, mas antes coloca-o em uma posição mais firme, enriquece-o e leva-o em direção à perfeição. Ibid., 241-242.

Conversão

O teólogo Bernard Lonergan escreve:
[Alcançamos] autenticidade em autotranscendência [...] Nossa capacidade para autotranscendência [...] torna-se realidade quando nos apaixonamos. Então nosso ser transforma-se em ser apaixonado [...] Quando desabrocha e enquanto dura, o amor toma posse. É o primeiro princípio. Dele brotam nossos desejos e medos, nossas alegrias e tristezas, nosso discernimento de valores, nossas decisões e obras.
[...] Estar apaixonado por Deus é a realização básica de nossa intencionalidade. Essa realização traz uma alegria profunda que permanece apesar de humilhações, fracassos, privações, sofrimentos, traições, deserções. Essa realização traz uma paz radical, a paz que o mundo não consegue dar[7].

Tragédia maior

Jesus disse: "Seria melhor que este homem não tivesse nascido!"
(Mc 14,21)

Com a conversão, mudamos nossa direção moral. De fato, em última análise, nossa vida move-se em uma de duas direções. Ou vivemos basicamente para a autogratificação, ou nos abrimos para responder às necessidades reais que nos rodeiam. Digo "basicamente" porque ninguém é completamente egotista nem perfeitamente amoroso. Embora fundamentalmente generosos, ainda temos pequenos vícios. Embora fundamentalmente egoístas, ainda somos capazes de generosidade.

Na linguagem da Escritura, ou servimos ao reino divino ou ao projeto mortífero do pecado. O primeiro segue a lógica da luz (verdade) → liberdade → amor → vida. O antirreino segue a dinâmica das trevas (mentiras)→ escravidão → indiferença/ódio → morte.

---

7. Ibid., 105, 107.

É possível render-se à segunda lógica, tornar-se assassino em série, torturador, ditador supremo ou insignificante. As pessoas podem transformar a vida em inferno na terra. Ou podem colaborar por meio da gelada indiferença. Para o exercício final da Primeira Semana, Inácio nos convida a examinar intensamente o segundo caminho, até onde podemos ver [cf. 65-71]. Como seria nos entregarmos a essa lógica? Aonde ela nos levaria? Ele recomenda que nos permitamos sentir a tragédia amarga da morte moral e espiritual. Aqui visitamos em nossa imaginação alguns dos trágicos exemplos que temos de inferno na terra.

Hoje somos aconselhados a aceitar as coisas "numa boa", a não levar nada muito a sério, nem o nascimento, nem a morte. Podemos "mudar de canal" quando se trata de guerra, calamidade (aids) e penúria, mas também podemos desperdiçar a vida em buscas triviais. Nesse clima, penso ser salutar lembrar que algumas vidas — as de Hitler, Stalin, Idi Amin e outras menos dramáticas — são desastres e que nenhum de nós escapa totalmente ao perigo de desintegração pessoal e a uma vida em última análise trágica.

Do jeito como entendo o Novo Testamento, nunca poderíamos atribuir essa "condenação" a Deus, que trabalha com exclusividade e persistência para que tenhamos vida em abundância[8].

Conclusão

A reforma de vida inclui confrontar-se com o pecado. Inclui perdão, cura e libertação da desordem passada. Isso envolve luta. Desperta em nós sentimentos profundos. Ao nos comprometermos a mudar, experimentamos em nós dois tipos de sentimentos em nível profundo: por um lado, desânimo e fortes desejos de dar para trás; por outro, entusiasmo, esperança e alegria pela possibilidade de um novo modo de vida. O que esses sentimentos significam? E os pensamentos e inclinações à ação que se originam deles? Como devemos interpretá-los? Esse é o assunto da primeira série das "Regras de Discernimento" inacianas às quais nos voltamos agora.

---

8. Cf. Sachs, John R., Current Eschatology. Universal Salvation and the Problem of Hell, *Theological Studies*, v. 52, n. 2 (jun. 1991) 227-254.

6

Regras de discernimento

Fortalecei-vos no Senhor, no poder de sua força; revesti-vos da armadura de Deus, para que possais resistir às ciladas do diabo.
(Ef 6,10-11)

Moções interiores

A reforma de vida desperta tristeza e medo, mas também entusiasmo pelo futuro. A perspectiva de compromisso sério (como o casamento) provoca moções interiores semelhantes que merecem muita atenção, em especial o medo e o desânimo que bloqueiam a reforma. De que tipo de moções interiores estamos falando?

Pode acontecer que, tendo decidido romper um relacionamento prejudicial ou superar um mau hábito, eu me sinta desanimado e sem energia. Ou talvez, tendo feito o rompimento, eu anseie pelo que deixei para trás e esteja apreensivo pelo futuro. Minhas esperanças são vãs? Consigo adaptar-me? É isso que quero?

Além da conversão e de compromissos importantes, os desafios cotidianos também desencadeiam o medo e o desânimo que impedem escolhas sensatas. Ter de confrontar uma pessoa difícil deixa-nos desalentados. O grande mal — violência, ganância, falsidade, injustiça obstinada — faz-nos sentir assoberbados. O fracasso faz-nos querer desistir. Seis meses de vida de casado podem fazer um dos cônjuges sentir-se deprimido e se perguntar: Em que fui me meter?

Em casos como esses, até que ponto nossos sentimentos refletem corretamente nossa situação? Podemos confiar neles como guia confiável para tomar decisões, em especial já que não raro desses estados emocionais surgem ideias para agir?

Por outro lado, a reforma de vida também desperta alegria, alvoroço e sensação de liberdade. Por exemplo, alguém envolvido em transações comerciais desonestas ou em um relacionamento prejudicial agora vê uma "tábua de salvação", uma saída, e isso a anima. Um filme como *Gandhi* ou um serviço religioso desperta em nós o desejo profundo de passar a vida servindo. A conversa com uma pessoa piedosa estimula o entusiasmo para aprender a rezar, ou a rezar melhor. Se estou mal comigo mesmo, sentindo-me culpado por alguma ação passada, alguém pode me animar e me lembrar do perdão divino, fazendo-me sentir como se acabasse de acordar de um sonho ruim. Podemos nos condoer de um sem-teto, concentrando a atenção e os sentimentos em ardente solidariedade. Um ato aleatório de bondade inspira o desejo intenso de ser mais generoso. Ou, em uma tranquila noite de verão, sem preocupar-me com o futuro, posso sentir estranha harmonia com tudo que me rodeia.

Esses estados de espírito positivos causam menos problemas, mas, por outro lado, refletem corretamente nossa situação? São um guia confiável para a ação?

Essas são as questões que Inácio de Loyola aborda nas Regras para discernir moções interiores[1]. Ele as apresenta em duas partes. Aqui examinamos a primeira série de Regras, que são úteis principalmente durante o tempo de reforma. Mais adiante examinaremos a segunda série[2]. As Regras baseiam-se na experiência inaciana e no que ele aprendeu ao ajudar os outros. São critérios para conhecer e responder a estados emocionais como os que acabamos de descrever, que ele chama de "consolação" e "desolação". Não são simplesmente quaisquer emoções nos limites da experiência, tais como o sofrimento de uma doença ou o prazer de uma grande composição musical. São agitações e disposições, estados e tendências afetivas que nos afetam completamente e dotam as emoções comuns de um tom característico. É porque elas vêm tão do fundo de nós que parecem, paradoxalmente, ter origem fora de nós [cf. 32].

Como os autores do Novo Testamento, Inácio pressupõe que vivemos em uma espécie de duplo campo de força. Os seres humanos, seus relacionamentos e suas instituições exibem dois tipos de tendências: moção para a luz (verdade), liberdade, amor e vida, e moção na direção oposta para a escuridão (mentiras), escravidão, egoísmo e morte. Por trás de um estão Satanás e seus demônios; por trás do outro, o Espírito divino e os anjos bons.

Como exatamente rotulamos o poder do mal é menos importante que reconhecê-lo em ação. Podemos considerar os antigos primitivos simplórios por

---

1. Literalmente: "Regras para de algum modo sentir e conhecer as várias moções que são causadas na pessoa: as boas para receber e as más para rejeitar" [313].
2. Veja o capítulo 15.

personificarem o mal. Essa não é a questão mais séria. É muito mais perigoso não ver o que os antigos entendiam: que nossas mentes e recursos morais não estão à altura do "mistério da impiedade" (2Ts 2,7). Isso nos faria tolos pós-modernos. O mal não só se disfarça; tem a sinistra habilidade "de lutar sem armas" para voltar contra nossos planos mais bem-intencionados. Em nome da lei e da ordem, da pátria, da liberdade, da religião verdadeira, da revolução e de inúmeras causas menos nobres, "os melhores e os mais brilhantes" sempre marcharam pelos becos sem saída da história, com consequências desastrosas. Os modernos não são mais sensatos nem menos culpáveis. Depois de dois séculos de tragédia indizível, ainda nos vangloriamos de nossa capacidade de raciocinar e de nossos brinquedinhos de alta tecnologia.

Apesar disso, não estamos condenados a sucumbir ao mal. Entendemos em parte sua lógica e, o que é mais importante, temos um poder muito mais forte do nosso lado. Precisamos aprender a reconhecer essas tendências sutis, para a vida e para a morte, na vida cotidiana e em nós mesmos. E precisamos saber responder a elas.

As Regras de discernimento, primeira série

A primeira série de Regras dirige-se principalmente a pessoas que se esforçam para mudar de vida. Assim, a maioria das regras tem a ver com a desolação que acompanha esse esforço. Porém as quatro primeiras são princípios introdutórios gerais. (Os números abaixo seguem mais ou menos os *Exercícios Espirituais* [313-327].)

1. As pessoas que vão de mal a pior acham a influência do "inimigo" agradável e confirmadora de seus modos. Como são dominadas pelo medo da dor e pelo amor do conforto, o inimigo leva-as a imaginar os prazeres do egoísmo. O Espírito divino opera na direção oposta, "picando e remordendo suas consciências" [314][3].

---

3. A situação desse grupo não é óbvia. Há quem acredite que a 1ª Regra refira-se apenas aos egoístas empedernidos (por exemplo, GIL, *Discernimiento según San Ignacio*, Rome, CIS, 1983, 99). Outros acreditam que também inclui os convertidos que começam a se afastar da religião (por exemplo, TONER, JULES, *CommRules*, 52-54), salientando que a expressão "pecado mortal" que Inácio usa aqui poderia simplesmente significar "vício capital", não "pecado mortal" no sentido moderno. De modo paralelo, os críticos discutem a 2ª Regra. Cf. GIL, DANIEL e FIORITO, MIGUEL A. La primera regla de discernimiento de S. Ignacio. ¿A quién se refiere...? *Stromata* 33 (1977) 341-360. Como Inácio costuma pensar em termos práticos, pastorais, creio que a primeira regra refere-se a pessoas que, embora sejam egoístas empedernidos (que às vezes parecem

2. As pessoas que progridem em maturidade espiritual e moral experimentam as duas forças na direção oposta. Quando alguém se esforça para emendar-se "é próprio do mau espírito remorder, entristecer e pôr impedimentos, inquietando com falsas razões para que a pessoa não vá adiante" [315]. O inimigo *tira o ânimo*, incitando medo e tristeza à custa de perseverança (desolação). O Espírito divino *anima*-as tirando os impedimentos e dando paz, força, alegria (consolação).

Todo o restante das regras de discernimento aplica-se a pessoas que progridem em maturidade. Mesmo que sofram fortes tentações e falhem, empenham-se em progredir. As Regras as ajudam a entender as moções interiores e a responder apropriadamente. Elas precisam primeiro reconhecer que o inimigo desanima, semeando desolação, enquanto o Espírito divino anima, dando consolação. Precisam resistir à desolação e rejeitar ideias que dela se originam e receber a consolação e seguir sua orientação [cf. 313].

3. "Consolação espiritual" refere-se à paz e alegria que surgem em nosso centro e afetam nosso estado interior como um todo. Para Inácio (e a tradição bíblica a que ele recorre), a consolação é muito mais que o simples consolo da tristeza, sentido usual do termo. A consolação liberta novas energias, amplia nossa visão e nos dirige para fora de nós mesmos. Dorothy Day descreve sua experiência de consolação, quando, ainda menina, ouviu a vida de um santo. Ela sentiu um "sublime entusiasmo":

> [...] parecia que meu coração estava a ponto de explodir com o desejo de tomar parte em tão grande esforço [...] e a emoção e a alegria que agitaram meu coração quando me deparei com a verdade e a beleza espiritual nunca me abandonaram quando cresci. É triste que só a encontremos tão raramente. A bondade natural, a beleza natural, traz alegria e elevação do espírito, mas não basta, não é a mesma coisa. As grandes emoções de que falo só surgiam ao ouvir a palavra de Deus. Era como se cada vez que eu ouvisse falar de nosso Senhor, eu me enchesse de ardente sentimento de alegria[4].

Que maravilhosa descrição da consolação!

---

incapazes de sentir remorso pungente), são contudo apanhadas na armadilha de problemas morais graves (infidelidade conjugal, roubo, falcatruas, problemas com o jogo, e assim por diante). A 2ª Regra refere-se aos que se dedicam a emendar-se seriamente.

4. Day, *Selected Writings* (cap. 2, n. 1, acima), 12. As "grandes emoções [...] só surgiam ao ouvir a palavra de Deus". Entretanto, a consolação nem sempre é ocasionada pela palavra explícita de Deus ou pelo simbolismo religioso manifesto.

Embora agradável, a consolação é diferente do prazer. Enquanto o prazer passa com seu estímulo, a consolação produz paz e alegria duradouras. Ela é compatível com o prazer, mas também com a dor e a ansiedade. Do mesmo modo que a dor, o prazer ocupa uma parte de nós. Mas como surge daquele centro unificador onde nos abrimos para o mundo e para Deus, a consolação afeta nossa disposição e atitude, nosso horizonte emocional e intelectual. Na consolação, o rio subterrâneo dentro de nós inunda a vida consciente, dotando os sentimentos comuns de vigor e plenitude elevados.

Na consolação, sentimos que Deus nos atrai (cf. Jo 6,44), nos toca. Sentimo-nos atraídos à oração e à verdade revelada. O sacrifício generoso parece fácil. "Para a alma que caminha com este fervor, este ardor e esta consolação, a mais pesada carga parece leve; a penitência, a pena mais dura, muito doce"[5]. Mas a consolação é também suave bem como intensa.

A consolação assume a forma de tristeza redentora que nos cura e une aos outros — por exemplo, quando pranteamos a morte de um amigo e não desejamos estar em nenhum outro lugar a não ser ali, compartilhando a perda daquela família. Também sentimos consolação quando nos angustiamos pelos sofrimentos de Cristo ou pelos crucificados de hoje e quando sentimos tristeza por nossos pecados.

4. O oposto da consolação é a desolação espiritual. Desolação é tristeza e tumulto interior. Não é só qualquer "desalento", mas uma inquietação que surge bem no íntimo e, portanto, toca-nos completamente. Como seu oposto, a desolação pode ser ocasionada por acontecimentos fora de nós e também por nosso estado emocional e físico: uma tragédia pessoal, uma notícia deprimente, fracasso, perseguição, frustração e fadiga.

Dorothy Day descreve sua desolação ao voltar a Nova York depois de uma viagem:

> Na cidade as cruzes usuais: Carney chamando-nos todos de escroques [...] E. com suas acusações vis; a penúria de M. e P.; a doença de Kate; a ameaça de processo contra nós; as contas se acumulando — tudo isso coroado por tamanha falta de compreensão da ideia personalista daqueles de quem se espera mais me deixa prostrada. Desde que voltei de Pittsburgh, tenho este sentimento de completa solidão. Tentação do diabo, sem dúvida, e sucumbir a ela é falta de fé e esperança. Não

---

5. Carta de Inácio a Teresa Rejadell, 18 de junho de 1536, *LettIgn*, 21-22; *Obras*, 732. *Escritos de Santo Inácio. Cartas Escolhidas*, São Paulo, Loyola, 2008, 43.

há nada a fazer a não ser suportá-la, mas meu coração está pesado como chumbo e minha mente embotada e sem inspiração. Um tempo em que a memória e o entendimento nos abandonam completamente e só sobra a vontade, de modo que me sinto dura e rígida e ao mesmo tempo prestes a me sentar como uma tola e chorar[6].

A desolação esgota nossa energia. Somos atraídos ao evangelho da enfatuação. Nós nos retraímos[7]. A vida parece opressiva, o pensamento de serviço generoso, repugnante, as práticas religiosas, enfadonhas e desagradáveis. Deus parece ausente, o amor divino, irreal. Embora o sol brilhe acima das nuvens, aqui embaixo tudo está escuro.

A desolação gera pensamentos negativos. Estreita nossa visão. Impõe-se com força suficiente para eliminar toda memória de consolação e até a calma normal. Reduz Jesus a medo e tremor no Getsêmani. Na cruz ele clamou em desolação. Na desolação só pensamos: "Isto nunca vai acabar". "As coisas só vão piorar." O inimigo nos faz perguntar a nós mesmos: "Como vais passar toda a vida em tão grande penitência [e privação]? [...] [O inimigo] não nos mostra os alívios e as consolações tão numerosas habitualmente concedidas pelo Senhor" aos que se alistam em seu serviço[8].

A consolação é uma pequena "transfiguração", um pouquinho do que Pedro, Tiago e João experimentaram quando testemunharam Jesus glorificado no monte. A desolação é um pequeno Getsêmani, que esses mesmos discípulos também testemunharam. Vivemos a maior parte da vida nas planícies entre o pico de um e as profundezas do outro. Entretanto, ao experimentar a conversão, podemos esperar que tempestades de desolação alternem-se com a alegria da consolação, separadas por períodos de calma. (Esse padrão também ocorre quando enfrentamos um sério desafio, como o casamento, quando arriscamos nossa segurança etc.) Em tempos de conversão, sentimos desolação, porque o egoísta em nós está morrendo. Mas também experimentamos consolação porque uma nova pessoa

---

6. *Selected Writings*, 75.
7. "A desolação [...] indica as áreas não recuperadas de nossa vida. Indica o ponto de crescimento seguinte". BRODERICK, WILLIAM, First Week. Rules for Discernment. In: Presenting the First Week, *The Way Supplement* 48 (outono 1983) 35. Na desolação, experimentamos a atração da concupiscência, isto é, fraqueza.
8. Carta de Inácio a Teresa Rejadell, 18 de junho de 1536, *Obras*, 730; cf. *LettIgn*, 19. *Escritos de Santo Inácio. Cartas Escolhidas*, 41.

está nascendo. A consolação nos incentiva a seguir em frente; desolação são dores de afastamento que nos puxam para trás.

Em tempos de reforma, enquanto a consolação apresenta poucos problemas, a desolação é grande impedimento. As regras restantes da primeira série tratam da desolação.

5. Como a consolação, a desolação dá origem a pensamentos espontâneos a respeito de ação e inclinações em direção a (ou afastando-se de) ações. A primeira regra quando em desolação é: Nunca faça mudanças importantes! Por quê? Quando estamos "no abismo", surgem pensamentos de mudar nosso modo de vida. Mas quando em tumulto, sob a influência do "inimigo", falta-nos a paz de espírito necessária para avaliar alternativas corretamente. Devemos permanecer firmes nas decisões que tomamos quando sentíamos consolação (ou ao menos calma). Pois "como, na consolação, mais nos guia e aconselha o bom espírito, assim, na desolação, o mau, e com os conselhos deste não podemos acertar o caminho" [318].

6. Tempo de desolação não é tempo de "entrar na onda", pois a onda desumaniza. Nem temos os recursos para esperar a tempestade passar. Precisamos resistir ativamente, porque a desolação é corrosiva. O "inimigo" age como um brigão de pátio de escola [cf. 325][9]. Se você bajula ou tenta discutir, os brigões vão comê-lo vivo. Como outros predadores, eles sentem o cheiro de medo na vítima. Mas por trás da ameaça vã, são covardes inseguros que viram as costas em face de firme resistência. Resistir à desolação talvez signifique ajudar alguém que precise, manter-se ocupado ou em oração, pedir o contrário daquilo a que a desolação se inclina [cf. 16, 157]. Anime-se e anime os outros. Faça alguma penitência.

Em uma sociedade supertolerante é contracultural não entrar na onda. Mas não podemos tolerar veneno. Como quer que rotulemos o poder do mal, não enfrentamos um adversário pragmático que talvez aceitasse um acordo com concessões. Inácio fala do "inimigo da natureza humana" que busca nossa destruição e combate até a morte. Quando Jesus diz que o diabo é um assassino, é isso que ele quer dizer. Nos evangelhos, ele não dialoga com os demônios. Firmeza e decisão são essenciais. "Resisti ao demônio, e fugirá de vós" (Tg 4,7; cf. 1Pd 5,7-9)[10].

---

9. Inácio dá o exemplo sexista de uma mulher rejeitando um homem.
10. Cf. GIL, DANIEL, *Discernimiento*, 238-239. A luta permanente com o inimigo é estrutura *existencial*, isto é, constitutiva da condição humana.

Isso não significa ser violentos conosco mesmos, mas calmamente resolutos quanto ao tipo de pessoa que queremos ser. Na prática, temos de praticar o equilíbrio entre o que para alguns junguianos é "abraçar nossa sombra" e a recusa firme de deixar essa sombra nos dominar.

7. A desolação nos traz grande proveito. A resistência paciente nos fortalece. A vida não é um mar de rosas. Sorria e aguente-a. Os pobres e os idosos têm muito a nos ensinar a esse respeito. A desolação também ajuda-nos a perceber como somos fracos quando deixados por nossa própria conta. Mostra-nos se só fazemos a coisa certa quando ela nos dá uma alegria irradiante. Finalmente, a desolação é um chamado para despertar que nos adverte da nossa negligência.

8. Quando em desolação, lembre-se de que a consolação está ali pertinho, o que exige esforço quando a desolação paralisa a memória e a imaginação. Na consolação não fique cheio de si. Depois virá a desolação (veja Jo 16,20-22).

9. Dois critérios finais na primeira série de Regras apontam para a segunda série. Primeiro, o inimigo opera como o sedutor que procura nos levar na conversa para um caso ilícito. Para o plano ser bem-sucedido, os avanços ambíguos do pretendente precisam ser mantidos em segredo. Quando a pessoa visada confia o assunto a um amigo ou orientador, o jogo acaba. A lição é que as tentações perdem o poder quando as revelamos a um confidente sensato. É altamente benéfico desenvolver esse hábito.

Segundo, os ataques do inimigo são personalizados. Como um comandante esperto que avalia um objetivo militar, o inimigo nos avalia e ataca nossos pontos fracos. Então, precisamos conhecer nossos pontos fracos e nos fortalecer contra o ataque.

Assim como as tentações são feitas sob medida para nós, nossa experiência de moções interiores está condicionada por quem somos e onde estamos. "O corpo, a psicologia e também a sociedade e a economia etc. *sempre* agem, durante toda a vida consciente da pessoa", escreve Daniel Gil. "A vida sexual" das pessoas, "a classe social a que pertencem, as ideias e símbolos de sua situação econômica, suas filiações políticas etc. sempre influenciam com distinções características suas moções espirituais"[11]. Com isso em mente, antes de concluir convém examinar sumariamente algumas das implicações sociais destas Regras e seu relacionamento com a psicologia empírica.

---

11. Ibid., 304.

A desolação em grupos sociais

Os exemplos de consolação e desolação no início deste capítulo sugerem que acontecimentos fora de nós — um encontro hostil, uma palavra de incentivo, uma obra de arte, o noticiário vespertino, uma liturgia — ocasionam essas moções interiores. Exemplo excelente de provocação de fora é o modo como a consolação e a desolação são contagiantes. Além disso, se são contagiantes, então são realidades coletivas bem como pessoais. Como a primeira série de Regras refere-se principalmente à desolação, vou aqui considerar sua dimensão e deixar para mais tarde a consolação coletiva.

A desolação é contagiante. Nós a difundimos sendo pedras no caminho, solapando a fé e o idealismo dos outros[12]. "Vamos lá! Você não acredita seriamente nessa bobagem!" "Seja realista. Este é um mundo cruel. Você tem de cuidar si mesmo."

Isso mostra que membros de grupos — famílias, sindicatos, paróquias — compartilham a desolação (e também a consolação). Recentemente escândalos de abuso sexual produziram desolação coletiva na Igreja Católica. A primeira série de Regras aplica-se a grupos. Ao experimentar a desolação coletiva, o grupo que adota uma boa causa não deve mudar seus propósitos e estratégias [318]. Deve combater o desânimo [319, 325]. A desolação é oportunidade para purificar e fortalecer o grupo [320, 322]. Os membros do grupo devem lembrar que a desolação vai passar; logo virão tempos melhores, quando será mais fácil ter esperança, cantar e lutar [321]. Finalmente, o grupo deve expor suas dificuldades a outros que ajudem a esclarecer tentações perigosas [326] e identificar e corrigir as fraquezas do grupo [327].

Moções interiores e a psicologia

Na perspectiva de fé das Regras inacianas, a psicologia empírica não esclarece plenamente a consolação e a desolação. Sua qualidade característica indica origens transcendentes. É por isso que afetam nossa disposição e perspectiva geral em vez de parte de nós, como uma dor de dente ou uma boa prática. Como, então, a consolação e a desolação relacionam-se com as emoções comuns? Uma visão extrema, uma espécie de "imperialismo espiritual" confundiria a depressão comum com a desolação espiritual e o regozijo comum com a consolação, atribuindo

---

12. "Quem fizesse cair em pecado um só destes pequeninos [...]" (Mt 18,6).

origens transcendentes a fenômenos que a psicologia empírica justifica adequadamente. O extremo oposto interpretaria a consolação e a desolação como milagrosas, radicalmente diferentes de estados emocionais comuns e completamente independentes da psicologia empírica. Nenhum dos extremos faz justiça à experiência ou a um entendimento correto da transcendência[13].

Nós seres humanos somos sistemas altamente complexos que integram subsistemas intelectuais dentro de nós. Como outros subsistemas, nossa vida emocional opera de acordo com seus padrões apropriados, neste caso princípios psicológicos (freudianos, junguianos ou outros). Entretanto, nossa psique também sente o impacto da atividade divina (graça) e a resistência da natureza e do pecado humanos àquela influência.

Como a consolação e a desolação afetam a maneira como nos sentimos sem violar os princípios da psicodinâmica? A resposta é que elas dotam as emoções comuns de tom característico qualitativo e, no fundo, ambíguo. Precisamente por causa de suas origens transcendentes, é difícil indicar limites claros para a mudança qualitativa que produzem em nós[14]. Embora, em um exame minucioso a consolação e a desolação pareçam ser desproporcionais (em qualidade e às vezes intensidade) a suas causas aparentes, essa situação não é mensurável; e poucas pessoas reconhecem-na pelo que ela é. Na maioria das vezes a consolação e a desolação parecem completamente naturais e normais. A desolação tem muito em comum com a depressão usual (é uma espécie de depressão) e frequentemente a acompanha[15]. A consolação tem muito em comum com o bem-estar emocional e com frequência o bem-estar a acompanha.

A experiência de consolação confirma o princípio tradicional de que a ação salvífica divina fundamenta-se na natureza humana e a aperfeiçoa. Partindo da matéria-prima que somos, o bom espírito humaniza-nos (de fato nos diviniza).

---

13. Cf. [32]. "Origens transcendentes" não significa "de algum outro mundo". Significa outras origens além de objetos comuns de experiência, atividade no "nível mais profundo" da realidade. Veja BRACKLEY, DEAN, *Divine Revolution. Salvation and Liberation in Catholic Thought*, Maryknoll, N.Y., Orbis Books, 1996, capítulo 3 sobre Rahner e 100-102 sobre a transcendência no pensamento de Xavier Zubiri e Ignacio Ellacuría.

14. Por isto, sentimentos naturais de depressão ou alegria "podem [também] caber no escopo das regras [de Inácio] na medida em que espíritos, bons e maus, tomam estas emoções e atuam nelas para seus respectivos objetivos". GANSS, *The Spiritual Exercises* (cap. 2, n. 2, acima), 191.

15. AUFAUVRE, BRIGITTE-VIOLAINE, Depression and Spiritual Desolation, *The Way*, v. 42, n. 3 (julho 2003) 47-56, dá indicações proveitosas da diferença entre a depressão comum e a desolação espiritual.

O Espírito cura-nos psicologicamente e até fisicamente e nos esclarece intelectualmente. O inimigo mira nossas fraquezas morais e nossas neuroses a fim de desumanizar e destruir. Como essas forças sutis operam por meio de quem somos e principalmente por meio de nossas emoções, nosso caráter psicológico condiciona sua operação.

Conclusão

É difícil superestimar a importância da consolação e da desolação. Voltaremos a elas mais adiante quando examinarmos a segunda série de Regras.

Até aqui, refletimos no mal e em nos livrarmos de fraquezas passadas e presentes. Mas livres para quê? Reforma para quê? Em que direção a conversão nos conduz? A conversão nos torna acessíveis à realidade. Não nos leva a um destino final, mas coloca-nos em um *caminho*. Como reconhecemos o caminho? É para onde nos voltamos em seguida, começando por um tema inaciano central — o chamado de Cristo.

Alguma coisa pela qual vale a pena viver

Libertar-nos coloca-nos em um novo caminho. A Segunda Parte examina a ideia de uma vocação, um projeto divino para o mundo e o modo de vida, ou caminho, aberto por Jesus de Nazaré, com suas implicações atuais.

7

O chamado

> *E ouvi a voz do Senhor, dizendo:*
> *"Quem enviarei? Quem será o nosso mensageiro?"*
> *Respondi: "Eis-me, envia-me!"*
> (Is 6,8)

Quando estava na faculdade, durante a crise que descrevi no capítulo 1, fiquei impressionado pelo jeito com que aqueles gênios — Aristóteles, Descartes e os outros — discordavam quanto ao que é real, ao que é certo e à razão da vida. Se eram tão talentosos e ainda assim discordavam, que chance eu tinha de entender essas coisas? De suas discordâncias, concluí que, em última análise, suas visões do mundo baseavam-se em princípios primordiais que não estavam rigorosamente comprovados, mas tinham de ser aceitos conforme algum tipo de fé. Essa intuição (que ainda considero correta) abalou-me profundamente e motivou uma crise total. No que eu acreditava? Com que base? Eu não conseguia dar sólidas razões para o que me ensinaram e até então eu aceitara.

Embora na ocasião eu não soubesse, foi então que entrei no mundo pós-moderno. Agora percebo que tenho muita companhia. Mais cedo ou mais tarde uma crise de autoridades e visões do mundo herdadas aflige muitos membros da minha tribo de classe média.

Levei muito mais tempo para perceber que esse tipo de crise não acontece só por causa do entendimento do mundo à nossa volta. Seu motivo é achar um caminho na vida, uma identidade, é descobrir nossa vocação.

A ideia de uma vocação

O que queremos dizer com vocação? Temos de chegar a essa ideia na sociedade contemporânea. Talvez o capitalismo tardio ofereça-nos um emprego, até uma profissão, mas a única vocação que ele conhece é obter e gastar[1]. Isso rouba nossa dignidade.

Os adultos perguntam às crianças o que elas querem ser quando crescerem e as crianças respondem: astronauta, bombeiro. Mais tarde os sonhos tornam-se mais realistas. Então amontoam-se as pressões econômicas. A chama de aventura bruxuleia; e os sonhos morrem, ou porque não são práticos por falta de coragem ou por falta de oportunidade, ou porque não há ninguém ali para afagar o sonhador em nós. No processo, muitos, talvez a maioria, não descobrem sua vocação.

Minha vocação talvez seja criar filhos, descobrir novos planetas, dirigir um caminhão ou liderar um movimento social. Não vai ser alguma coisa que eu decida num piscar de olhos, como escolher uma camisa na loja. Minha vocação é coisa que descubro. Mais do que coisa para fazer, é quem eu sou ou posso ser. Para muitas pessoas, a música é um passatempo ou *hobby*, mas para Pablo Casals era destino: alguma coisa que revelava suas energias mais criativas. Quando descobrimos nossa vocação, acontece um estalo. Encontramos aquilo para que nascemos.

Depois de formar-se na faculdade, meu amigo Mark arrumou emprego em um hotel e logo viu-se ajudando a organizar um sindicato. Ele era bom nisso, amava isso e ficou nisso, embora outros ramos de atividade pagassem melhor. Posteriormente, Mark foi para a América Central, onde colaborou com líderes trabalhistas sitiados em condições de estado de guerra. Certa vez, quase foi morto quando a sede de um sindicato foi bombardeada. Depois de recuperar-se dos ferimentos, voltou à América Central. Mais recentemente, marginais tentaram raptá-lo e matá-lo por causa de seu apoio a líderes sindicais demitidos. Nada disso arrefeceu-lhe o entusiasmo por trabalhadores e seus direitos. Atualmente, ele faz um curso universitário de relações industriais. Mark descobriu sua vocação.

Podemos ter diversas vocações. Posso ser mecânico, atleta e cônjuge, tudo ao mesmo tempo. Ainda assim, não nos identificamos completamente com essas atividades. Eu ainda teria uma missão na vida se eu não pudesse mais consertar carros ou se meu cônjuge morresse.

Há uma vocação mais profunda que integra as outras? Nesse caso, é aquele modo de vida que me satisfaz como ser humano. O que faz isso? Pense em Forrest Gump do filme *Forrest Gump, o contador de histórias*. Forrest é retardado mental

---

1. O paradoxo é que Max Weber achava a noção de vocação crucial para o nascimento do capitalismo. Veja o clássico WEBER, MAX, *The Protestant Ethic and the Spirit of Capitalism*, New York, Scribner, 1958.

e as pessoas estão sempre lhe dizendo que ele é estúpido e não presta para nada. A certa altura ele diz com veemência: "Eu sei o que é o amor". Forrest está certo. Ele sabe amar; é bom para ajudar as pessoas. Isso não depende de talentos especiais, que ele certamente não tem. Eu diria: caso encerrado. Os seres humanos foram feitos para amar, para ajudar os outros. É essa nossa vocação mais profunda.

Porém uma vida de serviço não é algo em que as pessoas se intrometam por pura força de vontade. É, literalmente, um chamado que elas "ouvem", uma "vozinha suave" que chega direta e clara em momentos privilegiados.

Em suas memórias, *Markings*, o ex-secretário da ONU, General Dag Hammarskjöld, descreve a resposta a um convite que transformou-lhe a vida: "Não sei Quem — ou o quê — fez a pergunta", ele escreve. "Mas em algum momento respondi 'Sim' para Alguém — ou alguma coisa — e a partir daquela hora eu tive certeza que a existência é significativa e que, portanto, minha vida, em submissão, tinha um objetivo". A resposta a esse chamado custou-lhe caro: "Cheguei a um tempo e lugar em que percebi [...] que o preço de entregar a vida seria a reprovação e que a única dignidade possível para o homem está nas profundezas da humilhação. Depois disso, a palavra 'coragem' perdeu o sentido, pois então nada podia ser tirado de mim"[2]. A vocação de Hammarskjöld levou-o à morte, quando trabalhava pela paz no centro da África.

A irmã de Maryknoll Ita Ford pagou o mesmo preço em El Salvador em 1980. As forças armadas rotularam Ita e as irmãs suas companheiras de subversivas pelo trabalho entre os refugiados. Pouco antes de ser estuprada e morta com três companheiras, Ita escreveu a sua jovem sobrinha nos Estados Unidos: "Espero que venha a encontrar o que para você dá um sentido profundo à vida. Alguma coisa pela qual vale a pena viver — pela qual talvez até valha a pena morrer — alguma coisa que a energize, entusiasme, permita-lhe continuar seguindo em frente. Não sei dizer-lhe o que pode ser. Cabe a você descobrir, escolher, amar"[3].

Ita convidou Jennifer a descobrir sua vocação mais profunda. A vida é curta; só a vivemos uma vez. Podemos não despertar e desperdiçá-la em atividades triviais. O chamado de conscientização para o serviço ressoa com

---

2. HAMMARSKJÖLD, DAG, *Markings*, New York, Alfred A. Knopf, 1964, 205.

3. Sou grato ao irmão de Ita, Bill Ford, pelo texto completo. NOONE, JUDITH M., MM, *The Same Fate as the Poor*, Maryknoll, N.Y., Orbis, 1984, 117, e ZAGANO, PHYLLIS, *Ita Ford. Missionary Martyr*, New York e Mahwah, N.J., Paulist Press, 1996, 1, citam partes da carta.

nossa necessidade de alguma coisa pela qual valha a pena viver, nossa necessidade de nos encontrar, perdendo-nos[4].

Parteiras e mediadores

Durante a noite, Paulo teve uma visão: um macedônio estava lá de pé e lhe suplicava: "Vem para a Macedônia e ajuda-nos".
(At 16,9)

Como a palavra sugere, as vocações são suscitadas em nós. Não raro as descobrimos graças a exemplos — pessoas como nossa tia Mildred ou aquele grande professor, o sr. Prescott, que admirávamos tanto. Exemplos evocam eco dentro de nós. Como num espelho reconhecemos neles parte de quem somos ou poderíamos ser. Identificamo-nos e deixamos de nos identificar com exemplos à medida que descobrimos e formamos nossa identidade.

Mentores também suscitam nossas vocações. São pessoas com experiência que chamam a atenção para nossos dons e nos ajudam a desenvolvê-los. Há na vida poucos dons maiores que a oportunidade de aprender com um bom mentor.

Exemplos a serem seguidos e mentores são casos especiais da regra geral: descobrimos nossos chamados em resposta ao mundo. Mães e pais descobrem os deles em resposta aos filhos. Os casais suscitam um no outro sua vocação de cônjuge e apaixonado. Martin Luther King descobriu seu chamado profético durante o boicote aos ônibus em Montgomery. Dietrich Bonhoeffer na Alemanha nazista e Dorothy Day na Nova York da era da Depressão iniciaram suas vocações em resposta a seus ambientes turbulentos. Nossos ambientes nos sacodem, nos examinam minuciosamente e suscitam nossas vocações.

Muito depende de onde nos colocamos. Se King tivesse passado a juventude fazendo hora ao lado da piscina, nós nos lembraríamos dele hoje? As pessoas crucificadas oferecem uma oportunidade privilegiada de ouvir o chamado ao serviço. Provocam a pergunta crucial: O que faremos para descê-las da cruz?

A fé reconhece como voz de Cristo o chamado para amar e servir. (Dizemos que este chamado é dimensão característica da condição humana, um

---

4. "Quem, por amor de mim, perder a vida a reencontrará" (Mt 10,39; 16,25; Mc 8,35; Lc 9,24; 17,33; Jo 12,25; cf. At 20,35). Aqui "reencontrar" significa "vencer, obter". "Vida" é *nephesh* (hebr.) = *psyche* (gr.) que significa vida, alma, a personalidade, isto é, a pessoa como um todo.

"existencial"). Cristo convida as pessoas de todo tempo e lugar a participar do Reino de Deus.

O chamado de Cristo

"Segui-me, e farei de vós pescadores de homens."
E eles, largando as redes, o seguiram imediatamente.
(Mt 4,20)

Entre a Primeira e a Segunda Semanas dos Exercícios Espirituais, Inácio insere o exercício tradicionalmente chamado de Meditação do Reino. Prefiro o título "O chamado" (por razões que vou explicar). Nesse exercício, os exercitantes consideram o chamado que Cristo faz a todos para colaborarem com a obra divina no mundo. Esse exercício prepara-os para considerarem esse chamado no futuro e para considerarem agora, de antemão, qual deve ser a resposta adequada[5].

O chamado

Inácio apresenta a parábola de um generoso líder carismático (um rei) com uma difícil causa nobre. O líder convida; não ordena. Compartilha as provações de suas tropas no campo e promete que se trabalharem com ele hão de ter parte em sua vitória. Inácio compara o chamado de Cristo ao desse líder atraente.

Hoje em dia os reis estão fora de moda[6] e somos cautelosos ao seguir o líder, mesmo um líder humilde, generoso. Às vezes isso reflete uma atitude crítica salutar. Outras vezes reflete um individualismo que se esquiva a colaborar com alguma coisa maior que nossos projetos pessoais. Hoje talvez imaginemos um líder altruísta, digno de confiança, que mobiliza os outros para combater a pobreza, a guerra, a discriminação ou a destruição ambiental. Podemos considerar um apelo pessoal por ajuda de alguém como Dorothy Day ou Oscar Romero, o

---

5. Inácio ministrou a Primeira Semana dos Exercícios Espirituais a muitos, mas insistia que o restante dos Exercícios só fosse apresentado aos que estivessem abertos em princípio ("indiferentes") a tudo quanto Deus pudesse pedir deles. Sem essa atitude magnânima [5, 23], eles não se beneficiariam do chamado de Jesus para o compromisso total (se é que poderiam ouvi-lo) nem dos exercícios subsequentes.

6. Na verdade, a palavra "rei" só aparece aqui [95, 97] no texto autógrafo inaciano dos *Exercícios Espirituais*. O título "O Reino" não vem de Inácio; nem a palavra aparece no autógrafo. Veja o "Apêndice I: A meditação do Reino?".

tipo de convite que só alguém de espírito mesquinho recusaria [94]. Cristo chama cada um pessoalmente desse jeito com palavras como estas:

> Minha vontade é conquistar o mundo inteiro, vencer o mal com o bem, afastar o ódio com o amor, conquistar todas as forças da morte — sejam quais forem os obstáculos para impedir que a vida seja compartilhada entre Deus e a humanidade. Quem quer que deseje vir comigo nesta missão há de estar disposto a trabalhar comigo e, assim, seguindo-me na luta e no sofrimento, compartilhe a glória comigo [95][7].

Cristo convida todos a participar do projeto divino, ou "Reino", oferecendo-se como mentor e exemplo para os que respondem.

O chamado é algo que as pessoas experimentam na vida real. Vem em forma de *consolação*, atraindo-as a um modo de vida mais livre, mais generoso. Nos Exercícios, as pessoas o experimentam normalmente como consolação que as atrai a Cristo (que contemplam) e sua causa, o Reino. É um convite pessoal — "Minhas ovelhas conhecem minha voz, eu também as conheço, e elas me seguem" (Jo 10,27) — para juntar-se a outros, trabalhando em comunidade e para a comunidade.

A resposta

O objetivo do exercício não é experimentar o convite durante o exercício em si, mas preparar-se para ele. A petição ("o que quero") no início indica o propósito do exercício. Rezo "para não ser surdo ao chamado de Cristo, mas pronto e diligente" quando ele chega na vida real [91]. É dom que não planejamos nem evocamos. Mas nos preparamos para ele e refletimos no melhor modo de responder-lhe[8].

---

7. Tradução do texto inaciano segundo FLEMING, DAVID L., *Draw Me Into Your Friendship. A Literal Translation and a Contemporary Reading of the Spiritual Exercises*, St. Louis, IJS, 1996, 85. O exercício também está reescrito com criatividade em TETLOW, JOSEPH, *Choosing Christ in the World. Directing the Spiritual Exercises of St. Ignatius Loyola according to Annotations Eighteen and Nineteen. A Handbook*, St. Louis, IJS, 1989, 148-149. Trad. bras.: *Para escolher Cristo no mundo. Manual para dar os Exercícios Espirituais de acordo com a 18ª e a 19ª Anotações*, São Paulo, Loyola, 2003, 147.

8. Inácio espera que as pessoas que fazem os Exercícios experimentem esse chamado enquanto contemplam a vida de Cristo durante a Segunda Semana que está prestes a começar. Cristo está ausente da composição imaginosa no início de *O chamado*. Inácio faz-nos imaginar "sinagogas, cidadezinhas e povoados" onde pregou [91]. Mas Jesus ainda não entrou em cena. Neste exercício, só "consideramos" seu chamado [94-96] de forma um tanto abstrata e a distância, por assim dizer, a fim de melhor ouvi-lo e responder generosamente mais tarde, quando ele realmente chegar. Veja "Apêndice I".

Inácio diz que todas as pessoas decentes respondem ao convite de Cristo sem reserva [cf. 96]. Todos dizemos: "Certamente, conte comigo!" Entretanto, chegar ao fim sem fraquejar é outra história. Quando o chamado chega realmente, a ganância e a sensualidade nos impedem de atendê-lo; o medo das provações e da rejeição impede-nos de chegar ao fim sem fraquejar. Para neutralizar esse perigo, as pessoas com o desejo de "afeiçoar-se e distinguir-se mais em todo serviço" [97][9] apelam a Cristo antecipadamente, em termos como estes:

> Eterno Senhor [...] eu me ofereço com vossa graça e ajuda [...] Quero e desejo e é minha determinação deliberada, desde que seja para o vosso maior serviço e louvor, imitar-vos em passar todas as injúrias, todas as afrontas e toda a pobreza — tanto material quanto espiritual — se [...] me quiser escolher e receber nesta vida e estado. [98][10]

Os que levam a sério ter alguma coisa pela qual viver, talvez até pela qual morrer, rezam para compartilhar afrontas e pobreza com Cristo! ("Pobreza espiritual" na oração significa desapego de bens.) A oração ajuda a neutralizar o medo de provações e afrontas; ajuda a nos manter vigilantes para que o chamado de Cristo não nos pegue dormindo (cf. Mt 25,5; 26,41). A oração também reflete a lógica do companheirismo: Cristo nos chama para sermos seus companheiros e compartilhar seu destino ([95]; cf. Mc 3,14). Voltaremos a estes temas sugestivos mais adiante.

Deus do nosso lado — ou melhor, vice-versa

Cristo convida todos a colaborar com Deus. Se isso significa atribuir sanção divina a nossas atividades, pode parecer a alguns pitoresco na melhor das hipóteses e pernicioso na pior. Por outro lado, considere Tessie, uma garota afro-americana de seis anos que ajudou a integrar o sistema de escola pública de Nova Orleans

---

9. Veja esta tradução de [97] em Peters, *SpEx*, 76-77.
10. Sigo o texto de Fleming, *Draw Me*, 87. Segundo Giles Cusson (que segue J. Clémence), a resposta mencionada, em primeiro lugar, de uma pessoa decente (com base em "juízo e razão" [96]), compromete os que respondem à *causa* de Cristo (*trabajo*). As medidas adicionais, dos com mais desejo [97], os unem mais estreitamente à *pessoa* de Cristo. Veja *BibTheol*, 197-204. Ao citar a resistência ao chamado, Inácio segue a lógica da parábola jesuana do semeador (Mc 4,1-9). A "semente" da Palavra divina é exposta a uma variedade de ameaças. Cai em terreno pedregoso e não cria raízes (sem base sólida, o ouvinte sucumbe às provações). Semente que germina ainda é sufocada por espinhos (o desejo de riquezas e outros cuidados [97]). É por isso que boas intenções de "compromisso total" [96] muitas vezes deixam de produzir "frutos, uns trinta, outros sessenta e outros cem" (cf. Mc 4,13-20).

por volta de 1960. Todo dia, durante um ano inteiro, policiais federais escoltaram Tessie e duas colegas a caminho da escola em meio a uma gentalha de segregacionistas brancos escarnecedores. Alguns manifestantes ficavam para insultar e ameaçar as garotas quando elas saíam da escola à tarde.

Certa manhã, o jovem psiquiatra Robert Coles e seu gravador ficaram a postos na casa de Tessie, quando a garota que se recuperava de uma gripe estava irritada por ter de enfrentar de novo a multidão hostil. A avó, Martha, lembrou-a de sua missão: "Não sou eu quem vai lhe dizer que deve ir, porque estou aqui e vou ver televisão ou comer ou limpar coisas enquanto você passa por aquele pessoal. Mas digo-lhe que você está lhes fazendo um grande favor; está lhes fazendo um serviço, um grande serviço".

Martha enxotou e golpeou uma abelha. "Entenda, minha filha, você tem de ajudar o bom Deus com seu mundo! Ele nos põe aqui — e nos chama para ajudá-lo. Aqui não é o lugar daquela abelha; o lugar dela é lá fora. Você faz parte daquela Escola McDonogh e vai chegar o dia em que todos vão saber disso, até aqueles coitados — Senhor, rezo por eles! — aqueles coitados, pobres coitados — lá fora berrando a plenos pulmões com você. Você faz parte do povo de Deus; ele pôs a mão sobre você. Ele lhe fez um chamado, um chamado ao serviço — em nome dele!"

Algumas semanas depois, Tessie contou a Coles o que sua avó (e mentora) quis dizer aquela manhã. "Se mantém os olhos no que deve fazer, então você chega lá — lá aonde quer ir", Tessie explicou. "Os policiais dizem: 'Não olhe para eles, simplesmente caminhe com a cabeça erguida e olhe para a frente'. Vovó diz que Deus está lá, olhando também e devo lembrar-me que é uma ajuda a ele fazer isto, o que estou fazendo; e que se você o serve, então isso é importante. Por isso continuo tentando".

Quando finalmente se conquistou a integração e a malta zombadora dispersou-se, Tessie confidenciou a Coles: "Tínhamos a obrigação de fazê-los parar de se irritarem tanto; então eles se acalmariam e teríamos a dessegregação — e agora isso está acontecendo", disse ela. "Assim, fizemos o serviço que devíamos fazer por Nova Orleans e vovó diz: 'Em seguida haverá outra coisa a fazer' porque você sempre deve tentar ajudar Deus de alguma maneira"[11].

---

11. COLES, ROBERT, *The Call of Service. A Witness to Idealism*, Boston, Houghton and Mifflin, 1993, 3-7.

Tessie era mais que uma jovem vítima apanhada em um confronto racial. Ela entendia que Deus a incumbira de ajudar a integrar Nova Orleans e persuadir segregacionistas exasperados no processo. Isso lhe deu o sentimento de propósito de que ela precisava para perseverar.

Compromisso através do tempo

A vocação para o serviço é compromisso para a vida toda que se inicia nos compromissos concretos que se projetam no futuro. A sociedade liberal é solo estéril para esse tipo de compromisso fincar raízes[12]. A perigosa tentação da cultura liberal é a corrupção de seu valor supremo, a liberdade. Ela promove uma espécie de liberdade de "porta aberta". Nessa interpretação, ser livre é como estar em uma sala cheia de portas e poder atravessar qualquer delas. Entretanto, depois de atravessar uma porta, reluto em fechá-la atrás de mim porque isso me impediria de voltar à sala inicial e atravessar aquelas outras portas. Liberdade significa ser livre para desfazer amanhã o que decido hoje.

Muitos se recusam a assumir compromissos por mais de dois anos no futuro porque não conseguem prever as circunstâncias daqui a dois anos. E qual a lógica para um casal comprometer-se "até que a morte nos separe", amarrando-se dessa maneira? Afinal de contas, as coisas mudam, em especial na sociedade liberal.

As pessoas também evitam compromissos sérios porque não têm informações ou sentem-se pressionadas; não tenho certeza que desposar Stephanie — ou ir para a escola de medicina ou entrar para o ministério — seja uma decisão verdadeiramente livre e responsável, que não estou respondendo à pressão das circunstâncias. Daqui a cinco anos vou lamentar minha decisão? Vou me perguntar: Realmente escolhi meu cônjuge (ou minha carreira) livremente? Fui suficientemente maduro? Se tivesse de fazer tudo de novo, faria a mesma escolha?

Precisamos questionar a liberdade de "porta aberta". Podemos ter cem sonhos, mas mais de noventa terão de morrer para um ou dois se tornarem realidade. Considere Gladys e James, que estão juntos há quarenta anos (ainda mais ou menos firmes). Embora tenham suportado dúvidas e crises, seu relacionamento aprofundou-se ao lidarem com elas. As razões de ficarem juntos agora não são exatamente as mesmas que os uniram. Quando se casaram, passaram por uma

---

12. Essas reflexões foram inspiradas por POUSSET, ÉDOUARD, *LFF*, capítulo 1, Freedom.

porta e a fecharam atrás deles. Mas no novo espaço em que entraram outras portas se abriram, possibilidades novas e imprevistas que enriqueceram suas vidas qualitativamente.

Seu projeto de vida expandiu-se através dos anos, o presente dependendo do passado: filhos, doença, mudanças de emprego, tragédias e triunfos. Juntos, eles fizeram uma história que não teriam feito sozinhos. Puderam realizar o que realizaram porque cada um contava com a presença do outro como haviam prometido.

James e Gladys nos mostram como a caricatura da "porta aberta" interpreta erroneamente a liberdade como propriedade privada de indivíduos isolados. Amanhã só posso desfazer o que decidi hoje porque estou sozinho em minha decisão, porque não estou empenhado em nenhum esforço comum, porque ninguém tem de contar comigo para estar ali amanhã, porque não tenho de responder a ninguém. Neste conceito de liberdade individualista, cada instante é um momento isolado. Começo cada dia como se eu não tivesse nenhum passado e nenhum futuro em comum com os outros. Mas isso é liberdade — ou infância permanente?

O individualismo liberal deixa de apreciar o drama da liberdade *interior* pela qual amadurecemos. Erroneamente não valora essa liberdade. Na realidade, a liberdade interior é conquista difícil. Nossas escolhas nos moldam. Algumas expandem nossa liberdade, enquanto outras a diminuem. Por meio de nossas escolhas forjamos nossa identidade. A liberdade cresce e desenvolve-se quando aceitamos nossa vocação, assumindo compromissos que fecham algumas portas e abrem outras.

Nossas vocações nos levam a colaborar com os outros e isso requer ser capaz de contar com a presença dos outros no futuro. De outro modo, não haverá clínica, sindicato ou esforço científico sério. Quando se trata de um projeto de vida compartilhado que envolve apoio primordial, como no casamento ou na vida religiosa em comunidade, o compromisso permanente é essencial. Quando prometemos caminhar com outros para um futuro desconhecido, temos de assegurar-lhes que poderão contar conosco.

Se esse compromisso foi assumido com responsabilidade, precisamos pôr mãos à obra e persistir. É enfraquecedor para pessoas como Gladys e James ficar olhando para trás e perguntando: "Mas e se...?" Se o caminho escolhido acaba não sendo nossa vocação, isso ficará claro na prática sem termos de nos afligir com muitas dúvidas e o coração dividido.

A vida real envolve riscos. Como liberdade e lucidez totais são fantasias, o compromisso só requer liberdade e informações suficientes. Às vezes a vida força decisões — escola, carreira, emprego, cônjuge etc. — antes que todos os dados sejam conhecidos. Quando o trem está partindo, temos de subir nele ou ser deixados para trás.

Quando temos razão suficiente para tomar uma decisão vocacional é irracional não fazê-lo. Em "O chamado", pedimos que estejam prontos para responder ao convite de Cristo [cf. 91]. A um candidato, Cristo disse: "'Segue-me!' Ele respondeu: 'Senhor, deixa que eu vá antes enterrar meu pai'. Mas Jesus replicou: 'Deixa que os mortos enterrem os seus mortos, mas tu vais anunciar o Reino de Deus'" (Lc 9,59-60). O chamado de Cristo, o chamado ao serviço, é dádiva que muitas vezes vem com força quando as pessoas são jovens e desimpedidas. A janela de oportunidade pode se fechar. Se vacilarmos, a semente semeada não produzirá frutos.

Conclusão

Abraão e Sara, Moisés, Débora, os profetas, Maria e os apóstolos, todos ouviram Deus chamá-los. Eles disseram "Sim" a um futuro incontrolável e Deus fez história por meio deles. O mesmo fizeram Sojourner Truth, Dorothy Day, Simone Weil, João XXIII e inúmeros heróis comuns — donas de casa e motoristas de ônibus — mais próximos de nosso tempo. Hoje a história continua.

Qual é a causa para a qual Cristo nos chama? E quem é Cristo, que chama? Inácio podia contar com um entendimento comum da causa, isto é, a obra salvífica divina e a missão da Igreja. Não podemos presumir isso hoje. Além disso, as pessoas são céticas quanto a salvadores, principalmente quando os salvadores pedem compromisso total como nesse caso.

Primeiro vamos considerar a causa de Cristo, o "Reino" de Deus e depois o chamador, o próprio Cristo.

8

O Reino de Deus

Completou-se o tempo.
Chegou o Reino de Deus.
Convertei-vos e crede no Evangelho.
(Mc 1,15)

Nos últimos anos, dezenas de milhares de pessoas do mundo todo reúnem-se no Fórum Social Mundial em Porto Alegre, Brasil e em Mumbai (Bombaim), Índia, para comemorar a convicção de que "outro mundo é possível", um mundo livre da pobreza em massa e da degradação ambiental e para analisar meios de alcançar isso[1]. Estão enganadas? Podemos vencer a pobreza, a violência e a crise ambiental antes que elas nos vençam?

Todo dia milhares de pais, profissionais da saúde e outras pessoas dedicadas passam as horas em que estão acordadas ajudando pessoas com deficiência severa a chegar ao fim do dia. Seu tempo é bem gasto? Vale a pena levar a vida a serviço de pessoas "improdutivas"?

O que esforços como esses têm a ver com o chamado e a causa de Cristo e o que sua mensagem diz a respeito do valor e das chances de sucesso deles? De acordo com o Novo Testamento, Cristo convida todos a trabalhar com ele para o Reino divino de justiça, verdade e paz (cf. 1Cor 15,24-25; Ap 11,15; 12,10; e [95]). Isso soa ao mesmo tempo consolador e visionário. Contudo, embora muitos estejam abertos a uma vida de serviço, antes de dedicar-se ao modelo cristão, eles vão, com certeza, querer ouvir mais a respeito do "Reino de Deus".

Nos *Exercícios Espirituais*, a Contemplação da Encarnação [101-109] segue-se imediatamente a O chamado e inicia a Segunda Semana. Ao descrever como

---

1. Veja <www.wsfindia.org>; <www.portoalegre2003.org> etc.

Cristo recebeu sua missão, este exercício esclarece a causa à qual ele chama. Inácio convida-nos a ver a humanidade com os olhos da Santíssima Trindade: observar toda a vastidão da terra, com a multiplicidade de populações e raças em sua diversidade de roupas e costumes. Uns estão em paz e outros em guerra, uns chorando e outros rindo, uns enfermos e outros sãos, uns nascendo e outros morrendo [106]. Mas a Santíssima Trindade vê que todos estão se perdendo e, em misericordiosa resposta a essa tragédia, envia o Filho para tornar-se humano e salvar-nos a todos. É essa missão que Cristo convida os outros a partilharem com ele.

A preocupação divina com os seres humanos é impressionante. Ainda assim, o que significa "salvar" a humanidade? É um projeto em andamento ou uma fantasia ilusória? Se é real, vale a pena? É digno de compromisso total? Precisamos encarar essas perguntas hoje. Muita gente entende o Deus dos cristãos como um juiz disposto a perdoar os pecados e conceder a salvação na vida após a morte. Nessa interpretação, Deus está relativamente despreocupado com o sofrimento causado pela guerra e a injustiça. Alguns fiéis conspiram com a cultura secular para deixar Deus fora dos assuntos mundanos.

Durante muito tempo achei difícil acreditar em Deus. Não conseguia ver onde as vítimas deste mundo se encaixavam nos planos divinos. Eu sentia que minha formação cristã tinha deixado de abordar esse assunto. O Deus cristão só promete o céu aos virtuosos depois da morte? Ou Deus tem alguma coisa a oferecer imediatamente aos que sofrem? Anos de luta com essa questão, inclusive o estudo das escrituras, deram frutos para mim. O melhor entendimento da mensagem de Cristo fez com que me fosse mais fácil crer.

Felizes vós, que sois pobres

Felizes vós, que sois pobres,
porque o reino de Deus vos pertence!
Felizes vós, que estais com fome,
porque sereis saciados!
Felizes vós, que agora chorais,
porque haveis de rir!
(Lc 6,20-21)

De que tratavam a mensagem e o ministério de Jesus? No evangelho lucano o "discurso inaugural" de Jesus em Nazaré é declaração programática. Ele anuncia a boa nova aos pobres: Deus está prestes a libertar os oprimidos e os prisioneiros (cf. Lc 4,16-21). Nas bem-aventuranças, Jesus explica mais. Deus vem como um rei misericordioso que toma o lado dos pobres que estão famintos e aflitos (Lc 6,21-26)[2]. "Felizes são os pobres", não por serem pobres, mas porque serão saciados e hão de rir. Deus rejeita a injustiça que eles sofrem nas mãos dos ricos que estão satisfeitos e rindo ("Mas ai de vós que sois ricos [...] estais fartos [...] rides" [Lc 6,24-25]). Não há nada de errado com estar saciado e rindo. A questão é que o rico, "Dives", está satisfeito e rindo enquanto seu pobre vizinho Lázaro definha de fome junto ao seu portão (cf. Lc 16,19-31). Deus, que ama os dois, toma o lado do segundo contra o primeiro. Segundo Jesus, Deus é como a mãe que vê o filho mais velho maltratar o filho mais novo. Ela toma o lado da vítima (mesmo que a vítima seja um capeta!). A mãe ama todos os filhos, mas corre em defesa daquele que precisa de ajuda.

Não há em ser pobre nada meritório que possa conquistar o amor divino. A opção divina pelos que sofrem é imerecida; é graça. Deus toma o seu lado não porque eles são bons, mas porque Deus é bom. As bem-aventuranças lucanas não tratam das disposições virtuosas dos pobres[3]. Tratam das disposições e ações de Deus. Deus fica contrariado quando os pequenos são maltratados.

No tempo de Jesus, a sociedade dividia-se não só em ricos e pobres, mas também em "justos" e pecadores. Os pecadores eram desprezados pelos que obedeciam à lei e acrescentavam a ela práticas piedosas. Nos evangelhos Jesus exerce a opção preferencial pelos pecadores, bem como pelos pobres, e pela mesma razão. No Reino de Deus que está surgindo, Deus vem para devolver a dignidade aos pobres, aos pecadores rejeitados, aos samaritanos e a todos os desprezados.

Deus entra na história rejeitando as relações sociais injustas e oferecendo um novo caminho para vivermos juntos. O oferecimento de fraternidade é imerecido e pode ser recusado. Se o operário oprimido vai para casa e bate na mulher, então Deus, que tomou o seu lado na fábrica, agora toma o lado da mulher em casa. Na prática, o trabalhador rejeitou o oferecimento divino. O Reino de Deus precisa ser aceito — por ricos, pobres, mulheres, homens. Todos são pecadores; todos precisam arrepender-se e aceitar o perdão. Na prática, isso significa aceitar o oferecimento de novas relações sociais. No ministério de Jesus, Deus reúne os pobres, os pecadores rejeitados, as mulheres, os enfermos e leprosos, as crianças,

---

2. Aqui sigo a interpretação das bem-aventuranças amplamente aceita do estudioso belga Jacques Dupont. Veja DUPONT, JACQUES, *Les Béatitudes. La bonne nouvelle*, Paris, Gabalda, 1969.

3. Entretanto, as disposições (e o comportamento) do discípulo estão em debate nas bem-aventuranças mateanas (Mt 5,1-12).

os samaritanos e finalmente os gentios — todos os desprezados e "insignificantes" — em uma nova comunidade, onde eles vão servir uns aos outros e ninguém vai dominar (Mc 10,42-45). Jesus convida os ricos a se arrependerem, repartirem o que têm e serem "salvos" como Zaqueu foi (cf. Lc 19,1-10).

O Reino de Deus é um banquete, uma festa, em que todos estão convidados a tomar parte (Mt 8,11; 22,2; Lc 15,23). Mas como falta fé, a revolução divina, que nos reúne para esse banquete, é lenta, dolorosa, e está sitiada. Jesus disse que o Reino de Deus estava em andamento em seu ministério (veja Mt 12,28; Lc 17,21). Já uma realidade presente vai triunfar plenamente só no futuro, até mesmo do outro lado da sepultura. "Contudo, nós esperamos novos céus e nova terra, segundo a sua promessa, onde a justiça terá moradia estável" (2Pd 3,13). Toda a criação anseia participar dessa libertação e comunhão (Rm 8,19-21). O Reino de Deus significa novos seres humanos, novas comunidades, um novo mundo transfigurado (Ap 21,5). É essa a causa à qual Jesus chama[4].

As pessoas participam aceitando a boa nova na fé e respondendo ao mundo com amor. O amor preenche todos os requisitos desse "reino", principalmente o amor da vítima que está fora de nosso círculo, nossa família, nossa religião ou nação (cf. Lc 10,25-37). Os critérios para o juízo final nos medem em termos de alimentar os que têm fome, acolher os estrangeiros, vestir os nus, visitar os doentes e os que estão na prisão (Mt 25,31-46).

A revolução divina

Eu vim para que os homens tenham vida e a tenham em abundância.
(Jo 10,10)

Isso soa maravilhoso, mas nós o levamos a sério? Além do problema da fé em si, a muitos parece um pouco tarde para falar de um grande projeto para a história. A história não se mostrou estória sem grande enredo? Guerras constantes, pobreza mundial e crise ambiental derrubaram o mito de que a jornada da humanidade

---

4. "Reino de Deus" não se refere primordialmente a um lugar. A expressão refere-se à atividade de Deus como rei, especificamente um rei que resgata os fracos e os oprimidos de todos os tipos. "Entrar" no Reino de Deus (Mt 5,19; etc.) significa viver sob o regime que o Reino de Deus cria. O Reino de Deus é, portanto, um projeto "político"; mas "não é deste mundo", pois a política divina não é a política de violência e egoísmo, mas a "política" da verdade e do serviço humilde (Jo 18,36; Mt 20,25-28). Veja uma apresentação mais detalhada da proclamação do Reino de Deus por Jesus no capítulo 6 de minha obra *Divine Revolution* (cap. 6, n. 13, acima), Jesus e o Reino de Deus.

é lenta marcha de progresso em direção ao bem-estar por meio da razão e da ciência, educação universal, sufrágio, capitalismo ou socialismo. Hoje nenhuma dessas ações parece ir em direção à terra prometida. Assim, a história é uma coletânea de contos desconexos? Estamos reduzidos a buscar pequeninos projetos efêmeros? O amor é ao menos possível; e, se sim, pode ser alguma vez mais que assunto íntimo para umas tantas pessoas à minha volta? O amor é irrelevante para nossa situação social e para o sentido da história? Não é melhor esquecer as massas sofredoras e o mundo a mudar e dar atenção a nós mesmos e às sete ou oito pessoas que realmente tentamos amar?

Mas a história é realmente só uma sucessão de casos desconexos? É verdade que não há nenhuma utopia no horizonte; os seres humanos são de constituição fraca e egocêntrica e sempre precisam de conversão. De fato, o mal cresce e "se desenvolve". Mas espere. A bondade moral também cresce e se desenvolve. Nos tempos modernos elevamos nossos padrões e às vezes nosso comportamento. Pense no iluminismo, no movimento trabalhista, na abolição da escravatura, na democracia, na descolonização, no movimento feminista, nas conscientizações dos deficientes e das minorias, na renovação das Igrejas, no movimento ambientalista, na rejeição da pena de morte, no avanço da lei internacional de direitos humanos e, em geral, na afirmação da dignidade humana. Deus poderia ter dado uma mãozinha em tudo isso?

A fé afirma que o Reino de Deus irrompe neste mundo e avança no coração da história, dentro e além dessas moções muitas vezes ambíguas. No fim, a fé não se baseia nessas moções, mas sim em experiência mais profunda, sentimento compartilhado de que, apesar do egoísmo, do sofrimento e da morte, a vida vale a pena. Origina-se da convicção íntima de que o sacrifício, o amor ao próximo e a celebração fazem sentido, menos por causa dos fatos aparentes, que apesar deles. O sorriso fácil dos pobres e dos gravemente deficientes e sua presteza em celebrar baseiam-se na realidade. Embora nos mostrem que a vida é mais cruel e o mal mais persistente do que costumamos admitir, eles também nos ajudam a reconhecer que há alguma coisa acontecendo no mundo que é muito mais maravilhosa do que imaginávamos. A *experiência* desta tranquila convicção — que faz sentido lutar e celebrar — é nosso motivo sólido para ter esperança. É experiência de tal espécie (consolação) que não conseguimos descrevê-la completamente. E, contudo, ela dá razão suficiente para crer no reino divino, razão suficiente para superar a evidência em contrário. Embora eu nem sempre saiba explicar o porquê, no fundo do coração acredito que algum dia vamos vencer. Os profetas e mártires não estavam enganados. Os milhares que se reúnem no Fórum Social Mundial estão por dentro de alguma coisa. O mesmo acontece com os que cuidam de crianças doentes terminais "improdutivas". Amor e comunidade são possíveis e não só nos cantos excepcionais de um mundo sem amor. E se a vida, a verdade e o amor vão ter a última palavra, então a história tem sentido, embora tenha menos a ver com medidas convencionais de progresso que com cruzes e ressurreições. Pais e mães e trabalhadores — e não só figuras públicas — fazem história e contribuem para um projeto com profundidade e alcance que ultrapassam nossa capacidade de entender.

Repetir hoje as palavras de Jesus, que "o Reino de Deus está próximo" e "no meio de vós", é dizer que o poder divino irrompe em nossa vida. A vinda do Reino divino é a vinda de um Deus que nos oferece a possibilidade de novo modo de vida. É na verdade o oferecimento *divino de si mesmo*. Deus procura nos persuadir de todos os lados, nos acontecimentos da vida cotidiana e por meio deles, possibilitando-nos viver de modo diferente. O Reino de Deus acontece quando aceitamos esse oferecimento — quando tornamos reais o amor, a justiça e a paz.

Conclusão

Embora o simbolismo do Reino de Deus venha do passado distante, seu sentido geral está claro até hoje. Significa boa nova em um mundo de más notícias. É projeto de libertação do pecado, da pobreza, da injustiça e da violência. Significa nova comunidade onde a dignidade de todos é respeitada. Significa harmonia com o ambiente natural. Significa mundo novo.

Qual é nosso lugar nisso tudo? A fé cristã responde que encontramos nosso lugar nesse projeto conhecendo e seguindo Jesus. Passamos agora a considerar Cristo, aquele que chama. Ele se oferece como exemplo e mentor para uma vida de amor e serviço. Ao contemplar e reproduzir o modo de vida dele, seus seguidores descobrem o papel que desempenham no drama do Reino divino.

9

Contemplação de Cristo

> *Mas eu vos chamo de amigos, porque vos dei a conhecer*
> *tudo quanto ouvi de meu Pai. Não fostes vós que me escolhestes,*
> *mas eu vos escolhi e vos mandei ir e produzir fruto, um fruto que dure.*
> (Jo 15,15-16)

Uma obra de arte inspirada — uma pintura ou um poema — chega até nós e em nós, para questionar, esclarecer e inspirar. Uma grande história nos atrai para dentro de si e revela o drama mais profundo da vida[1]. As narrativas nos influenciam quando reconhecemos nelas parte de nossa história. Isso acontece, para o que der e vier, quando as crianças se identificam com personagens como Harry Potter, celebridades televisivas, ou astros esportivos. Mesmo na idade adulta, há narrativas que marcam nossa vida. Um primeiro encontro com figuras como Nelson Mandela, Dorothy Day, Simone Weil, Gandhi ou Joana d'Arc, desperta o desejo de saber mais, de entender o que as motivou. Quando personalidades como Teresa d'Ávila ou Francisco de Assis ressoam e despertam consolação, as pessoas lhes professam "devoção especial".

Quanto a isso, Jesus de Nazaré ocupa lugar especial. É improvável que outra narrativa tenha tido maior impacto que a dele. Sejam quais forem nossos preconceitos, se o ouvimos seriamente, descobrimos que Jesus mexe com nossos sentimentos e incentiva uma resposta. Pessoas que meditam nos evangelhos há décadas continuam a achar surpresas ali. Nos evangelhos, Jesus chama amigos para trabalhar com ele. Ele vai ser seu exemplo e mentor (cf. Mt 23,8-10).

Hoje, os fiéis ainda respondem a seu chamado. A amizade com ele cresce à medida que aprendem com ele. Isso não é imaginário, mas exige envolver-se em

---

1. É isso que acontece com todas as obras-primas, ou os "clássicos". Veja TRACY, DAVID, *The Analogical Imagination*, New York, Crossroad, 1981, principalmente o capítulo 3.

sua narrativa com imaginação. Já descrevi a contemplação como "sentar-se com" a realidade, deixando-a penetrar em nós e agindo conforme seu impacto em nós. Contemplar a vida de Cristo dessa maneira ajuda-nos a conhecê-lo melhor (por meio do conhecimento interno), amá-lo e viver mais como ele viveu [cf. 104-105]. Inácio nos ensina como.

Contemplação da vida de Jesus

Os dois discípulos o ouviram e seguiram Jesus. Ele se voltou e, percebendo que o seguiam, lhes perguntou: "Que procurais?" Responderam: "Rabi" — que quer dizer Mestre —, "onde moras?" E ele lhes disse: "Vinde e vede". Eles foram, viram onde morava e ficaram com ele aquele dia.
(Jo 1,37-39)

Contemplamos a vida de Cristo recriando uma narrativa evangélica em nossa imaginação e até entrando nela como atores coadjuvantes. Experimente. Tome o relato do nascimento de Jesus no capítulo 2 do Evangelho de Lucas[2]. Imagine o caminho de Nazaré a Belém, "seu comprimento, sua largura, se era plano ou ia por vales e encostas" [112]. Imagine José e Maria, cansados da jornada, procurando lugar para ficar. Pinte a cena do estábulo ou gruta onde Jesus nasceu, um pouco empoeirado, iluminado por uma única lâmpada. Imagine os pastores de olhos arregalados.

À medida que a história se desenrola em sua imaginação, preste atenção em três coisas: nas pessoas, no que as pessoas dizem e no que elas fazem. Reflita conforme se sentir movido, obtendo da cena o que parece ser de interesse especial. Pare quando achar frutos, devoção. Quando se sentir movido a isso, expresse a Deus (a Cristo etc.) o que pensa ou sente. Um "colóquio" ou uma conversa em oração é feita "como um amigo fala a seu amigo, ou como um servo, a seu senhor" [54].

Essa imaginosa recriação, reflexão e conversa é o centro da oração. Entretanto, Inácio recomenda alguns breves passos preliminares, antes de imergir: Primeiro, fique em silêncio antes de começar a oração, recordando como Deus o olha com amor. Em seguida, peça que a oração toda seja dirigida ao verdadeiro propósito da vida, o serviço do projeto divino. Fixe a imaginação imaginando a cena, como eu disse. Finalmente, faça seu pedido (Inácio diz para pensar "no que eu quero"):

---

2. Nos *Exercícios Espirituais*, veja [110-117].

conhecer este homem Jesus mais intimamente, a fim de amá-lo mais profundamente e segui-lo mais de perto[3].

Esse exercício é um pouco como passar um filme em nossa imaginação[4]. Ele nos ajuda a entender qualquer figura histórica (ou mesmo um conhecido atual). Uma biografia proporciona apenas dados fragmentários. Temos de ligar os pontos, cobrir a narrativa esquelética com carne viva, imaginar como a pessoa se parecia, se expressava e interagia com os outros. Inventamos um pouco, espontaneamente, exercendo licença artística do mesmo jeito que o cineasta ou o romancista histórico. Ao contemplar a vida de Cristo, damos um passo além, permitindo que as personagens e a história ganhem vida. Imaginamos Cristo fazendo ou dizendo coisas, por exemplo, dirigindo-se a outros (ou a nós!) além do que a narrativa evangélica relata. Dessa maneira, compomos em nossa imaginação o "Evangelho segundo Stephanie", ou Bill, ou Marge, para hoje. Naturalmente, há limites para essa criatividade, como acontece com qualquer recriação artística. Contribuições subjetivas não devem contradizer a mensagem evangélica[5].

A reflexão de Dietrich Bonhoeffer no nascimento de Jesus revela o apreço por esse tipo de oração:

> Se desejarmos tomar parte no Advento e no Natal
> então não podemos simplesmente ser circunstantes ou curiosos,
> como se estivéssemos todos no teatro,
> apreciando todas as imagens alegres.
> Não, nós somos arrebatados lá para dentro da ação,

---

3. Veja a oração de São Ricardo de Chichester, parafraseada no musical *Godspell*: "Dia a dia, por três coisas eu rezo: conhecer-te mais intimamente, amar-te mais profundamente, seguir-te mais de perto" [sic] Citado em Ivens, *Understanding*, 91.

4. "A contemplação é um filme que crio na imaginação. Movo as personagens, dirijo-as, Faço-as andarem para lá e para cá, escrevo o roteiro, componho os diálogos etc. É, além disso, um filme onde eu me coloco, como aqueles filmes dos quais o diretor ou roteirista também participa." Busto, José Ramón, SJ, Exégesis y contemplación, *Manr* 64, 1992, 15-23, na 21.

5. Considera-se o que as pessoas "falam ou poderiam falar" [123]. "Inácio preocupava-se em trazer a realidade evangélica a um encontro íntimo e pessoal com a realidade contemporânea da experiência e história do exercitante. De outra maneira como Cristo se encarnaria no mundo em tempos e culturas muito diferentes, na fé e na vida da comunidade de fiéis?", Veale, Joseph, Manifold Gifts, *The Way Supplement* 82 (primavera 1995) 46. Veja também Ferlita, Ernest C., The Road to Bethlehem — Is it Level or Winding? The Use of Imagination in the Spiritual Exercises, *SSJ* 29, n. 5 (nov. 1997) 11-13. Veja exemplos do que "acontece" na contemplação inaciana em Kennedy, Michael, *Eyes on Jesus. A Guide for Contemplation*, New York, Crossroad, 1999, e idem, *Eyes on the Cross. A Guide for Contemplation*, New York, Crossroad, 2001.

nesta conversão de todas as coisas.
Temos de desempenhar nosso papel também neste palco.
Pois o espectador
já é um ator.
Não pode retirar-se.
[...] não podemos nos aproximar da manjedoura
como se fosse o berço de qualquer outra criança.
Os que desejam vir à manjedoura dele
descobrem que alguma coisa
está acontecendo dentro deles[6].

Muitos exercícios do retiro inaciano de um mês de duração consistem nesse tipo de contemplação. São todos impelidos por este mesmo pedido: conhecer, amar e seguir Cristo melhor. Naturalmente, esta forma de oração é apropriada na vida cotidiana, bem como em um retiro.

Jesus é para todos?

Nem todo mundo acha fácil aceitar Cristo como modelo. Ele foi um judeu que viveu há dois mil anos. Era homem. Hoje, porém, Cristo já não está confinado a essas categorias. Como diz Paulo: "E se antes conhecemos a Cristo segundo a carne, agora não o conhecemos mais assim" (2Cor 5,16). Sandra Schneiders lembra-nos que o Cristo ressuscitado está presente em seus seguidores. A Igreja (na verdade, cada Igreja local) constitui seu corpo, que, em termos bíblicos, significa sua pessoa (cf. Rm 12,2-5; 1Cor 12,13-31; Ef 4,14-16). Não consideramos o Cristo ressuscitado exclusivamente homem, como obviamente Jesus de Nazaré era. Todos os seus seguidores compartilham sua identidade na mesma proporção. Hoje nós o retratamos como preto, velho, mulher ou chinês. "Em Cristo", diz Paulo, "não há mais nem judeu, nem grego; não há mais nem escravo, nem homem livre; não há mais nem homem, nem mulher: todos vós, realmente, sois um só em Cristo Jesus" (Gl 3,28)[7].

---

6. BONHOEFFER, DIETRICH, *The Mystery of Holy Night*, WEBER, MANFRED (ed.), HEINEGG, PETER (trad.), New York, Crossroad, 1997, 14-15.

7. Cf. SCHNEIDERS, SANDRA M., *Women and the Word. The Gender of God in the New Testament and the Spirituality of Women*, New York, Paulist Press, 1986, 52-53.

> Embora Jesus ser homem complique as coisas para algumas mulheres, ser homem não faz dele a medida da humanidade. Nem ele ser o *filho* de Deus significa que a masculinidade represente melhor a divindade. Deus não é nem homem, nem mulher; e "a segunda pessoa da Santíssima Trindade veio a ser chamada 'filho' porque Jesus é homem, não o contrário"[8]. Poderíamos até dizer que a masculinidade de Jesus ajudou a desestruturar o patriarcado e o androcentrismo de dentro, pois Jesus repudiava as qualidades patriarcais de competição, domínio e violência. Ao rejeitar a superioridade masculina, ele abraçou de modo banal o humilde serviço "feminino": pacificação, resignação, e um cuidado estimulante de todos, principalmente dos fracos e oprimidos. Se Jesus fosse mulher isso não pareceria tão revolucionário[9]. No fim, o essencial não é ele ser homem nem judeu mas ser companheiro de sofrimento, igualitário e libertador[10].

Companheiros de Cristo

Contemplar a vida de Jesus é exercício imaginativo, mas não fantasia. Para os fiéis, Cristo está presente de um jeito que Mozart e Joana d'Arc não estão. Ele vive entre nós por meio de seu Espírito. Operando por meio de nossa imaginação, o Espírito comunica conhecimento interno de Cristo e inflama o amor por ele e por seu modo de vida. É uma forma de consolação na qual experimentamos seu chamado. A causa de Cristo atrai e oferece amizade. Essa amizade ajuda os companheiros nas provações e rejeição que estão por vir.

Sua vocação é viver como ele viveu e continuar seu trabalho. Isso significa reproduzir não os detalhes de sua vida, mas suas atitudes e seu modo de agir. Ao empregar seus talentos, eles respondem criativamente a seu mundo como ele respondeu ao dele[11]. Como exemplo e mentor[12], ele lhes revela sua pessoa e também

---

8. Ibid., 51.
9. Cf. ibid., 58-61.
10. Cf. Dyckman et al., *The Spiritual Exercises Reclaimed* (cap. 1, n. 2, acima), 187. Os autores apresentam uma síntese excelente de autores feministas sobre o assunto.
11. Cf. Sobrino, Jon, *Jesus in Latin America*, Maryknoll, N.Y., Orbis, 1987, 135-137.
12. Spohn, William C., *Go and Do Likewise. Jesus and Ethics*, New York, Continuum, 1999, descreve muito bem como a história de Jesus influencia as disposições e a percepção moral dos seguidores hoje. Eles usam a imaginação para reinterpretar criativamente sua mensagem e reencarnar suas atitudes e práxis para hoje.

sua causa. O Novo Testamento revela os contornos básicos dessa causa para um tempo e lugar distantes. Na prática do discipulado, compartilhada em comunidade, em ação e contemplação, *o Espírito de Cristo revela aos seguidores cristãos o que o Reino de Deus significa concretamente em seu tempo e lugar* (cf. Mc 4,10-11) *e como cada um pode melhor participar dele.* Pela consolação o Espírito nos guia para detalhar nossos chamados.

É mais uma questão de prática que de fala, por isso já foi dito o suficiente.

Conclusão

Inácio diz que Cristo se torna "exemplo e regra" [344] para os que respondem a seu chamado. Seu Espírito os guia (via consolação) para reproduzir suas atitudes e modo de agir. Entretanto, há também muitos espíritos falsos em circulação e muitas curvas falsas ao longo da estrada para desviar uma vida comprometida. Precisamos reconhecer esses perigos. Acima de tudo, Inácio ressalta a necessidade de entender o caminho de Cristo pelo qual o compromisso se aprofunda, amadurece e produz frutos. É do que trata a meditação que vamos considerar no próximo capítulo. A meditação das "Duas Bandeiras" é a principal meditação dos Exercícios inacianos e essencial para a espiritualidade inaciana como um todo.

10

As Duas Bandeiras

Perto da cidade de Cesareia de Filipe Jesus pergunta aos discípulos quem as pessoas por ali dizem que ele é. Recebe uma variedade de respostas: Umas dizem João Batista, outras dizem um dos profetas do passado que ressuscitou. Então ele pergunta quem, eles discípulos, pensam que ele é. Simão Pedro responde: "Tu és o Cristo, o Filho do Deus vivo". É um momento decisivo nos evangelhos.

Jesus alegra-se com a confissão de Pedro: "És feliz, Simão Barjona, pois não foram a carne e o sangue que te revelaram isso, mas meu Pai que está nos céus!" Seres humanos de carne e osso não pensam desse jeito. Só o Pai de Jesus poderia ter revelado a Pedro que este carpinteiro, agora mestre e curandeiro itinerante, é o salvador havia muito esperado. Isso incentiva Jesus a levar o grupo um passo adiante: "A partir desse momento, Jesus começou a revelar a seus discípulos que era necessário ir a Jerusalém, padecer muito da parte das autoridades judias, dos sacerdotes-chefes e dos mestres da lei, ser condenado à morte, mas, ao terceiro dia, ressuscitar". Ele não será o guerreiro-salvador conquistador que as pessoas almejam e pelas quais votam, em todas as épocas. Seu papel será diferente. Como servo de Javé, enfrentará o mal com a arma desembainhada da verdade — e sofrerá as terríveis consequências.

Isso é demais para Pedro. "Pedro, chamando-o à parte, começou a admoestá-lo, dizendo: 'Deus te livre disso, Senhor! Isso não te poderá acontecer de modo algum!'" Pelo jeito Pedro não entendeu tão bem, afinal. "Mas ele voltou-se para Pedro e disse: 'Sai da minha frente, Satanás! Estás pondo obstáculo no meu caminho, porque os teus pensamentos não são os de Deus, mas dos homens!'" Pedro pensa como carne e osso, ou pior. Agora, Jesus volta-se para os discípulos e esclarece as coisas. Que não haja engano, "Se alguém quer me seguir, renuncie a si mesmo, tome a sua cruz e siga-me, pois, quem quiser salvar sua vida, vai perdê-la, mas quem perder a vida por amor de mim vai encontrá-la de novo". Jesus triunfará, mas não do jeito que o pensamento de carne e osso supõe. Os que querem compartilhar sua vitória terão de adotar sua estratégia e pagar o preço de privações e rejeição. Mas preparar os discípulos inclui encorajá-los. Pedro, Tiago e João estão ao menos começando a entender. Assim, alguns dias depois dessa demonstração insatisfatória, Jesus leva-os a um alto monte, onde eles veem sua glória. Isso os fortalecerá para o que vai acontecer[1].

A princípio, os discípulos aceitaram o desafio de Jesus para mudar e acreditar na boa nova. Eles têm intenções nobres, mas o pensamento do senso comum ainda os importuna. Suas mentes ainda não se transformaram (*metanoia*: uma nova mentalidade [Mc 1,15]).

Como os discípulos, queremos que nossa vida tenha valor. Esperamos daqui a anos poder olhar para trás e dizer que empregamos bem nosso tempo. Chegaremos ao fim sem fraquejar? Será um percurso acidentado. Muitos ficam pelo caminho, ou até viram em sentido contrário. Todo alcoólico em recuperação sabe como é fácil voltar a consumir bebidas. A generosidade não surge naturalmente. A menos que estejamos vigilantes, o amor transforma-se no oposto, antes de percebermos. A chama tremeluz, as brasas esfriam. Pense em todos aqueles evangelizadores televisivos, políticos, prelados, ativistas comunitários, revolucionários — comunidades religiosas e organizações sociais inteiras — que começaram com a melhor das intenções, mas acabaram vivendo de façanhas enfraquecidas ou envolvidos em escândalo.

A perspectiva de nos retirar, nos esgotar, ou simplesmente desaparecer obriga-nos a nos perguntar como sustentar o compromisso e evitar armadilhas na estrada à frente. Para boas intenções darem fruto, precisamos de conhecimento interior de pensamento de carne e osso e de como superá-lo. É esse o objetivo do que é sem dúvida a contribuição inaciana mais criteriosa para nosso entendimento da realidade, a meditação das Duas Bandeiras [136-147]. É a meditação central dos *Exercícios Espirituais*[2].

A meditação das Duas Bandeiras

Esta meditação retira o véu do drama principal da história, a luta entre o bem e o mal. Cristo lidera as forças de luz sob sua bandeira (no sentido antigo do

---

1. Mateus 16,18–17,8.
2. Literalmente: "Meditação das Duas Bandeiras, a de Cristo, supremo chefe e senhor nosso, a de Lúcifer, inimigo mortal de nossa natureza humana" [136].

estandarte ou bandeira que o rei usava para liderar o exército na batalha) e o inimigo lidera as forças da escuridão. "Cristo chama e quer a todos sob sua bandeira e Lúcifer, pelo contrário, debaixo da sua" [137]. Vivemos e nos movemos dentro de campos de força opostos. Os poderes do egoísmo puxam-nos para trás, para a escravidão da morte, enquanto o Espírito divino atrai-nos para a frente, para a liberdade e a vida.

A imagem das Duas Bandeiras traz à memória fantasias contemporâneas como *Star Trek* e *O senhor dos anéis*, mas choca-se com a sensibilidade moderna. Enquanto a sociedade secular zomba de poderes transcendentes, o liberalismo hipertolerante supõe que podemos ser a favor da vida sem ser contra a morte. Por outro lado, na estranha visão apocalíptica do Novo Testamento (e das Duas Bandeiras), Jesus e o Reino de Deus chocam-se em combate mortal com o príncipe deste mundo e seus demônios. As bandeiras da meditação inaciana são os estandartes que reúnem as forças do bem e do mal. Simbolizam as estratégias de Cristo e de Satanás.

Os seres humanos de carne e osso deixam facilmente de entender como termina a grande luta na vida real. Seria mais simples se "mocinhos bons" de chapéus brancos lutassem contra "maus elementos" de chapéus pretos. Mas as coisas não são tão simples. O inimigo plantou joio em todo o campo de trigo do mundo, joio que se parece com o trigo. Toda pessoa, ação e instituição, todo projeto do mundo real é moralmente ambíguo e propenso à corrupção. Cruzadas e caçadas às bruxas, passadas e presentes, al Qaeda, suicídios cultuais e todo o mal feito em nome do bem dão eloquente testemunho de como as coisas boas tornam-se diabólicas.

Nesta meditação nosso objetivo (o "o que quero" inaciano) é conhecer os enganos do inimigo e aprender medidas defensivas eficazes para usar contra eles. Peço "conhecimento dos enganos do mau caudilho e ajuda para me defender deles. E conhecimento da vida verdadeira que o supremo e verdadeiro chefe mostra com graça para o imitar" [139]. Quais são as duas estratégias contrárias?

Primeiro o inimigo "chama inúmeros demônios, espalha-os [...] pelo mundo todo [...] os exorta a lançar redes e cadeias" [141-142]. O inimigo trabalha em toda parte, colocando armadilhas. Cristo, por outro lado, "escolhe tantas pessoas, apóstolos, discípulos etc. E os envia por todo o mundo, difundindo sua sagrada doutrina entre [...] [todas as] pessoas" [145]. Parece guerrilha ou espião contra espião!

> ### A visão apocalíptica
>
> A composição apocalíptica surgiu em círculos judeus pouco antes e depois do tempo de Cristo. Os livros de Daniel e do Apocalipse e o capítulo treze de Marcos são exemplos clássicos. Visionários apocalípticos escreveram para manter viva a esperança entre os fiéis que sofriam perseguição. Usaram imagens exóticas (inimigos monstruosos, heróis sobrenaturais como o "Filho do homem") para transmitir o sentido transcendente de acontecimentos atuais. No pensamento apocalíptico, Deus tem um desígnio para a história como um todo e nossas lutas fazem parte de um drama cósmico em que se chocam legiões de espíritos bons e maus. Nada menos que o resultado da história está em jogo. Quando chegar a hora, Deus triunfará e produzirá um novo mundo de justiça e paz. Enquanto isso, os fiéis precisam decifrar como as forças da morte e as forças da vida operam nos acontecimentos cotidianos. Com essa organização mítica, o pensamento apocalíptico proporcionou a primeira estrutura para entender a história como um todo.
> Entretanto, Jesus rejeitou diversas ideias apocalípticas: por exemplo, que Deus destruiria os pecadores públicos e os inimigos gentios e que viríamos a saber a hora e a maneira precisas da intervenção divina decisiva (veja Mc 2,17; 13,32). Quatro séculos mais tarde, Agostinho de Hipona remodelou a visão apocalíptica em *Cidade de Deus*. Mil e cem anos depois dele, Inácio reapoderou-se dela nas Duas Bandeiras. A perspectiva apocalíptica tem muito a nos ensinar a respeito da realidade. Para levar a sério a mensagem essencial não precisamos interpretar os símbolos literalmente.

Satanás dirige seus agentes "primeiro, a tentar com a ganância de riquezas, como [ele, o inimigo] costuma fazer na maioria das vezes, para que, assim, facilmente, cheguem à honra vã do mundo e dali a uma grande soberba. De modo que o primeiro grau seja o das riquezas; o segundo, o das honras; o terceiro, o da soberba. E desses três níveis induzir a todos os outros vícios" [142].

A estratégia é levar as pessoas primeiro a desejar riquezas Seguem-se as honras. Mas o verdadeiro objetivo de Satanás é a "grande soberba". Dali, ele induz "a todos os outros vícios".

De modo paralelo, Cristo recomenda a seus colaboradores "que queiram ajudar a todos, trazendo-os, primeiro, à maior pobreza espiritual, e, se sua divina Majestade for servida e os quiser escolher, não menos à pobreza material.

Segundo, ao desejo de afrontas e desprezos, pois destas duas coisas se segue a humildade. De modo que sejam três graus:

> 1º pobreza contra riqueza;
> 2º afrontas ou desprezo contra honra mundana;
> 3º humildade contra soberba;
> e, destes três graus, levem a todas as outras virtudes" [146].

Cristo contrapropõe o caminho da pobreza, afrontas e humildade — e dali a todas as outras virtudes. É o caminho de Cristo apresentado nos evangelhos, o caminho do serviço humilde que leva à cruz. Nesta meditação, os seguidores de Cristo enfrentam as questões que ele enfrentou quando foi tentado no deserto no início de seu ministério (Mt 4,1-11). Ele procuraria conquistar as pessoas oferecendo-lhes somente pão ou maravilhas ostentosas ou buscando o poder como um Messias guerreiro? Ou ele se reduziria a nada como o servo de todos em obediência até a morte (Mt 20,28; Fl 2,8-9)?

Nas Duas Bandeiras, refletimos na contradição entre segui-lo e cobiçar a riqueza com seu prestígio e poder. Isso provocaria a censura de Pedro por Jesus: "Sai da minha frente, Satanás!" Reconhecemos o caminho da cruz como a estrada para a vida?

Riquezas, honras, soberba; pobreza, rejeição, humildade

Inácio, o gênio prático, compartilha o que sabe a respeito de como os compromissos se desembaraçam e de como amadurecem. Avareza, honras e soberba abrem caminho para a típica estrada da ruína, enquanto a pobreza, a rejeição e a humildade levam à perseverança e a frutos abundantes. Examinemos mais atentamente.

Via de regra (*ut in pluribus*, diz Inácio), o inimigo primeiro induz a riquezas. A ganância é o primeiro passo para a decadência moral? Em vez disso, você teria dito sexo? O sexo também é um "bem perigoso". Mas, ao contrário de muitos cristãos moralistas, a Bíblia considera a riqueza muito mais perigosa.

Aqui, "riquezas" significa riqueza material. "Ganância" não significa "desejo desordenado" por absolutamente nada, como vida longa, saúde, honra, nossa carreira etc. (como no Fundamento [23]). Nem é uma opção genérica para a criatura pelo Criador. A questão é a riqueza, o único ídolo que Jesus menciona nos evangelhos. "A ganância pelo dinheiro", diz Paulo, "é a raiz de todos os males" (1Tm 6,10). O primeiro passo para prejudicar o compromisso — ou o primeiro obstáculo para seu aprofundamento — é cobiçar bens.

A riqueza traz "honras", mesmo sem procurá-las[3]. Não há nada errado com a riqueza ou o reconhecimento, certo? São coisas boas que servem a causa ("Imagine o que eu poderia fazer pelos pobres com um bilhão de dólares!"). O ponto, porém, é que o desejo gradual pelo dinheiro nos seduz e leva à soberba. Quando a soberba assume o comando, a batalha está perdida.

Aqui, "soberba" não significa amor-próprio saudável. Nem é a recusa genérica da criatura de submeter-se ao Criador, aquela soberba (como a de Adão e Eva) que a teologia cristã tradicionalmente considera a base de todo pecado. Inácio pensa concretamente. "Grande soberba" (*crescida soberbia*) refere-se a arrogância, desprezo, ambição egoísta, vontade de poder. É assim que a *arrogância* diante de Deus termina na vida cotidiana. Ao nos conceder honras, a sociedade diz que somos importantes. "Soberba" significa acreditar não só que somos importantes (afinal, nós somos), mas que somos mais importantes que os outros. Quando pegamos a doença, ficamos na encosta escorregadia em direção a "todos os outros vícios" [142][4].

Em suma, embora às vezes o inimigo tente por outros meios, a estratégia usual (*ut in pluribus*) é induzir a soberba arrogante por meio da riqueza material e prestígio. Seguindo o bom senso, o pensamento da natureza humana, hoje pessoas bem-intencionadas seguem essa estratégia e acabam deixando de produzir o bem que poderiam produzir. Leia o jornal, olhe em volta; veja se não é assim. Lembre-se daqueles evangelistas televisivos, políticos, prelados, ativistas, comunidades e movimentos que começaram bem, mas terminaram gananciosos, arrogantes e saíram do controle.

Só reconhecer essa dinâmica não nos protege contra ela. Sócrates, gnósticos e modernos em contrário, a libertação exige mais que percepção. No campo de batalha moral, precisamos contra-atacar na prática[5]. Cristo "atrai" seguidores

---

3. Não precisamos realmente buscar honras; elas seguem-se normalmente às riquezas, como seria de se esperar. Veja Peters, *SpEx*, 95.

4. Veja Sirácida (Eclesiástico) 10,15 (Vulgata Latina): "o princípio de todo o pecado é a soberba", o texto clássico dessa tese até a época inaciana. O contexto do versículo esclarece que "soberba" é a arrogância dos poderosos. Entretanto, parece que Sirácida 10,15 entra em conflito com 1 Timóteo 6,10: "A ganância pelo dinheiro é a raiz de todos os males", citada há pouco. Tomás de Aquino reconcilia os dois versículos de uma forma que concorda com as Duas Bandeiras. Ele também insiste que a cobiça em 1 Timóteo 6,10 refere-se à riqueza material e a soberba em Sirácida 10,15 refere-se à arrogância. Veja o "Apêndice II: O sentido das Duas Bandeiras", no final deste livro.

5. Embora a transformação pessoal seja obra divina, cooperamos resistindo ativamente (latim: *agere contra*) a nossas faltas de liberdade. Como expressou o Diretório Oficial de 1599, "se quer endireitar um pau torto, você precisa vergá-lo do lado oposto para que ele acabe a meio caminho entre os dois e, assim, ereto", Diretório Oficial de 1599, n. 217; texto em Palmer, *Giving*, 336. A imagem

(ele não os amedronta) a uma práxis contrária. Em vez de riqueza, ele propõe, primeiro, "a maior pobreza espiritual" para todos e a "pobreza material" a alguns (Mc 10,17-31; Lc 14,33; etc.). "Maior pobreza espiritual" significa desapego interior das riquezas materiais e, portanto, disposição para a necessidade material ("pobreza material"), se Deus nos escolher para isso. Nem todos são chamados a compartilhar o mesmo grau de pobreza material ou a trabalhar entre os mais pobres. A solidariedade com os pobres é critério objetivo para nosso estilo de vida, mas os pormenores dependem de nossos chamados.

Segundo, Cristo convida seus seguidores a desejar "afrontas e desprezos" em vez de "honras" — mas, novamente, se isso servir melhor ao propósito divino. Devemos entender isso no espírito de perseguição suportada por amor ao "Reino"[6] e liberdade para suportar a rejeição.

Pobreza e perseguição não são nem desejáveis em si mesmas nem meios infalíveis para servir a Deus e ao próximo. Podemos ser chamados a um serviço prestigioso que envolva exercer poder. Mas não é esse o jeito costumeiro do Espírito e temos de ser livres para abraçar a pobreza e o desprezo que seguir a Cristo normalmente acarreta.

A liberdade para a pobreza e a perseguição leva, por último, à humildade, a principal arma contra o inimigo. Dali o Espírito leva a "todas as outras virtudes". De novo, aqui a humildade não é subordinação genérica ao Criador, que prepara para todas as outras virtudes. Embora inclua submissão a Deus, humildade significa reconhecer que não tenho nenhuma dignidade maior que outra pessoa, inclusive o bêbado da rua. Assim, não exijo nenhum privilégio. Humildade significa identificar-se com aqueles que o mundo considera insignificantes. Significa solidariedade.

Pobreza contra riquezas, desprezo contra honras e humildade contra soberba são mais que assuntos particulares entre Deus e eu. Pobreza contra riquezas é assunto de meu relacionamento com os pobres. Honras contra desprezo é questão de *status* social. Estou do lado de quem? Dos que a sociedade honra ou dos que ela despreza? Soberba é desprezo pelos outros; humildade significa identificar-se com os rejeitados.

---

vem de Aristóteles, *Nicomachean Ethics*, ii, 9. Os Diretórios primitivos eram manuais quinhentistas para diretores dos Exercícios Espirituais. Veja o princípio *agere contra* nos *Exercícios Espirituais* principalmente em [16, 157] e também [13, 97, 146-147, 167, 319, 324-325, 350-351].

6. Veja nas cartas paulinas: 2 Coríntios 4,7-12; 6,3-10; 11,21-33; 1 Coríntios 4,9-13; Filipenses 3,10-11.

Exatamente como o caminho do mundo é mobilidade ascendente individualista, o caminho de Cristo é *mobilidade descendente* que leva à solidariedade. A mobilidade ascendente abala o compromisso; a mobilidade descendente aprofunda-o, para que dê frutos com o passar do tempo.

Caminhar com ele: o tríplice colóquio

A meditação das Duas Bandeiras inicia a preparação para e eleição ou escolha, que completa a Segunda Semana dos Exercícios e é o clímax do retiro. Inácio tem em mente a escolha do modo de vida ou da importante reforma de vida em resposta ao chamado de Cristo.

Cristo chama todos à humildade através da "maior pobreza espiritual" (liberdade para compartilhar e desfazer-se dos bens); alguns, não todos, são chamados à pobreza material efetiva. Entretanto, como o medo da pobreza e da rejeição nos impede de ouvir e responder, a meditação das Duas Bandeiras encerra-se com solene "tríplice colóquio", uma conversa — primeiro com Maria, em seguida com Jesus, depois com o Pai — na qual suplicamos sermos escolhidos para caminhar com Cristo na pobreza e rejeição. Peço

> que eu seja recebido sob sua bandeira. Primeiro, na maior pobreza espiritual, e, se [...] [Deus] me quiser escolher e receber, não menos na pobreza material. Segundo, em passar afrontas e injúrias, para mais imitá-lo nisto. [147]

Avaliamos a importância dessa súplica pelo fato de se repetir três vezes em cada um dos cinco exercícios cotidianos para o restante da Segunda Semana, isto é, do quarto dia até o décimo segundo!

O tríplice colóquio ajuda a acabar com nossa resistência à pobreza e à rejeição. Entretanto, sua motivação mais profunda é o amor. Embora ninguém em sã consciência abrace privações e o desprezo em si, os que se apaixonam por Cristo e pelos pobres podem bem, por solidariedade, decidir compartilhar sua pobreza e o desprezo que recebem.

Três tipos de pessoas

A meditação dos "três tipos de pessoas" [149-156] segue-se à meditação das Duas Bandeiras no mesmo dia do retiro e concentra-se nitidamente na questão de riquezas contra pobreza. Os três tipos são realmente três grupos (ao que tudo indica, pares, *binarios* em espanhol) de empresários, cada um dos quais adquiriu a fabulosa soma de dez mil ducados. Embora não tenham adquirido o dinheiro desonestamente (o que os obrigaria a renunciar a ele), tampouco o adquiriram com o mais puro dos motivos. Percebem agora que estão excessivamente ligados à riqueza e que isso é um impedimento para descobrir e fazer a vontade divina. Preocupados, querem livrar-se do apego à riqueza [cf. 150, 153-155]. O que devem fazer?

A parábola apresenta as três maneiras em que as pessoas tipicamente respondem a essa situação. O primeiro grupo quer "tirar o afeto pela soma adquirida", mas nunca chegam a fazê-lo. Adiam e morrem antes de tomar uma decisão eficaz [153]. O segundo grupo vai mais longe. Eles também querem superar o afeto excessivo ao dinheiro. Estão até dispostos a dar passos práticos. Mas apegam-se a uma condição inegociável: tomarão medidas desde que não tenham realmente de desistir do dinheiro [154]. Querem "fazer um trato" com Deus, como o empregador que contribui para a Igreja em vez de pagar aos empregados um salário mínimo. Só o terceiro grupo vai ao âmago da questão. Não que simplesmente se desfaçam do dinheiro. Não está totalmente claro que devam fazer isso. Mas eles não saberão o que devem fazer até serem livres internamente para ouvir o chamado divino e responder a ele. Portanto, o terceiro grupo esforça-se pela indiferença à riqueza que possuem. Essa é a lição fundamental da parábola dos Três Tipos. Os do terceiro grupo colocam sua riqueza em garantia psicológica. Colocam-se nas mãos de Deus e esforçam-se para tratar essa riqueza com total liberdade interior. *Então*, discernem o que devem fazer com esse dinheiro para produzir o maior bem geral.

O que significa lutar pela indiferença, para nem desejar nem repudiar a riqueza fora de controle [155]? A resposta está dada implicitamente no colóquio da meditação das Duas Bandeiras, que acabamos de analisar aqui, que se repete para os Três Tipos [156]. É dada explicitamente em uma nota anexa aos Três Tipos, que diz: "Quando sentimos afeto ou repugnância à pobreza material, não estamos indiferentes à pobreza ou riqueza. Muito aproveita [...] pedir [...] que o Senhor [nos] escolha para a pobreza material e [...] quer, pede e suplica somente o que for para o serviço e louvor de sua divina bondade" [157].

A parábola dos Três Tipos não trata da indiferença em geral (como dizem muitos críticos), mas *especificamente da liberdade de desistir da riqueza*. A nota inaciana diz que pedir a pobreza material é de grande ajuda para essa liberdade. (Isso, aliás, confirma que o sentido de "riqueza" na bandeira do inimigo é a riqueza material.)

Alguns críticos propõem uma leitura "mais rica" das Duas Bandeiras. Acreditam que "riquezas" e "honras" tenham um propósito mais amplo e não literal: "No sentido mais amplo, *riquezas* e *honra* são qualquer coisa que satisfaça a inerente necessidade humana de identidade, segurança, estima, amor". Isto é, "riquezas" podem ser qualquer coisa a que eu possa me apegar excessivamente, como meu tempo ou meus amigos. De modo semelhante, "pobreza material", "humilhação" e "desprezo" "devem ser entendidos em sentido amplo e literal"[7].

Não concordo. Todas essas palavras têm um sentido mais amplo, mas não nesta meditação crucial. O sentido de "riquezas, honras e soberba" e "pobreza, desprezo e humildade" determina o que significa ser recebido sob a bandeira de Cristo ou "ser colocado com o Filho". É esse o centro da espiritualidade inaciana[8]. Entretanto, minha insistência no sentido concreto (e social) dos termos fundamentais nas Duas Bandeiras não é motivada pelo "fundamentalismo inaciano". A questão é antes que Inácio comunica fiel e criativamente a mensagem evangélica, a boa nova, para hoje[9]: ser colocado com o Filho é ser colocado onde ele disse que seria encontrado: entre os famintos, os nus, os doentes e os encarcerados (Mt 25,31-46). É optar pelos pobres. Só dessa maneira virá a nós o "teu Reino", o Reino da vida em abundância, de novas relações sociais, sem pobreza, fome e lágrimas (cf. Lc 6,20-26).

Creio haver uma sólida intuição por trás do desejo dos críticos de expandir os conceitos fundamentais das Duas Bandeiras, a saber, o reconhecimento de que não devemos aplicar as duas estratégias universal e indiscriminadamente. Cobiça, prestígio e arrogância fazem realmente o mundo girar; são o compromisso da sabotagem. Mas são as principais tentações de todos, sem exceção? Dos oprimidos bem como dos poderosos? Vamos propor pobreza e desprezo para pessoas pobres e maltratadas? A humildade e a obediência são há muito tempo usadas para manter os cidadãos de segunda classe "no lugar deles". Os feministas argumentam que a soberba arrogante é mais o vício capital dos homens que das mulheres e outras

---

7. Ivens, *Understanding*, 109, 111. O comentário magistral de Michael Ivens do qual sou devedor é indubitavelmente o melhor em inglês. Aqui, acho que ele cometeu um engano.

8. Cf. o relato inaciano da celebrada visão em La Storta, perto de Roma, onde "o Pai o punha com seu Filho" (*Autobiog* 96).

9. A respeito do perigo das riquezas e da importância de renunciar a elas, veja no evangelho de Lucas: Lucas 3,10-14; 6,24; 12,15.33; 14,33; 16,9-13.19-30; 18,22-30; 19,8-9; etc. Para interpretar Inácio sobre essa questão, veja o "Apêndice II".

vítimas[10]. Há quem acredite que *acedia*, ou timidez excessiva ("indolência"), é com mais frequência o vício capital das mulheres e de outros grupos oprimidos e prescreva amor-próprio e assertividade como seus antídotos.

Também Inácio reconheceu que tentações diferentes cercam pessoas inclinadas à insegurança. Mais adiante vamos revisitar esses temas importantes.

Seja como for, a mensagem das Duas Bandeiras não perdeu nada de sua relevância para hoje. A cobiça desempenha papel central na sociedade de consumo. A "soberba" das Duas Bandeiras é precisamente arrogância "patriarcal", desprezo e ambição. Riquezas-honras-soberba descrevem realmente como nosso mundo capitalista patriarcal opera. A estratégia do inimigo traduz-se na *mobilidade ascendente* individualista que coloca armadilhas para tantos de nossos contemporâneos, mulheres e igualmente homens, perdedores sociais bem como vencedores.

A meditação das Duas Bandeiras fala a nossa sociedade e a minha "tribo" de classe média, em particular. Embora falem bastante sobre ricos e pobres, que eram as classes sociais mais importantes no tempo de Jesus, os evangelhos pouco dizem diretamente sobre os que estão entre uma e outra. A inspirada interpretação da mensagem evangélica em Duas Bandeiras lança luz brilhante no terreno moral rochoso das grandes classes médias de hoje. Revela a ambiguidade e o perigo de sua situação e oferece uma solução: Cristo nos chama à humildade e à solidariedade por meio de uma dupla liberdade, a disposição de renunciar a tudo e até de abraçar a pobreza material e liberdade do medo de rejeição à qual os membros da solitária multidão de classe média são tão vulneráveis.

Conclusão

A meditação das Duas Bandeiras resume duas estratégias que não são só para indivíduos. Como sugere a imagem apocalíptica, refere-se a projetos sociais. Satanás é entronizado em Babilônia, "um mundo construído de pecado e pelo pecado"[11] (cf. Ap 18,2.9-17). Cristo ocupa a região ao redor de Jerusalém, "a Cidade Santa [...] tabernáculo de Deus com os homens" (Ap 21,2-3) [cf. 138].

---

10. Veja as reflexões em DYCKMAN et al., *The Spiritual Exercises Reclaimed* (cap. 1, n. 2, acima), principalmente 196-199.

11. LOSADA, JOAQUÍN, El contenido teológico de la meditación de dos banderas, combate espiritual y combate escatológico, *Manr* 58 (1986) 50; ênfase minha. "O símbolo das duas cidades [...] evita o risco de propor a meditação e o processo de eleição de uma forma privatizada e individualista [...] Precisamos manter esse horizonte comunitário, eclesial [...] por meio da meditação" (ibid.).

No livro do Apocalipse, "Babilônia" é código para o Império Romano, que resiste ao projeto divino, e Jerusalém representa o Reino de Deus. Exatamente como o Apocalipse descreve o projeto babilônico e o Reino de Deus para o mundo mediterrâneo do século I, precisamos fazer o mesmo para o nosso. Como o projeto babilônio e o projeto de Jerusalém se parecem hoje?

11

Mobilidade descendente

> *Se eu, o Senhor e Mestre, vos lavei os pés,*
> *também vós deveis lavar os pés uns aos outros.*
> (Jo 13,14)

A meditação das Duas Bandeiras resume as linhas principais da luta entre aquela "pessoa velha" que fomos e a "pessoa nova" que procuramos ser. A lógica tentadora de riqueza-prestígio-arrogância atrasa a transformação pessoal ou até a vira ao contrário. A de pobreza-desprezo-humildade aprofunda o processo e leva a frutos abundantes.

Este drama pessoal faz parte do conflito mais amplo entre um "Projeto babilônico" (o antirreino) e um "Projeto de Jerusalém" (o Reino de Deus). Embora seus contornos dependam de condições sociais que variam de época para época e de lugar para lugar, nestes tempos de globalização chamamos a atenção para aspectos gerais que prevalecem em quase todo lugar.

O caminho do mundo: mobilidade ascendente

O Projeto babilônico é o caminho do mundo. Embora o mundo seja bom, pois "Deus amou tanto o mundo, que deu Seu Filho Único" para salvá-lo (Jo 3,16), aqui me refiro ao mundo que resiste à salvação (Jo 1,11). Apesar de sua lógica ser geralmente camuflada, às vezes o disfarce é transparente, como na carta a seguir que um amigo meu recebeu de uma importante empresa de cartões de crédito:

> Prezado___
> Recentemente, convidei-o a solicitar o Cartão **** [...] Creio que o senhor conquistou esse convite. Trabalhou duro e seus esforços foram reconhecidos. E nada é mais satisfatório que alcançar seus objetivos pessoais.
> Agora chegou a hora de dispor do cartão que simboliza seu sucesso — o Cartão ****.

Apenas um grupo seleto chegará algum dia a dispor do Cartão ****. Assim, ele o identificará como alguém especial — alguém que espera um grau maior de cortesia e atenção pessoal. E com o Cartão ****, o senhor desfruta de um grau impressionante de conveniência, flexibilidade financeira e serviço [...]
O Cartão **** diz mais a seu respeito que qualquer coisa que o senhor compre com ele. Penso que está na hora de entrar para o seleto grupo que dispõe dele.
Atenciosamente,

A carta sugere que os portadores do Cartão **** estão acima de mortais inferiores! Sustentar uma noção tão maluca requer todo um mundo de apoio institucional e cultural. Para entender a lógica desse mundo começamos, mais uma vez, com a insegurança.

Somos inseguros por natureza. Tememos a dor e a rejeição. Tememos o colapso do sentido. Em última análise, tememos a morte. A sociedade contemporânea agrava nosso medo e nossa insegurança. Preocupamo-nos com o crime, o desastre ambiental e acidentes nucleares e industriais[1]. O dia 11 de setembro de 2001 marcou a globalização da insegurança: uma sensação de insegurança física espalhou-se agora para pessoas que outrora se sentiam seguras.

Sejamos ricos, pobres ou remediados, estamos todos sujeitos ao capricho dos mercados. O capitalismo enfraquece os laços tradicionais, por isso também nos sentimos mais sós do que nossos antepassados se sentiam em comunidades rurais estáveis e vizinhanças muito unidas. Reina o individualismo. Não quero dizer egoísmo, mas sim que as pessoas tendem a enfrentar as necessidades como indivíduos, correndo atrás de objetivos e projetos para si e para seus dependentes imediatos. Sem apoio social mais amplo, tanto indivíduos como famílias afundam-se na crise[2].

---

1. Segundo o sociólogo britânico Anthony Giddens, a globalização do risco dá ao mundo uma "aparência ameaçadora". "A possibilidade de guerra nuclear, calamidade ecológica, explosão populacional impossível de ser contida, colapso do câmbio econômico global e outras catástrofes globais em potencial apresenta um horizonte enervante de perigos para todos." GIDDENS, ANTHONY, *The Consequences of Modernity*, Stanford, Calif., Stanford University Press, 1990, 125. Trad. bras.: *A consequência da modernidade*, São Paulo, Unesp, 1991.

2. "O individualismo está bem no centro da cultura americana", escreveram BELLAH et al., *Habits of the Heart. Individualism and Commitment in American Life*, New York, Harper & Row, 1985, 142. Como a mobilidade ascendente, o individualismo é ambivalente. Em sentido positivo é a "crença na dignidade inerente da pessoa humana". Entretanto, em sentido negativo, o individualismo é a crença de "que o indivíduo tem uma realidade primordial, enquanto a sociedade é um constructo de segunda ordem, derivado ou artificial", ibid., 334. Bellah et al. temiam que o individualismo, no sentido aberrante, tivesse se tornado "canceroso" nos Estados Unidos, ibid., vii.

A insegurança chega ao nosso sentimento de pessoa. Como somos socialmente móveis (para cima, para baixo e de lado), já não nos identificamos com papéis tradicionais, ou com nossas ocupações. Tudo isso muda de ano para ano. Enquanto isso, o pluralismo desacredita as fontes tradicionais de sentido: costume, religião e ideologias. As dúvidas nos atormentam. Levamos um longo tempo para compreender quem somos e no que acreditamos[3].

Nossas respostas a toda essa insegurança estão repletas de ambiguidade. O idoso adquire uma apólice de seguro; o lavrador luta para manter-se solvente; o jovem vai para a faculdade; o empresário briga pelo poder no topo; o exausto pesquisador entra para uma religião fundamentalista.

Nas sociedades tradicionais com pouca mobilidade social, a típica estratégia de segurança era manter a cabeça baixa e alinhar-se a protetor poderoso (ou ser você mesmo o protetor poderoso). Nas sociedades modernas, a estratégia mais comum é a mobilidade social ascendente. Um símbolo convincente, "mobilidade ascendente", evoca uma série de imagens, sentimentos e valores. Hoje, mesmo nos países mais pobres, imagens vistas na mídia, histórias narradas por parentes que viajam e itens vistos em vitrinas iludem todos com a esperança que algum dia a mobilidade ascendente torne seus sonhos realidade[4].

Nos Estados Unidos, a mobilidade ascendente é a estrada para o sucesso, o sonho americano de educação universitária, casa nos bairros residenciais elegantes e garagem para dois carros. Significa trabalho árduo e iniciativa, mas também rigoroso individualismo, competição acirrada e quem vier depois que se vire — com "quem vier depois" formado por uma quantidade desproporcional de pessoas negras.

A mobilidade ascendente é um bem real, ou um deus. Os *"yuppies"* cultuam em seu santuário. Além do alpinismo social egoísta, a mobilidade ascendente significa a busca de alguma coisa boa, quase sempre por motivos decentes, que causa

---

Veja, mais recente, PUTNAM, ROBERT D., *Bowling Alone. The Collapse and Revival of American Community*, New York, Simon & Schuster, 2000. Trad. bras.: *Jogando boliche sozinho* [s.l.], Atuação, 2015.

3. Veja CASTELLS, MANUEL, *The Information Age. Economy, Society, and Culture, The Power of Identity*, Oxford, Blackwell Publishers, 1997, v. 2.

4. Nos últimos cinquenta anos, em alguns países, maiorias inteiras livraram-se da pobreza. Veja principalmente o capítulo 9, The Golden Years, em HOBSBAWM, ERIC J., *The Age of Extremes. A History of the Short Twentieth Century, 1914-1991*, New York & London, Pantheon, 1994. Trad. bras.: *Era dos extremos*, São Paulo, Companhia das Letras, 2006. Milhões continuam a livrar-se da pobreza no leste asiático, principalmente na China.

devastação involuntária e corrompe com o tempo. É a história de *A pérola*, de Steinbeck, em que uma família pobre arruína-se depois de descobrir uma pérola valiosa. A mobilidade ascendente significa segurança econômica para os refugiados e seus filhos; e fugir da pobreza é bom. Mas pode transformar-se em fuga *dos próprios pobres*. Qual é a situação agora? Qual será com o passar do tempo? Podemos ter pão sem justiça; o apego aos bens faz com nos desapeguemos uns dos outros.

Hoje, a riqueza a honra e a soberba das Duas Bandeiras traduzem-se em mobilidade ascendente individualista. Por sua vez, o drama pessoal da mobilidade ascendente está inserido em processos sociais mais amplos. Faz parte de um projeto social cujos aspectos gerais, descritos abaixo, caracterizam cada vez mais a vida social ao redor do mundo, até nos países mais pobres[5]. Desde o início vemos que "riqueza" e "honra" são mais que tentações pessoais. Desempenham funções sociais essenciais.

Os elementos a seguir caracterizam o Projeto babilônico hoje:

Avareza

A estrada mais direta para a segurança é a busca da riqueza. O capitalismo agrava o desejo universal de possuir e recompensa a cobiça mais generosamente que as sociedades primitivas nas quais a posição social dependia mais da origem.

René Girard afirma que nossos desejos são estimulados e moldados pela rivalidade social (*mimesis*)[6]: Primeiro, eu desejo mais ou menos conscientemente ser como certa pessoa, X. Quanto mais percebo que X deseja alguma coisa, mais desejo essa coisa para mim. Isso leva X a desejá-la ainda mais, aumentando um desejo mútuo que leva facilmente à violência, principalmente quando X fica entre mim e o que eu quero. Girard ajuda-nos a entender como o desejo que rivais têm

---

5. Descrevo o caminho do mundo e em seguida o caminho de Cristo como tipos ideais, isto é, modelos internamente coerentes que esclarecem a realidade sem que eles mesmos ocorram de forma pura na vida real. Veja GERTH, H. H.; MILLS, C. WRIGHT (trad. e introd.) *From Max Weber. Essays in Sociology*, New York, Oxford University Press, 1958, 59-60, 294, 323-324. Trad. bras.: *Ensaios de sociologia*, Rio de Janeiro, LTC, 1982.

6. Cf. GIRARD, RENÉ, *The Girard Reader*, WILLIAMS, JAMES G. (ed.), New York, Crossroad, 1996, Part I: Overview of the Mimetic Theory, e *passim*. Veja também o estudo girardiano por BAILIE, GIL, *Violence Unveiled. Humanity at the Crossroads*, New York, Crossroad, 1995. A respeito de avareza, consumo e capitalismo, veja o agora clássico KAVANAUGH, JOHN, *Following Christ in a Consumer Society. The Spirituality of Cultural Resistance*, Maryknoll, N.Y., Orbis, 1981. Trad. bras.: *Seguindo a Cristo numa sociedade de consumo*, São Paulo, Paulinas, 1984.

de petróleo, ou mesmo de uma bola de basquete, leva à violência; por que estrategistas de mercado propõem modelos ou celebridades (como X) para imitarmos, fazendo-nos sentir incapazes e criando necessidades artificiais; como a propaganda transforma mercadorias em "objetos sagrados" que prometem alívio — e até a felicidade propriamente dita.

Símbolos de status social

Temos uma necessidade profunda de fazer parte, de sentir que temos valor e nossa vida vale a pena[7]. Hoje não aceitamos nada disso como natural.

Nossa sociedade é mediadora entre o sentido e um sentimento de individualidade. Ela nos diz quem somos e onde nos enquadramos. Desde os primeiros anos de vida interiorizamos os critérios da sociedade como o preço de fazer parte. Pais, escola, igreja, a mídia etc. comunicam o que significa ser uma boa menina, um bom menino e um adulto aceitável (bem como uma menina má etc.). A sociedade designa-nos papéis, papéis que representam instituições e suas necessidades. A sociedade reconhece-nos, com aprovação ou desaprovação ("honras" ou "desonra"). Esse processo de socialização forma nossas personalidades e comunica valores. Embora exerçamos certa liberdade nisso, a sociedade tolera apenas um pouco de divergência. Em suma, nossa identidade, nosso amor-próprio e nossos valores dependem decisivamente de relações e instituições sociais[8].

Nosso valor pessoal registra-se por símbolos de *status*. Essas credenciais são inatas e perduráveis (raça, sexo, classe social) ou adquiridas e normalmente temporárias (carro extravagante, bom emprego, estudo, cartões de crédito).

A escada social

Na lógica do mundo, a sociedade está estruturada como uma hierarquia, como degraus em uma escada. Algumas pessoas são mais importantes que outras. Não

---

7. BECKER, KENNETH L., Beyond Survival. The Two Standards and the Way of Love, *The Way* 42, n. 3 (jul. 2003) 125-136, relaciona as Duas Bandeiras à hierarquia de necessidades do psicólogo Abraham Maslow. As duas primeiras necessidades de Maslow são o que eu chamo de "segurança" (relacionam-se com riqueza/pobreza); as duas seguintes, aceitação e reconhecimento, relacionam-se com honra/desprezo. Becker liga a quinta e última necessidade de Maslow, autorrealização, ao amor, recorrendo à psicologia de Jung.

8. Veja, por exemplo, BERGER, PETER L.; LUCKMANN, THOMAS, *The Social Construction of Reality. A Treatise in the Sociology of Knowledge*, Garden City, N.Y., Anchor Books, 1967. Trad. bras.: *A construção social da realidade*, Petrópolis, Vozes, 1985.

é só que algumas (digamos, cirurgiões) desempenham funções mais importantes que outras, ou que algumas exercem autoridade. Mais exatamente, algumas são mais humanas que outras — mais valiosas como pessoas[9].

Pelo padrão de medida dominante, pessoas importantes vestem roupas elegantes e dirigem carros do último modelo; têm diplomas universitários, contas bancárias e ocupações lucrativas. Pessoas insignificantes são jovens pobres de baixa renda, desempregados rurais, portadores de deficiência grave e massas sem rosto dos países pobres.

Soberba arrogante

Na escada social, olhamos de baixo para alguns e de cima para outros. O modelo de escada fomenta a soberba arrogante e o desprezo pelos "inferiores" — estrangeiros, viciados, ou gente sem estudo. Isso anda de mãos dadas com o ressentimento ante nossos "superiores" e certo grau de desprezo por nós mesmos. A dor do *status* inferior leva os menos favorecidos a construir totens alternativos, redefinindo o sucesso e a virtude.

A ideia de que alguns são importantes enquanto outros não contam explica como funcionam a política e as instituições públicas. Pessoas "insignificantes" são anônimas e sem profundidade para pessoas "importantes" que não se identificam com elas e não sentem nenhuma obrigação de tratá-las como gostariam que os outros as tratassem. Em relações sexuais, relações trabalhistas e relações estrangeiras, tratam-nas mais como meios do que como pessoas reais com direitos morais. A discriminação, por um lado, e o privilégio, por outro, parecem simplesmente naturais. Assim como a soberba induz os indivíduos "a todos os outros vícios" [142], a lógica da escada leva a sociedade a todo tipo de injustiça. Se alguns são mais importantes que outros, então, quando se empurra daqui e dali, tudo se justifica.

Os rejeitados e os modelos

Quanto mais pessoas estão abaixo de nós na escada social (e menos acima de nós) mais valor temos. E, assim como toda escada tem um último degrau, a escada

---

9. Veja uma bela exposição da natureza e implicação do modelo de escada da sociedade em Paulus, Trina, *Hope for the Flowers*, Ramsey, N.J., Paulist, 1972. Trad. bras.: *Esperança para as flores*, São Paulo, Paulinas, 1988. Como *Following Christ*, de Kavanaugh, este livro ainda está à venda.

social depende de rotular alguns como rejeitados. O pária é a medida da desumanidade: o doente mental, o homossexual, a prostituta feia, o doente de aids, o alcoólico sem-teto. De modo paralelo, o modelo no topo é a medida do humano dependendo das prioridades: a estrela de cinema, o presidente, o CEO, o papa.

Mobilidade ascendente

A principal estratégia de vida é a "mobilidade ascendente" em direção à meta de "sucesso". Enquanto alguns nunca sobem alto o suficiente na escada escorregadia, outros se contentam com um mínimo de segurança. Mas nenhum indivíduo muda as regras do jogo. Mesmo quando agem de boa vontade, os indivíduos que se movem para cima participam de processos ambíguos, mais amplos.

Competição

A lógica da escada abastece o tipo de competição que abala a confiança e a comunidade. De meu degrau escorregadio considero o alpinista abaixo de mim uma ameaça.

A pirâmide

Essa lógica produz instituições e sociedades em forma de pirâmide. (A escada, metáfora de relações sociais, percorre a pirâmide, metáfora política.) Com "pirâmide" aqui me refiro a instituições e sociedades em que alguns no topo decidem pela maioria sem ter de lhes dar satisfações. As pirâmides excluem pessoas da participação em decisões que as afetam vitalmente. Na pirâmide, autoridade e poder, que são necessários na vida social, são exercidos como dominação, para conter grupos mais fracos e mantê-los dependentes, ignorantes e divididos. A lógica da pirâmide caracteriza muitas relações locais, nacionais e internacionais.

Medo, desconfiança e coação

Essa lógica da pirâmide gera corrupção e provoca reações hostis, mas, acima de tudo, um clima de medo, desconfiança e coação. Hoje, elites escondem-se por trás de elaborados sistemas de segurança em comunidades fechadas. Os governos aumentam a vigilância e os orçamentos policiais e militares; provocam corridas armamentistas e guerras pelo controle hegemônico.

Institucionalização da desigualdade

Os Estados Unidos são a mais desigual das sociedades industrializadas. O 1% mais rico dos americanos possui 40% da riqueza da nação, que é mais do que os últimos 95% possuem[10].

O sociólogo Immanuel Wallerstein explica como a injustiça reina no meio da riqueza dos democráticos Estados Unidos:

> Pensamos em um sistema despótico como aquele em que um só homem ou pouquíssimos no topo governam e exploram todos os outros. Mas, de fato, pouquíssimos no topo são limitados em sua capacidade política de arrancar demais dos que estão embaixo; nem eles precisam de todo aquele muito para se sustentarem com muito conforto realmente. Mas, à medida que aumentamos o tamanho desse grupo no topo, à medida que tornamos esse grupo no topo mais igual nos direitos políticos em relação uns aos outros, torna-se possível tirar mais dos que estão embaixo; na verdade, é necessário mais para alimentar as necessidades dos que estão no topo. Uma estrutura política com total liberdade para a metade superior é a forma mais opressiva concebível para a metade inferior. E de muitas maneiras é a mais estável. Talvez um país metade livre, metade escravo perdure por um longo tempo. A própria possibilidade de mobilidade ascendente individual, de que como país os Estados Unidos foram pioneiros e que institucionalizaram e que o resto do mundo adotou, é um dos instrumentos mais eficazes para manter a sociedade metade escrava, metade livre. A mobilidade ascendente justifica a realidade da polarização social. Minimiza o desassossego removendo muitos líderes potenciais de protesto da metade inferior ao mesmo tempo que oferece a miragem de promoção potencial para os que foram deixados para trás. Transforma a busca por melhoria em competição com os outros. E sempre que uma camada se move mais ou menos para cima, há outra para entrar no fundo[11].

Em uma sociedade liberal, a educação é crucial para o progresso. Contudo, nos Estados Unidos, a educação é financiada com base nos impostos prediais locais, que são escassos nas comunidades pobres e abundantes nas comunidades abastadas.

---

10. COLLINS, C. et al., *Shifting Fortunes. The Perils of the Growing American Wealth Gap*, Boston, United for a Fair Economy, 1999, 5. Os números de 1997 baseiam-se na análise que o economista Edward Wolff fez dos dados do Banco Central dos Estados Unidos.

11. WALLERSTEIN, IMMANUEL, *After Liberalism*, New York, The New Press, 1995, 198. Trad. bras.: *Após o liberalismo*, Petrópolis, Vozes, 2002.

Disfarce

A injustiça e a corrupção sistemática necessitam de disfarce sistemático — que é em parte tramado e em parte considerado normal como "bom senso". Entretanto, é mais difícil sustentar mentiras públicas na Era da Informática, como vemos, por exemplo, na conduta pelo governo Bush da "guerra ao terrorismo". A força superior pode ter de firmar-se com maior cinismo no futuro.

Os limites contemporâneos ao crescimento econômico aumentaram a temperatura moral na mobilidade ascendente. O crescimento econômico posterior à Segunda Grande Guerra acabou faz tempo. Desde a década de 1970 a economia do mundo cresce lentamente no Norte rico e se atrasa no Sul pobre (com importantes exceções no leste asiático). É provável que esse padrão continue[12]. A nova economia informativa e políticas extremas de "livre" mercado combinam-se para enriquecer comparativamente poucos e unir muitos mais a novas oportunidades. Mas excluem muito mais — centenas de milhões — do acesso à informação e a um emprego e condições decentes de vida. Regiões inteiras, como a maior parte da África subsaariana, estão excluídas da economia global e atoladas na crise, como estão as maiorias nos países pobres e nos guetos dos EUA. A pobreza vem crescendo em todas as regiões há três décadas, com aumentos até mais bem definidos ocorrendo em índices de extrema pobreza. A brecha entre ricos e pobres continua a aumentar em países e entre nações, produzindo uma classe baixa estigmatizada e às vezes criminalizada. A assistência e os gastos sociais diminuem, visto que todas as nações competem em mercados globais sem a base institucional que é necessária para proteger os fracos e assegurar um bem comum global.

À medida que fica mais difícil esconder essas realidades, diminui a civilidade, aumenta a dependência da força e a violência, a criminalidade e o barbarismo espalham-se em escala mundial[13].

À medida que os caminhos para a ascensão social ficam mais estreitos e a mobilidade ascendente transforma-se em impiedosa determinação para conseguir o que se quer, despertamos para o fato inquietante de que é impossível para

---

12. Veja THUROW, LESTER C., *The Future of Capitalism. How Today's Economic Forces Shape Tomorrow's World*, New York, William Morrow and Co., 1996, 1-3. Trad. bras.: *O futuro do capitalismo*, Rio de Janeiro, Rocco, 1996. Na década de 1990, os EUA foram notável exceção.

13. CASTELLS, MANUEL, *The Information Age. The End of Millennium*, Oxford, Blackwell Publishers, ²2000, caps. 2-3.

todos, ou mesmo para a maioria, desfrutar do estilo de vida opulento das classes médias mundiais. Os ecossistemas do planeta jamais o sustentariam. Buscar esse estilo de vida, ao menos como projeto coletivo, infringe a imposição categórica kantiana de que os critérios para o comportamento devem em princípio ser aplicáveis a todos[14].

Deve haver um caminho melhor.

O caminho de Cristo: mobilidade descendente

Tende em vós os mesmos sentimentos que foram os de Cristo Jesus. Ele, embora subsistindo como imagem de Deus, não julgou como um bem a ser conservado com ciúme sua igualdade com Deus, muito pelo contrário: ele mesmo se reduziu a nada, assumindo condição de servo e tornando-se solidário com os homens. E, sendo considerado homem, humilhou-se ainda mais, fazendo-se obediente até a morte, e morte de cruz! Por isso é que Deus o exaltou grandemente e lhe deu um nome que está acima de todo nome.
(Fl 2,5-9)

Em 1994, Janine Geske foi eleita para um mandato de dez anos como juíza da Suprema Corte. Quatro anos depois, o *Milwaukee Jornal-Sentinel* publicou que a "amplamente conhecida, amplamente respeitada juíza" tinha decidido renunciar. Esposa e mãe de dois filhos, Janine tinha quarenta e nove anos e ganhava mais de 100 mil dólares por ano. Ela disse que a decisão não foi fácil e que "será difícil para alguns advogados e juízes entenderem". Mas "prestígio, categoria e dinheiro não são o que me motiva. Quero fazer mais [...] Depois de dezessete anos como juíza, chegou a hora de mudar de rumo".

Os Geskes haviam recentemente passado uma semana vivendo entre os pobres na República Dominicana. A hospitalidade dos anfitriões de Janine Geske comoveu-a profundamente. "Eu podia ver a luz do dia através das tábuas que formavam as paredes", disse ela. "Pensei em meus armários, gavetas, sótão, porão e garagem abarrotados lá em casa. Por que eu precisava de todas aquelas coisas? Por que minha vida é tão complicada, agitada e barulhenta?" Janine se perguntou. "Meus filhos estão sendo criados em um ambiente que é melhor que este lugar tranquilo, simples, cheio de fé? Será que eu seria tão generosa e amável com um estranho como esta família empobrecida é comigo?"

---

14. Veja ELLACURÍA, IGNACIO, Utopia and Prophecy in Latin America, in: ELLACURÍA, I.; SOBRINO, J., (eds.) *Mysterium Liberationis. Fundamental Concepts of Liberation Theology*, Maryknoll, N.Y., Orbis, 1993, 299-300.

Em um retiro depois de voltar para casa, Janine fez uma lista das razões pelas quais deveria permanecer na Suprema Corte. A lista incluía dinheiro e poder. "Essas não são as coisas pelas quais quero viver", ela decidiu[15]. Janine optou pela mobilidade descendente, a tradução contemporânea da bandeira de Cristo: pobreza, desprezo, humildade. Essa estratégia pessoal também faz parte de um projeto social mais amplo, com os seguintes aspectos gerais:

Fé

Buscar segurança por meio de nossas circunstâncias desumaniza-nos e destrói nosso ambiente. A estratégia alternativa é a fé, pela qual nos abandonamos aos cuidados divinos. A fé permite que nos desfaçamos das coisas e compartilhemos o que temos.

Indiferença a honras

A dignidade humana depende simplesmente de ser humano, não do *status* social. Da perspectiva da fé, a vida em si e nossos talentos são dádivas imerecidas. Nossa dignidade e nossa posição diante de Deus não dependem de nossos méritos, mas da bondade divina. A boa nova da aceitação divina proporciona sólida sensação de segurança (Rm 8,38-39). Permite-nos sermos indiferentes a "honras" [23], que Paulo considerava "imundície" (Fl 3,8) e a insultos. Expõe a lógica falaciosa da escada social. Se somos aceitos por Deus, que preside o universo, temos menos importância por sermos negros ou deficientes ou não usarmos *jeans* de marca?

Reconhecer a humanidade dos outros; compartilhar

A sensação de sermos aceitos permite-nos reconhecer a humanidade de nosso próximo, principalmente dos párias. Isso abala as bases de um mundo dividido em pessoas importantes e insignificantes.

Cristo dirige-se a nós por meio do rejeitado, recomendando-nos [146] compartilhar sua pobreza e rejeição e reconhecer o rejeitado na cruz (não os modelos de celebridade) como a medida da humanidade: *Ecce homo!* (Jo 19,5).

Nos evangelhos, os discípulos de Jesus não entendem. Discutem quem será o mais importante quando Jesus assumir o poder. Ele solenemente lhes assegura

---

15. *Milwaukee Journal-Sentinel*, 15 de fevereiro de 1998.

que ser importante significa fazer-se pequeno como um menino (Mt 18,1-4). Seus seguidores não são os grandes, mas os "pequeninos" (Mt 10,42; 18,3.10-14), a quem o mundo olha com desprezo (1Cor 1,26-27). São os pobres em espírito, os aflitos (Mt 5,3-4), os últimos que serão os primeiros (Mt 19,30), os humildes que serão exaltados (Mt 23,11-12; cf. Lc 1,48.52). Eles têm "os mesmos sentimentos [...] de Cristo", o servo de todos (Fl 2,5-7; cf. 2Cor 8,9).

Humildade como solidariedade

Solidariedade é o significado social de humildade [cf. 167]. Assim como a humildade leva os indivíduos a todas as outras virtudes [146], a humildade como solidariedade é a base de uma sociedade justa.

Em suma, a bandeira de Cristo hoje é a "mobilidade descendente". Isso significa entrar no mundo dos pobres, assumindo sua causa e, até certo ponto, sua condição.

A solidariedade molda nosso estilo de vida, o que depende da vocação de cada um. Solidariedade não significa necessariamente penúria. Não tem nada a ver com negar nossa instrução ou negligenciar nossos talentos. Obrigações especiais, por exemplo, para com a família e benfeitores, pesam na deliberação sobre o estilo de vida. Devemos tomar cuidado com a dogmatização quanto a ter um carro ou um computador, se economizar para a velhice ou onde educar nossos filhos. São matéria legítima para discernimento, mas não para receitas prontas para tudo[16].

Ao mesmo tempo, o critério objetivo de nossa "pobreza" é a solidariedade com os pobres. Sentimo-nos desconfortáveis com coisas supérfluas quando amigos pobres não têm coisas essenciais. A afeição a eles nos afasta do luxo e até de necessidades. Como nos dizem o Novo Testamento e a tradição cristã, os bens são recursos confiados a nós, a fim de serem administrados para o bem de todos, principalmente os necessitados. Essa lógica estende-se a outros recursos. E buscar educação superior em um mundo de fome? Se temos essa oportunidade, então

---

16. Há muitos livros disponíveis para ajudar a discernir questões de estilo de vida. No passado, muitos se beneficiaram com FOSTER, RICHARD J., *Freedom of Simplicity*, San Francisco, Harper & Row, 1981. Trad. bras.: *Celebração da simplicidade* [s.l.], United Press, 1999. Claro e agradável é o mais recente HOBDAY, JOSÉ, *Simple Living. The Path to Joy and Freedom*, New York, Continuum, 1998.

estudar significa armazenar capital cultural para ser administrado mais tarde no interesse dos que precisam de nós.

Quanto devemos ter? Melhor reformular a questão: Sentimo-nos à vontade entre os pobres? Eles sentem-se confortáveis em nossa casa? Ou nossa mobília e nossos bens os fazem sentirem-se pessoas insignificantes?

A solidariedade leva-nos a compartilhar a incerteza, os equívocos e o desprezo experimentados pelos pobres. Assumir sua causa vai com toda certeza fazer cair sobre nossa cabeça a zombaria e a fúria do mundo. Podemos até nos sentir excluídos se nossos amigos sofrem essas coisas e nós não.

Comunidades de iguais

A solução para nossa crise social global não é que os pobres fiquem ricos, o que não é nem viável nem desejável, mas que os ricos juntem-se aos pobres. A única solução são comunidades de iguais, resistindo a pirâmides de iniquidade (veja Lc 22,25-26). Embora algumas diferenças econômicas sejam legítimas, a discriminação e a miséria não são. Em comunidades de iguais, os talentos pessoais, em vez de favorecer alguns à custa de outros, são administrados para o benefício de todos. Autoridade é um serviço para o bem comum.

Cooperação

A cooperação substitui a competição acirrada. Ao visitar uma escola de ensino fundamental em uma favela nos arredores de Lima, fiquei perplexo ao ver as carteiras agrupadas e os professores incentivando os alunos a colar! A diretora da escola explicou pacientemente ao gringo burro que os garotos estavam ajudando uns aos outros a encontrar as respostas! "Queremos superar a pobreza!" disse ela, "mas se vamos subir, vamos todos subir juntos".

O século da solidariedade

Hoje, não temos nenhum mapa rodoviário para uma sociedade mais humana e nenhum projeto exato para ela. Isso deve ser uma bênção. Mas como progredirmos em direção a ela? Embora a política continue importante, hoje em dia pouca gente conta com governos, partidos políticos ou mesmo movimentos libertadores para solucionar o problema da pobreza ou salvar o ambiente. Ao mesmo tempo, em muitas partes do mundo, testemunhamos o florescimento de grupos de cidadãos que fazem pressão pela mudança de baixo para cima e de um lado a outro da base das sociedades. Grupos de vizinhos esforçados, indígenas, mulheres, minorias étnicas e sexuais, consumidores e imigrantes, grupos ambientais, organizações de direitos humanos, sindicatos, empresas pequenas e médias, cooperativas e bancos comunitários plantam as sementes de uma nova ordem social. Muitos desses grupos realçam a participação democrática, a transparência e a responsabilidade em sua organização interna.

Essa efervescência na sociedade civil é sinal primordial de esperança. Entretanto, em Chicago ou Zâmbia, suas pequenas iniciativas enfrentam grandes obstáculos. Na América Central, onde moro, quem desafiar abertamente empresas que poluem o rio pode ser encontrado boiando no rio na manhã seguinte. O mesmo vale para quem desafia o crime e a corrupção oficiais. Por isso, ativistas de direitos humanos fazem amizade com a Human Rights Watch. Ativistas ambientais aliam-se ao Greenpeace. Forçadas a competir com as grandes empresas, as cooperativas ligam-se local e internacionalmente. O mesmo fazem as mulheres, os povos indígenas e os sindicatos. As comunidades locais criam laços com comunidades irmãs e paróquias irmãs nos Estados Unidos e na Europa para trabalhar pelo desenvolvimento local. Sem esses aliados, os grupos locais não têm chance contra os que controlam o mercado e os meios de violência.

Mesmo com aliados, esses grupos parecem peixes pequenos em um lago de tubarões. Competidores titânicos dominam o cenário internacional: capital transnacional, os governos do G7, instituições financeiras e comerciais internacionais (o Fundo Monetário Internacional, a Organização Mundial do Comércio) com seu poder político e econômico e o apoio absoluto da força militar. Contudo, também há fortes sinais de esperança no nível internacional. Para mencionar só dois exemplos, uma coalizão de mais de mil e trezentas ONGs conseguiu que fosse aprovado em tempo recorde o Tratado de Minas Terrestres e ganhou o Prêmio Nobel da Paz de 1997. A coalizão do Jubileu 2000 pressionou os países do G7 para concederem perdão das dívidas aos países pobres mais endividados. A sociedade civil internacional está crescendo e desafiando o poder global.

As conclusões são claras. Para combater a pobreza mundial e a decadência ambiental, precisamos fazer deste século o Século da Solidariedade,

principalmente a solidariedade internacional. As elites estendem seu poder por meio de mercados, finanças e comunicações globalizados; a resposta só pode ser globalizar a prática do amor. Precisamos atrair para a causa a Internet, *e-mail* e passagens aéreas com desconto. Mas, mais que tudo, precisamos de "novos seres humanos" que se identifiquem com a maioria pobre do planeta — inclusive pessoas nos países ricos que conhecem o direito comercial, financeiro e de direitos humanos e podem ajudar a solucionar as complexas causas da miséria. Muitas dessas pessoas estão dando um passo à frente, principalmente gente de faculdades e universidades e das Igrejas, com seu incomparável potencial para ligar as pessoas em todas as frentes e uma profusão de experiência na área[17].
Há muitos motivos para esperança. E há muito a fazer.

As comunidades de "novos seres humanos" e de relações humanas precisam exercer *testemunho profético* para desmascarar o grande disfarce. Precisam ser lugares para trabalhar por um mundo mais hospitaleiro — por uma sociedade em que, como dizem os zapatistas, "todos têm um lugar" e em que, como Peter Maurin costumava dizer, "é mais fácil para as pessoas serem boas".

Conclusão

Estes são tempos de crise social global em que muitas pessoas se sentem inseguras e sós. Nossas reflexões levam à conclusão de que achamos segurança na comunidade. Se buscarmos primeiro o Reino de Deus e sua justiça, nossas necessidades de segurança serão satisfeitas (cf. Mt 6,33). Segurança e comunidade originam-se da fé e da práxis de solidariedade que substitui as relações e instituições injustas por justas. Para ser genuína e evitar a condescendência, a solidariedade precisa ser humildade na prática. Como o Evangelho, Inácio atribui à humildade papel central em nossa vida, pois só em seu solo o amor cria raízes, cresce e dá frutos. Entretanto, para ser autêntica, a humildade precisa ser solidariedade. Vamos agora refletir mais nisso e em seguida vamos desmascarar versões falsificadas de humildade.

---

17. Veja um excelente relato de como as pessoas crescem e amadurecem na vocação para a solidariedade em SWEDISH, MARY; DENNIS, MARIE, *Like Grains of Wheat. A Spirituality of Solidarity*, Maryknoll, N.Y., Orbis Books, 2004.

12

Humildade e solidariedade

> *Assim é que os apóstolos saíram do Conselho, contentes por terem sido julgados dignos de sofrer essas afrontas pelo Nome de Jesus*[1].
> (At 5,41)

Da humildade, diz Inácio, o Espírito leva "a todas as outras virtudes". A humildade floresce em solidariedade, identificando-se com os outros a ponto de compartilhar seu sofrimento.

- Quando o arcebispo Oscar Romero recebeu ameaças de morte, o governo salvadorenho ofereceu-lhe proteção. Ele recusou porque os pobres não gozavam da mesma proteção[2]. Melhor caminhar com eles.
- Durante meses a colega de trabalho Margarita sofreu com a doença de seu bebê. Velou ao lado de seu berço, incapaz de suportar a ideia de o bebê sofrer sozinho. Margarita disse-me que de bom grado trocaria de lugar com ele e acredito nela.
- Duas vezes por semana uma estudante levou sanduíches para os sem-teto do centro e aos poucos conquistou a confiança de um sem-teto chamado Dave. Dave lhe contou sua história que nenhuma outra pessoa tinha tido a paciência de ouvir. Ela ficou admirada ao descobrir a pessoa real, igual a ela, sob as roupas imundas e o cabelo desgrenhado. Ao tomar sua ducha quente e imaginar Dave lá fora no frio, sentiu um remorso desconfortável pela distância entre eles e o desejo de compartilhar sua jornada mais de perto.

---

1. Aqui "Nome" significa a pessoa de Cristo.
2. Homilia de 14 de janeiro de 1979, in: Mons. Romero, Oscar A., Mons. Oscar A. *Romero. Su pensamiento*, v. 6, San Salvador, Arzobispado de San Salvador, 2000, 120.

- Amigos meus viajaram a Nova York imediatamente depois dos ataques de 11 de setembro para estar com os nova-iorquinos sofredores. Depois outros foram a Bagdá e arriscaram a vida para acompanhar iraquianos durante a invasão dos EUA.

Essa é a lógica do amor. Nosso coração se abre para os que sofrem — do jeito que Jesus ficou comovido com o leproso, com as multidões e com a viúva de Naim — e ansiamos por nos juntar a eles. Conforto e respeitabilidade são coisas boas. Mas é preferível caminhar com os pobres do que sem eles. E compartilhar suas privações e rejeição ajuda-nos a nos livrarmos do medo.

Três tipos de humildade

Inácio descreve três etapas de maturidade como "Três modos de humildade" [165-167], embora pudéssemos facilmente dizer três etapas de amor[3]. Ele diz que o primeiro é "necessário para a salvação": "que eu me abaixe e humilhe tanto" que por todo o mundo, até para salvar minha alma, eu jamais profane deliberadamente minha consciência em um assunto sério [165].

O segundo modo de humildade é a disponibilidade sincera do Fundamento: "que [eu] não queira nem tenha mais afeição a ter riqueza que pobreza, honra que desonra, vida longa que vida breve" [23]. Assim, nem pelo mundo todo ou para salvar minha vida eu deliberadamente profanaria minha consciência de modo algum [cf. 166]. Além de evitar o mal eu habitualmente desejo fazer o que é melhor. Mais do que mera obediência, os dois primeiros modos de humildade são graus de amizade com Deus.

O terceiro modo de humildade pressupõe os dois primeiros. Inácio escreve:

> sendo de igual louvor e glória de sua divina Majestade, para mais imitar e assemelhar-me de fato a Cristo nosso Senhor: quero e escolho mais pobreza com Cristo pobre do que riqueza; mais injúrias com Cristo injuriado do que honras. E também desejo ser considerado inútil e louco por Cristo, que primeiro foi tido por tal, antes de ser tido por sábio e prudente neste mundo [167][4].

---

3. O diplomata espanhol Pedro Ortiz (a quem Inácio ministrou os Exercícios) e seu irmão Francisco, frade franciscano, escreveram um tratado em que se referem aos "modos de humildade" como três tipos de amor. Veja Cusson, *BibTheol*, 264-267.

4. Tradução de Ganss. Meu estilo ao descrever os dois primeiros modos segue Tetlow, *Choosing Christ in the World* (cap. 7, n. 7, acima), 163 (trad. bras., 161).

Este terceiro modo de humildade coincide com a bandeira de Cristo [146] em desejar "pobreza material" e rejeição. O segundo também inclui a indiferença à riqueza ("pobreza espiritual" [146]) da bandeira de Cristo e indiferença a honras. O amor floresce plenamente no terceiro: a pessoa tem os sentimentos de Cristo e deseja caminhar com ele (cf. Fl 2,5). Francisco de Assis chamou isso de "alegria perfeita".

O terceiro modo de humildade é a propensão à mobilidade descendente. Há um século, Charles de Foucauld, que viveu e morreu entre os povos nômades do norte do Saara, expressou-o poeticamente:

> Nosso mestre foi desprezado; o servo não deveria ser honrado.
> O mestre era pobre; o servo não deveria ser rico.
> O mestre vivia do trabalho de suas mãos; o servo não deveria viver de aluguel.
> O mestre andava a pé; o servo não deveria andar a cavalo.
> O mestre cercava-se dos pequeninos, dos pobres, dos operários; o servo não deveria associar-se aos grandes senhores.
> O mestre era caluniado; o servo não devia ser louvado.
> O mestre vestia-se mal, alimentava-se mal, abrigava-se mal; o servo não devia vagar por aí bem-vestido, bem alimentado e bem estabelecido.
> O mestre trabalhava e ficava cansado; o servo não devia procurar repouso.
> O mestre desejava parecer pequeno; o servo não devia desejar parecer grande[5].

Inácio não recomenda pobreza e desprezo só por eles mesmos. Recomenda a preferência por eles, para opor-se ao fascínio das riquezas e honras que levam a "grande soberba". Como servir a Deus e ao próximo traz privação e rejeição, precisamos ser livres para abraçá-los. Chamá-los ajuda-nos a fugir do campo gravitacional do narcisismo[6].

> No entanto, levamos este tesouro em vasos de barro, para compreendermos que este poder imenso pertence a Deus, e não a nós [...] Enquanto vivermos, seremos entregues continuamente à morte por causa de Jesus, para que também a sua vida se manifeste em nosso corpo mortal. Assim, a morte age em nós, e em vós, a vida [...] sejamos tidos como [...] entristecidos, mas estamos sempre alegres; mendigos e enriquecemos a muitos (2Cor 4,7-12; 6,8-10).

---

5. Citado em GUERRERO, JOSÉ M., Tres maneras de humildad [amistad], *Manr* 38 (1996) 267.
6. Veja DOMINGUEZ, CARLOS, Las tres maneras de humildad. Una relectura desde la teología y el psicoanálisis, *Manr* 68 (1996) 293.

Cristo disse a Paulo: "Basta-te minha graça; porque o meu poder chega ao auge na fraqueza". "Com grande prazer pois", diz Paulo, "é que porei meu orgulho sobretudo nas minhas fraquezas, para que repouse sobre mim o poder de Cristo [...] Porque quando estou fraco, então é que sou forte" (2Cor 12,8-10).

Mesmo assim, a pobreza e o desprezo não são nem universalmente proveitosos, nem um ideal para todos. Recursos aos quais os pobres têm pouco acesso servem ao Reino de Deus. O mesmo acontece com o reconhecimento social. Paulo teve até de "orgulhar-se" como um tolo para defender a missão (cf. 2Cor 11–12). Entretanto, no fim, a lógica é o amor — ser como Cristo. A lógica do amor é pensar duas vezes antes de desviar-se da mobilidade descendente. A humildade como solidariedade é tendência inercial da qual só nos devemos desviar quando a força externa do maior bem intervém. "O ônus da prova, por assim dizer, estará no Espírito Santo para mostrar-me que o caminho menos pobre, menos sombrio, menos humilde é, de fato, o caminho que Deus me chama para seguir."[7]

Conclusão

No retiro inaciano, as Duas Bandeiras, os Três Tipos de Pessoas e os Três Modos de Humildade, todos preparam para a eleição. A eleição é a escolha de um modo de vida ou uma reforma importante, em resposta ao chamado de Cristo. Só alguém que está preparado para a privação e a perseguição "ouve" esse chamado e responde generosamente. Portanto, Inácio considerava a indiferença do segundo modo de humildade a condição mínima para proceder à eleição, enquanto o terceiro modo é a disposição ideal.

O terceiro modo de humildade vai além da "indiferença" para a verdadeira preferência da pobreza e da rejeição! Inácio recomendava humilhações para muitos de seus contemporâneos como meio proveitoso para a humildade. Hoje isso parece constrangedor. Embora nos esforcemos para gostar da pobreza em solidariedade, abraçar humilhações é muito mais problemático. Que tipo de humildade viria de humilhações? Fazemos bem em considerar a humildade, verdadeira e falsa, com mais cuidado.

---

7. DALEY, BRIAN E., "To Be More like Christ". The Background and Implications of "Three Kinds of Humility", *SSJ* 27, n. 1 (jan. 1995) 30. Veja os reveladores comentários inacianos em *DirAutog* 9. O terceiro modo de humildade é disposição afetiva em vez de norma prática. Cf. CASTILLO, JOSÉ MARÍA, La "tercera manera de humildad" en los Ejercicios Espirituales de S. Ignacio, *Proyección* [Universidad de Granada, Spain] 46 (abril-junho 1999) 123-136.

13

Expansão da alma

Nem se acende uma lâmpada para colocá-la debaixo de uma vasilha, mas no seu próprio lugar, de onde brilha para todos os que estão na casa.
(Mt 5,15)

Parece que riquezas, honras e soberba fazem realmente o mundo girar. Mas é a soberba a nêmese principal de todos?[1] E as pessoas com pouco amor-próprio? E a pobreza e as humilhações? Vamos recomendá-las às pessoas humilhadas? Elas precisam de exortações à humildade?

Os grandes desafios de nosso tempo — a pobreza, o meio ambiente, a guerra — devem inspirar humildade, mas também criatividade e ações corajosas. Eles clamam por generosidade liberal — isto é, a *magnanimidade* que nasce do amor-próprio salutar. Sem humildade, deixamos os outros de lado. Mas sem magnanimidade, desperdiçamos nossos talentos.

Muitos questionam a ênfase central que o cristianismo sempre deu à humildade e à abnegação. Em um artigo citado com frequência, Valerie Saiving apresenta a defesa das mulheres. Aborda a tradição antiga que identifica o pecado com a soberba e o amor com a abnegação[2]. Saiving afirma que, enquanto a soberba é a principal tentação dos homens, a nêmese das mulheres é o "subdesenvolvimento ou a negação de si mesma". Julgando-se pelos critérios dos outros, muitas mulheres não se desenvolvem nos indivíduos bem definidos que elas poderiam ser. Ao submergir seus interesses nos dos outros, elas mantêm

---

1. Uma primeira versão deste capítulo saiu em *SSJ* 34, n. 4 (set. 2002) 1-22.
2. SAIVING, VALERIE, The Human Situation. A Feminine View, in: CHRIST, JUDITH P.; PLASKOW, JUDITH (eds.), *Womanspirit Rising. A Feminist Reading in Religion*, San Francisco, Harper & Row, 1979, 25-42. O ensaio foi publicado pela primeira vez em 1960. Veja em DYCKMAN et al., *The Spiritual Exercises Reclaimed* (cap. 1, n. 2, acima) 163-166.

o gênio da "insatisfação divina" (Saiving) refreado dentro de si. Elas "amam demais", respondendo a necessidades imediatas a ponto de viverem sem um enfoque claro e perderem-se em trivialidades. Não é provável que tais indivíduos se beneficiem de exortações à humildade. Antes, elas deveriam honrar mais sua autoridade interior — amar, sem dúvida, mas de maneiras mais criteriosas e proveitosas.

Saiving afirma que diferenças em biologia e a interação prematura intensificam mais o impulso criativo dos homens que o das mulheres[3]. Sem questionar essa afirmação, comove-me o fato de grande parte da insatisfação que ela descreve caracterizar muitas pessoas oprimidas e humilhadas — homens além de mulheres — que conheci através dos anos. Muito do que Saiving diz aplica-se aos pobres em geral, às vítimas de discriminação, aos deficientes e a outros que interiorizaram os preconceitos da sociedade. Nem todos "amam demais" ou submergem sua identidade nos interesses dos outros, como camaleões. Mas muitos se deixam persuadir que não valem muito, que não têm nada a dizer e nenhuma verdadeira missão na vida. Eles abafam a voz interior; não falam e agem quando deveriam.

Membros de grupos mais privilegiados também sofrem versões desse mal. Muitos de nós homens cortamos nossas asas ou deixamos outros cortá-las. Ficamos em silêncio e inativos quando é preciso falar e agir audaciosamente. Também nós podemos acabar como Prufrock de T. S. Eliot, medindo nossa vida com colheres de café[4]. Todos os tipos de pessoas têm uma posição de inferioridade na vida e deixam acusadores durões guiá-los para onde não desejam ir. A insegurança impede muitos de nós de aceitar novos desafios. Evitamos riscos com medo de fracassar. A fraqueza leva-nos a sentir-nos ofendidos com os valores dos fortes e a menosprezá-los, a reclamar das autoridades em vez de combatê-las de modo construtivo. Às vezes recuamos diante da ambiguidade desordenada das instituições e preferimos ficar do lado de fora, atirando granadas.

---

3. Saiving afirma que os meninos precisam lutar para se diferenciarem de suas mães, que são seus principais cuidadores na infância, de maneiras que as meninas não precisam; e que meninos e homens experimentam a necessidade de desempenhar e desenvolver a identidade psicossexual que meninas e mulheres não experimentam.

4. Veja ELIOT, T. S., The Love Song of Alfred Prufrock em *Complete Poems and Plays*, 1909-1950, New York, Harcourt, Brace and World, 1962.

Humildade temerosa

Senhor, bem sei que és homem duro [...] Assim, tomado de medo, fui esconder a tua moeda debaixo da terra.
(Mt 25,24-25)

Inácio reconhecia que as pessoas apagam a chama interior. O inimigo costuma tentar com riquezas, honra e soberba, mas nem sempre. Ao escrever a Teresa Rejadell, Inácio descreveu uma dinâmica diferente. Às vezes, o inimigo leva pessoas generosas, como a própria Teresa, a uma falsa humildade e tal fixação em sua pobreza moral que elas se sentem abandonadas por Deus[5]. Inácio disse a Teresa que geralmente as pessoas experimentam esse ataque sutil depois de lutar contra duas tentações mais diretas: quando alguém reforma a vida ou enfrenta um sacrifício custoso, o inimigo semeia desolação, trazendo à lembrança quanta privação isso acarreta (e levando-a a ignorar as consolações divinas). Essa é uma situação típica na primeira série das Regras de Discernimento. Se essa tática falha, então o inimigo tenta a pessoa com a vanglória farisaica ("mas eu sou mais santo"). Se estas duas tentações diretas fracassam, o inimigo então muitas vezes recorre à estratégia mais sutil de dois passos, que, como veremos, leva a um estado semelhante ao que Valerie Saiving descreve.

A tentação dos dois passos funciona como se segue. Primeiro, o inimigo nos faz negar o bem que Deus opera em nós — em linguagem secular, negar uma coisa boa em nós mesmos. Por exemplo, quando fazemos uma boa ação ou pensamos em um projeto que vale a pena, supomos que seria presunçoso atribuir isso à obra divina em nós, isto é, falar do bem em nós mesmos. Por isso, recusamo-nos a dar crédito a nossas boas obras ou levar nossas ideias e desejos a sério. Trata-se de "uma falsa humildade, uma humildade extremada e viciada". É, na verdade "*medo, sob a aparência de humildade*"[6].

Deste ponto o inimigo nos induz facilmente a dar mais um passo em direção ao medo de que Deus nos abandonou, porque somos maus. Ampliando nossa sensível consciência moral (talvez uma consciência pós-conversão), o inimigo nos leva a imaginar, falsamente, que pecamos e provoca desolação. Considerar "demasiadamente nossas misérias" leva-nos a crer "que estamos totalmente

---

5. Carta de 18 de junho de 1536, em *Obras*, 729-734; cf. *LettIgn*, 18-24. Trad. bras., 40-45.
6. *Obras*, 731. Trad. bras., 42-43; ênfase acrescentada. Inácio dá como certo "que devemos atribuir todo o bem que se vê nas criaturas" à obra de Deus nelas (*LettIgn*, 18. Trad. bras., 40).

separados de Deus nosso Senhor. Tudo o que fizemos ou que quereríamos fazer de nada vale"[7]. Dessa maneira o inimigo abala nossa confiança em Deus e nosso amor-próprio.

O medo e o desânimo traem a presença do inimigo e a natureza falsa dessa "humildade". A humildade genuína é amorosa e não temerosa, enquanto a falsa humildade contrai a alma[8], levando-nos a pensar pequeno e nos perder em assuntos sem importância.

Como devemos responder a essas intrigas quando as desmascaramos? O conselho inaciano é revelador: humilharmo-nos é a última coisa de que precisamos. Quando tentados à soberba, devemos nos humilhar; mas quando tentados assim, devemos nos erguer, lembrando o bem que Deus opera em nós[9].

Essas dinâmicas interiores impedem as pessoas boas de agirem com base em sua autoridade interior que quase sempre coincide com a moção do Espírito divino. Não admira que, na mesma carta à irmã Teresa, Inácio discuta o problema de insegurança em questões morais. O inimigo procura fazer algumas pessoas verem defeitos onde não há nenhum, a fim de atormentá-las e até levá-las ao desespero.

Nos *Exercícios*, ele trata o assunto mais detalhadamente[10]: embora algumas pessoas tenham consciência grosseira e sejam insensíveis ao mal, diz ele, outras são hipersensíveis. E assim como o mau espírito procura fazer a consciência grosseira ainda mais grosseira, o inimigo empurra as de consciência "delicada" ao temor exagerado de pecar. Isso as leva à angústia e as impede de fazer o bem. Embora Deus não raro inspire as pessoas boas a tomar iniciativas arrojadas, as hipersensíveis estão sujeitas a dúvidas paralisantes que as impedem de transformar suas inspirações em ação. Elas espontaneamente se fazem perguntas como: "Na verdade procuro minha glória?" "Isto vai causar escândalo?" "Seria mais seguro afastar-me ou ao menos esperar?" "Não poderia x, y ou z dar errado?"

---

7. *LettIgn*, 22. Trad. bras., 44.
8. Cf. as reflexões inacianas em "humildade amorosa" em oposição a humildade temerosa em *Diário Espiritual* n. 78-187 (*Obras*, 408-411). Trad. bras., 74-76. Seleções do *Diário Espiritual* inaciano estão disponíveis em inglês em Ganss, G. E., SJ (ed.), *Ignatius of Loyola. The Spiritual Exercises and Selected Works*, New York, Paulist, 1991, 229-270.
9. "É preciso prestarmos muita atenção, se o inimigo nos exaltar, para nos abaixarmos, tendo em conta nossos pecados e nossas misérias. Se ele nos rebaixar e nos deprimir, procuremos nos elevar, graças a uma fé verdadeira e à esperança no Senhor". *LettIgn*, 20. Trad. bras., 42.
10. As chamadas Notas sobre escrúpulos [345-351].

As tentações e seus tempos

A tentação ataca onde somos vulneráveis, mas não somos todos vulneráveis nos mesmos lugares [cf. 327]. O que conta como séria tentação para mim depende de meu temperamento e maturidade. Além disso, a lógica da tentação depende de condições sociais — mais do que se supunha no passado. Nossa personalidade forma-se em interação com a sociedade, de modo que os valores e antivalores da sociedade formam-se em nós como virtudes e vícios[11]. Como nossas fraquezas internas — morais e psicológicas — são em parte produto da socialização, a lógica da tentação depende em parte de mudar as condições sociais e culturais.

Inácio cresceu em uma sociedade feudal tardia na qual o *status* ao nascer era a chave para a riqueza e a segurança. A honra era valor supremo e tentação primordial. "No mundo inaciano [...] com sua concepção do ideal humano da fidalguia medieval, honra era o mesmo que vida e perder a honra era perder a vida."[12] Entretanto, nesse tempo, as condições estavam mudando na Europa ocidental e, com elas, os costumes e as motivações. O clássico espanhol do século XV *La Celestina* registra as seguintes observações: "Plebério não diz que com honra tornou-se rico, mas sim que, com seus meios abundantes adquiriu honras [...] Semprônio sabe que a ambição de Celestina em seus negócios é nada mais que 'ficar rica' e entende que, impelido como ele está pela mesma ambição, terá de competir com ela"[13].

Uma nova sociedade desenvolvia-se ao redor das cidades portuárias que Inácio frequentava (Barcelona, Gênova, Antuérpia, Veneza). Nesse ambiente mercantil, a riqueza estava deslocando o direito inato como a chave primordial para *status* e poder [142]. As riquezas eram tentação poderosa na estrada para a "grande soberba" [142]. Também na sociedade capitalista de hoje, embora a honra seja menos um problema moral do que nas sociedades tradicionais, a cobiça é mais problemática que nunca.

---

11. Veja BRACKLEY, DEAN, SJ, A Radical Ethos, *Horizons* 24, n. 1 (primavera 1997), 7-36, e MIETH, DIETMAR; POHIER, JACQUES (eds.), Changing Values and Virtues, *Concilium* 191 (1986).

12. ARZUBIALDE, SANTIAGO, Raíces de la teología espiritual en Dos Banderas, *Manr* 56 (1984) 297.

13. Citado em MATEO, ROGELIO GARCÍA, SJ, El "Rey eternal". Ética política y espiritualidad, *Manr* 60 (1988) 143-144.

Como sempre, Inácio prescreve agir contra a "inclinação desordenada". Enquanto a pessoa grosseira se deve tornar mais sensível ao mal, a pessoa escrupulosa deve "firmar-se no meio", mas de maneira evidente. Quando confrontada pelo que parece ser um dilema moral, ela deve tomar uma decisão razoável e então manter o curso, rejeitando outras ideias e ficando em paz. A menos que haja uma razão clara para questionar seus planos originais, as pessoas hipersensíveis devem resistir a dúvidas e temores e seguir em frente com a primeira inspiração [cf. 351]. Essas inspirações são inocentes até prova em contrário, acima de tudo quando surgem diretamente da consolação[14]. A insegurança exagerada e o temor de pecar não procedem do bom Espírito. A menos que sejam contidos, abalam a paz e sufocam a ação proveitosa.

O noticiário vespertino confirma que hoje ganância, prestígio e soberba não perderam nada do poder destrutivo. Mas essa não é a única ameaça a uma vida generosa. A falsa humildade e a cautela excessiva fomentam pecados de omissão e bloqueiam a ação criativa. Tragicamente, os filhos da luz perseguem seus objetivos com menos zelo que os filhos deste mundo (cf. Lc 16,8).

As tentações dependem em parte da dinâmica social (veja o texto enquadrado "As tentações e seus tempos"). As forças sociais que nos moldam e ameaçam não são as mesmas hoje que nos tempos pré-modernos ou mesmo trinta anos atrás. Nosso mal contemporâneo, que tem afinidades com a falsa humildade e a síndrome de Saiving, merece cuidadosa atenção. Refiro-me ao *ressentimento*, que significa, aproximadamente, despeito.

Ressentimento

"Com quem, então, vou comparar os homens desta geração? Com quem são parecidos? São parecidos com aqueles meninos que se sentam nas praças e começam a gritar uns para os outros: 'Tocamos flauta para vós e não dançastes. Entoamos cantos de luto e não chorastes!'"
(Lc 7,31-32)

Friedrich Nietzsche (1844-1900) e Max Scheler (1874-1928) depois dele, tomaram emprestada a palavra francesa *ressentimento* para qualificar uma doença

---

14. Veja *Obras*, 733; Young, *Letters*, 22-23.

do espírito humano que acreditavam ser incontrolável na sociedade moderna[15]. Embora eu ache que ambos exageraram suas razões, o *ressentimento* que eles diagnosticaram prospera e se espalha claramente em nossos tempos ultramodernos. *Ressentimento* é a típica tentação dos menos favorecidos, dos vencidos e da esquerda política. Entretanto, ninguém escapa completamente. Afinal de contas, quem hoje, não é, de certo modo, oprimido ou vítima?

Todos já sentimos a ferroada mórbida do *ressentimento*. Como muitos adolescentes, pode ser que você tenha caminhado pelos corredores da escola sentindo-se diminuído por não ser o aluno mais encantador e popular. Em reação, talvez viesse a considerar irrelevantes a beleza e o charme natural, e estúpido "vestir-se elegantemente" para os outros. Ou talvez a História que estava estudando lhe parecesse um amontoado tão incoerente de batalhas e datas que você acabou concluindo que história era simplesmente "imbecil".

Considere um ou dois exemplos adultos. Talvez você já tenha aceito um convite para a ópera, embora a ópera não o atraísse. À medida que a produção avançava e mais a plateia ficava fascinada, mais você se sentia constrangido, sozinho e alienado. Você se perguntava o que todos viam nela. Não sabia se devia se considerar irremediavelmente inculto ou declarar a ópera altamente superestimada e os entusiastas um bando de esnobes pretensiosos. Ansiava por ir para casa e se recuperar com cerveja e filme bom na tevê.

Ou, se você é entusiasta da ópera, talvez tenha estado uma vez em festa entre fãs barulhentos de caça, de bimotores a carburador e craques de futebol dos quais jamais tinha ouvido falar. À medida que a festa progredia, você começava a imaginar os participantes vestidos de peles de animais e carregando porretes. Desejou estar em casa com copo de vinho e livro bom.

"Ressentimento" significa, sim, re-sentimento, mas com sutilezas. Mais precisamente, ressentimento é o espírito sublimado de vingança, o desejo disfarçado e silencioso de triunfar sobre o rival mais forte. Embora a inveja, o ciúme e a rivalidade contribuam para o ressentimento, não são exatamente a mesma coisa. Ressentimento é reação. No ressentimento — literalmente re-sentimento — a pessoa sente a impotência de encontros frustrantes com os rivais superiores. Segundo Scheler, a pessoa experimenta a atração mórbida de voltar repetidas

---

15. Veja o primeiro ensaio em A Genealogy of Morals (1887), principalmente as seções 10 e 11, em LEVY, OSCAR (ed.), *The Complete Works of Friedrich Nietzsche*, (New York, Russell & Russell, 1964); veja também SCHELER, MAX, *On Ressentiment and Moral Value-judgments* (1912), que comento abaixo.

vezes a defeitos dolorosos. Como se alimenta do sentimento revivido, o ressentimento cresce e se desenvolve, produzindo uma dolorosa tensão que acaba achando alívio na difamação dos valores do rival e na exaltação de seus contrários. O ressentimento leva os frustrados menos favorecidos a inverter tudo que é valioso a seus concorrentes mais fortes, mais atraentes, moralmente superiores, mais capazes ou bem-sucedidos. Leva os fracos a denegrir a força, os iletrados a depreciar as letras e os pobres a menosprezar a riqueza e o poder. O ressentimento leva os pecadores a ridicularizar a virtude e os perdedores a redefinir a vitória. Não afeta a maneira como as pessoas pensam. Acima de tudo, o ressentimento modifica sua reação espontânea (atração, repugnância) a pessoas, práticas e instituições que as humilham.

Às vezes a derrota leva as pessoas a reagir com lucidez: a desmascarar falsos valores e prioridades inapropriadas. O ressentimento é diferente: difama valores genuínos, distorcendo a percepção e o julgamento morais. O desejo frustrado de vingança repercute nos ressentidos, envenenando-lhes a vida moral.

Embora presente em qualquer época, o ressentimento ganhou merecida fama nos tempos modernos, como Nietzsche e Scheler reconheceram. Na sociedade tradicional, os rivais da pessoa eram só seus pares em uma escada social extremamente estável. Na França, muito poucos podiam realmente invejar o rei da França, no sentido de ressentir não estar no lugar dele, pois, de qualquer maneira, não tinham a chance de ser rei. Entretanto, em uma sociedade socialmente móvel, todos têm mais rivais em potencial. Em princípio, os indigentes têm esperança de mudar o próprio destino. O jovem de subúrbio pobre aspira a ser o próximo artilheiro da Copa Brasil ou o próximo Bill Gates. Nesta atmosfera, somos mais conscientes e mais ressentidos com concorrentes bem-sucedidos, principalmente porque, como Scheler salientou, o ressentimento é altamente contagioso. Espalha-se rapidamente por famílias e comunidades e contagia nações inteiras ou gerações a fio.

Nietzsche acreditava que o ressentimento deu origem ao cristianismo e que o Cristianismo era o responsável pela predominância do ressentimento. Considerava-o triunfo da "moralidade escrava" que celebra defeito, fraqueza, fracasso e a morte ao mesmo tempo que deprecia a força, a vida, a criatividade e o sucesso. O Cristianismo exalta o que Nietzsche considerava serem as falsas virtudes de humildade, altruísmo, compaixão, autocontrole e paciência resignada.

Scheler reconheceu o brilhantismo da "descoberta" de Nietzsche. Considerava o ressentimento produto dos julgamentos de valor da sociedade burguesa¹⁶. Entretanto, rejeitou as teses de Nietzsche de que o Cristianismo é o responsável pelo ressentimento e que amor e humildade são falsas virtudes. Mas Scheler considerava o ressentimento grande tentação para os cristãos. Enquanto o amor e a humildade são as joias da coroa moral cristã, "a corrupção do ótimo é a pior de todas", como diz o velho adágio. Nas palavras incisivas de René Girard: "Ressentimento é a maneira como o espírito de vingança sobrevive ao impacto do Cristianismo e inverte os evangelhos para seu uso"¹⁷.

Nietzsche jogou um balde de água fria naqueles românticos burgueses que acreditavam que agindo por seus desejos espontâneos fariam de suas vidas uma obra de arte criativa. Anunciou que esses desejos não eram nem espontâneos nem autênticos, mas expressões da vontade frustrada de poder. Desde seu tempo, o ressentimento continua a prosperar, como demonstram as controvérsias às vezes tolas sobre o politicamente correto. Cresce até em países pobres, à medida que o sistema de valores da classe média se espalha com ajuda dos meios de comunicação de massa. O ressentimento difunde-se entre os menos favorecidos de todos os tipos, bem como entre seus aliados da esquerda política que rejeitam a desigualdade e a discriminação.

O privilégio e a injustiça, já se vê, não só o ressentimento, também trazem à tona a genuína indignação moral. Quando constituições políticas proclamam que "todos os homens (e mulheres) são criados iguais", as pessoas ressentem-se, *com razão*, da negação de seus direitos. Durante os últimos 250 anos as pessoas foram despertadas por ondas sucessivas de humanismo, para sua dignidade como pessoas com o direito de pensar, falar e agir por si mesmas. As filosofias do iluminismo foram seguidas por operários, por mulheres, por povos colonizados, nações pobres em geral, minorias raciais, minorias sexuais e leigos nas igrejas. Agora até expressamos reivindicações morais em prol do meio ambiente. O ressentimento é parte de tudo isso, mas não a parte maior. Como muitos de seus seguidores hoje, Nietzsche e Scheler reconheceram o despertar para o ressentimento, mas

---

16. SCHELER, MAX, *El resentimiento en la moral*, Buenos Aires, Espasa-Calpe Argentina, 1938, 80. Embora não tanto quanto Nietzsche, Scheler também exagerou o alcance do ressentimento, por exemplo, atribuindo o liberalismo humanitário moderno quase totalmente ao ressentimento (cf. *Ressentiment*, capítulo 4). Mais tarde ele desistiu dessa caracterização redutora.

17. GIRARD, RENÉ, *The Girard Reader* (cap. 11, n. 6, acima), 252. Girard acredita que a rivalidade mimética (imitativa), principalmente com os exemplos, está na raiz do ressentimento. "A admiração e o desejo fervorosos de imitar tropeçam no obstáculo injusto com que o modelo parece bloquear o caminho do discípulo e então essas paixões repercutem no discípulo em forma de ódio impotente" (ibid., 40).

deixaram de avaliar com precisão o despertar para a dignidade. Muitas vezes eles confundiram indignação justificada com ressentimento.

É puro cinismo usar o rótulo de ressentimento para silenciar o grito dos oprimidos. É simples ressentimento por parte dos privilegiados que as massas ousem reivindicar um lugar à mesa. Apesar de exagerarem o ressentimento dos fracos, Nietzsche e Scheler atenuaram e na maioria das vezes ignoraram o ressentimento dos fortes, inclusive o deles próprios: Nietzsche ressentia-se amargamente dos fracos e parece mais ressentido que eles. Nietzsche e Scheler deixaram de colocar a injustiça real, penetrante, de sua época no centro da tela onde pintaram sua imagem do mundo. Ambos celebraram as virtudes da antiguidade clássica que conferiam a homens poderosos e talentosos posição privilegiada, relegando mulheres e operários a *status* inferior. Isto também é desejo de poder e relutância em compartilhá-lo.

Do mesmo modo, hoje alguns agitam a bandeira do ressentimento para reprimir protestos legítimos. Estes agitadores de bandeira, são, paradoxalmente, ressentidos. Ressentem-se dos deficientes por terem melhores lugares para estacionar. Ressentem-se da ação afirmativa; ressentem-se das pessoas negras que cruzam suas fronteiras em busca de empregos; ressentem-se de mulheres ousadas na Igreja e na vida pública; ressentem-se dos idosos por levarem tempo para morrer; ressentem-se dos gays e das lésbicas por saírem do armário; ressentem-se dos famintos e dos sem-teto por exigirem comida, trabalho e abrigo. Ao contrário dos menos favorecidos, as pessoas "importantes" não se ressentem da força dos fortes, mas da dignidade dos fracos.

Entretanto, é mais comum atribuirmos o ressentimento às próprias vítimas. Talvez seja por isso que a palavra vítima está caindo em desuso. É condescendência atribuir o rótulo de vítima. Apropriar-se desse rótulo é promover a autocomiseração, o que não faz bem a ninguém. Mas é muito pior negar a realidade das vítimas. E embora todos sejamos vítimas (e vitimadores) até certo grau, os graus variam decisivamente. As regras do jogo econômico e político estão nitidamente distorcidas para favorecer os poderosos. Isso exige protesto e ação vigorosos, quer alguns o considerem politicamente correto ou não. Nem ser vítima impede a ação responsável, voltada para si mesmo, ou vice-versa.

Ao mesmo tempo, o ressentimento realmente faz sombra aos menos favorecidos. Agarra-se como parasita ao protesto legítimo em forma de preconceito inverso e da negativa de valores reais. O ressentimento julga ameaçadores indivíduos e instituições e responde com agressão passiva. Vem à tona em preconceito anti-intelectual e contra a tecnologia. O ressentimento não vê esperança para a redenção da "sociedade branca". Opera na convicção de que as mulheres são, por natureza, moralmente superiores aos homens. O ressentimento está presente em uma opção pelos pobres que nega a humanidade dos ricos e rejeita a possibilidade de sua conversão. O ressentimento está em ação quando o governo de um país pobre recusa a ajuda externa em tempo de desastre natural e na rejeição de toda ideia que se origine no rico Norte em razão somente dessa origem. O ressentimento prefere o protesto queixoso e permanente a propostas positivas. Evita compromissos construtivos com os adversários. O ressentimento está em ação no temor anárquico às instituições — empresas, igrejas, universidades, ONGs e governo — e na incapacidade de combater sua ambiguidade moral. O ressentimento arranca o joio e arrisca-se a matar o trigo em vez de pôr mãos à obra em um campo semeado com ambos.

Desengajar-se nem sempre é ressentimento. O compromisso sério leva a "largar" a competição insana. Leva à educação escolar alternativa, à vida comunal, à desobediência civil, à perseguição, à vida clandestina e à cadeia. A história da vida religiosa e do monacato, a ala radical da Reforma protestante e muitos outros exemplos semelhantes confirmam o valor do desengajamento. Entretanto, a recusa de cooperação também disfarça a relutância em entrar em campos de jogo fora de nossa zona de domínio. A recusa *a priori* a atrair indivíduos e instituições poderosos que me podem beneficiar — a mim ou à minha comunidade — disfarça o sentimento de incapacidade e a aceitação subconsciente dos valores abertamente desprezados.

Finalmente, o ressentimento atua com afinco na negação da bondade em nós mesmos — que nosso corpo é bom, os valores do descanso, da sexualidade, do contentamento e da celebração dos prazeres da vida. Ainda mais radical é o ressentimento na falsa humildade que nega nossa autoridade interior e nos leva a enterrar nossos talentos. O ressentimento está latente interiormente nos oprimidos que mais facilmente duvidam de si mesmos que dos profissionais de fala mansa. Leva-os a reprimir o impulso de agir quando deviam, para livrar-se da servidão. O ressentimento coincide em parte com a síndrome de Saiving: o desprezo pelos valores reais dos rivais (audácia, busca concentrada de objetivos na área pública etc.)

Perigos diferentes

Como a falsa humildade, a negação de si mesmo e o ressentimento se relacionam com a bandeira do inimigo de riquezas-honras-soberba?

Parece claro que essa lógica ainda faz o mundo girar e provavelmente sempre fará, deste lado do paraíso. Entretanto, essa não é a única ameaça à vida comprometida. A força do mal é como a água que desce a encosta em forma de cascata. Se bloquearmos com sucesso a torrente no importante canal costa abaixo de riquezas-honras-soberba, ela vai procurar rotas alternativas, principalmente os canais subterrâneos que são mais difíceis de detectar. O ressentimento é importante alternativa costa abaixo. Nas sociedades patriarcais moldadas por avareza, prestígio e a luta arrogante para dominar (a clássica bandeira do inimigo) quando pessoas decentes evitam as tentações óbvias, armadilhas mais sutis as esperam. Em nome da "humildade" e da "igualdade", enterram seus talentos, sufocam suas iniciativas e/ou passam a queixar-se pelos cantos.

Dinâmicas de tentações diferentes não se excluem mutuamente. Coexistem e interagem. Riquezas e prestígio me dominam e eu domino pessoas "menos importantes", mas, ao mesmo tempo, ressinto-me amargamente de rivais mais fortes. Mulheres que sofrem do complexo de Saiving cedem à ganância e à soberba tão facilmente como os homens. Mesmo se alguém sucumbe como Teresa Rejadell à falsa humildade com os "pares" e "superiores", pode por outro lado sufocar a iniciativa de empregados, cônjuge, filhos.

Em etapas diferentes de nossa vida, somos mais vítimas de uma dinâmica que de outras. Mas quem consegue escapar inteiramente do fascínio da ganância? Quem está seguramente vacinado contra a soberba em suas formas camufladas?

Magnanimidade: o outro lado da moeda da humildade

Que ele, segundo a riqueza de sua glória, se digne conceder que sejais fortalecidos pelo seu Espírito, para que o homem interior se fortifique em vós.
(Ef 3,16)

A escada social e a dominação política (a "pirâmide") descrevem as sociedades contemporâneas e riquezas-honras-soberba não perderam nada de sua força perniciosa. Assim, o chamado evangélico à renúncia dos bens e à humildade continua tão válido como sempre. Entretanto, o poder corrosivo do ressentimento e da falsa humildade levanta questões: pobreza-humilhações-humildade é estratégia viável hoje? Devemos recomendar humildade a pessoas que sofrem de baixa autoestima? E insultos? Inácio incentivou seus contemporâneos a acolher a humilhação como caminho privilegiado à humildade. Devemos recomendar humilhações hoje? Se não, que remédio é apropriado para egos pós-modernos inseguros?

Inácio cresceu em uma cultura em que a honra era valor supremo. Era tentação primordial para os homens, principalmente, e também para as mulheres de posição social "importante". Muitos de seus companheiros vinham de círculos aristocráticos e profissionais. Tornaram-se aptos para o convívio na sociedade com um sentimento de presunção quanto às pessoas comuns. Ele sabia por experiência como humilhações serviam de ocasiões para libertá-los da arrogância e levá-los a um sentimento mais realista da própria pessoa e solidariedade com as "pessoas pequenas", isto é, à genuína humildade.

Nossa situação é diferente. Nas sociedades modernas, em que as pessoas não encontram sua identidade em papéis sociais fixos, a estrutura de sua personalidade é com frequência menos estável (ou talvez menos rígida) e seu senso de dignidade é muitas vezes mais frágil. É verdade que muitas pessoas das classes média e alta meio conscientemente consideram-se superiores a pessoas pobres, aos com pouca educação formal e a estrangeiros. Se são brancos tendem a sentir-se superiores comparados a pessoas negras e, se homens, comparados às mulheres. Ao mesmo tempo, o individualismo moderno, o pluralismo, o colapso familiar, o consumismo e a concorrência acirrada geram ansiedade e insegurança[18]. As bolsas sob os olhos das personagens das tiras dos Doonesbury refletem a ansiedade de nossa tribo de classe média. Nesse contexto, humilhações produzem mais problemas que soluções.

Não que minha tribo de classe média desdenhe o reconhecimento social. Talvez sejamos menos fanáticos por honras que os *hidalgos* do tempo de Inácio; mas estamos mais viciados em aceitação. Temos medo de desapontar; precisamos — demais — agradar. As inseguranças da classe média induzem nos membros da turma solitária o temor exagerado de rejeição que obscurece nossa visão e nos deixa com as mãos atadas. Recuamos diante da perspectiva de confrontar uma personalidade mais forte. Deixamos o que os outros possam pensar, limitar nossas ações. Penteados, trajes e comportamentos boêmios são a rebelião que confirma a regra. Talvez poucos de nós precisemos de humilhações; *mas muitos precisam livrar-se do temor paralisante de rejeição.*

Até agora, às vezes a humilhação favorece a autêntica humildade. A Igreja Católica tem sido publicamente humilhada por revelações de abuso sexual que

---

18. Veja o capítulo 11 e meu A Radical Ethos, 24-25.

tinham sido abafadas. Essa dolorosa experiência poderia levar a importante reforma da Igreja. O fundador da Alcoólicos Anônimos, Bill W., valorizava o ensinamento inaciano sobre humilhações. Ele sabia como elas tiram os alcoólicos de ilusões persistentes, ajudam-nos a "sair do fundo do poço" e recobrar o juízo. Ainda assim, embora alguns vícios exijam remédios fortes, é bem provável que muitos de nossos complexos respondam a substâncias mais suaves. Em todo caso, como não nos curamos sozinhos, Inácio recomenda pedirmos a Deus não só que afaste nossos temores de rejeição, mas que nos envie o que mais tememos. Esta oração ajuda-nos a nos livrar desses temores.

Expressando a questão de maneira positiva: nossos frágeis egos modernos precisam do que os antigos chamavam de *magnanimidade* (em grego, *megalopsychia*). A pessoa magnânima é, literalmente, um indivíduo de alma grande, um espírito expansivo. Com autoestima apropriada e um senso realista de seus talentos, os indivíduos de grande coração pensam grande. Recusam-se a atolar-se em trivialidades. Imperturbados por mágoas insignificantes, indiferentes às "bugigangas" de riqueza e *status*, são espontaneamente generosos, até pródigos, o contrário da alma seca, mesquinha[19].

Magnanimidade é o outro lado da moeda da humildade, o antídoto à falsa humildade e ao ressentimento. Juntas, a humildade e a magnanimidade preparam o fundamento do amor, com a indispensável opção pelos pobres. O amor pelo rejeitado não é amor da pobreza ou da doença, que disfarça a difamação ressentida da saúde e do bem-estar. Segundo Scheler, o amor genuíno

> tem como ponto de partida interno e força motivadora um forte sentimento da segurança, firmeza, integridade interior e plenitude invencível da existência e vida da pessoa; e de tudo isso surge a clara percepção de *ser capaz de dar* alguma coisa de sua existência e de sua abundância. Aqui, amor, sacrifício, assistência, a tendência de buscar o mais humilde e o mais fraco é espontâneo transbordamento das forças que acompanham a felicidade e o repouso íntimo.

O amor genuíno e o protesto social não surgem da amarga impotência, mas de seu oposto. O sacrifício pelos outros é autêntico quando é "livre *doação* das riquezas vitais próprias" (Scheler). Dessa maneira, Jesus deu generosamente a todos sua riqueza interior. Recomendou a "indiferença" despreocupada a comida,

---

19. Veja DALEY, To Be More like Christ (cap. 12, n. 7, acima), 6-7, 36-39. Estou modificando, cristianizando até, o retrato aristotélico um tanto elitista do indivíduo magnânimo. Veja *Nicomachean Ethics*, 1099a32-b5, 1122a18-1125a15.

vestuário e abrigo (cf. Lc 12,22-34) não porque negava seu valor, mas porque preocupar-se com essas coisas ofusca a presença de Deus que opera para trazer vida em abundância[20].

Inácio foi modelo de magnanimidade. Segundo seu princípio *magis*, devemos sempre escolher o que mais nos conduz ao reino divino [cf. 23], o que é mais universal e divino[21]. Sua reflexão no Chamado do Rei contrasta a magnanimidade com a mesquinhez [94-98].

Temos muitos exemplos de magnanimidade para nos inspirar. Recorrendo à força interior, Catarina de Sena instou com o papa para que retornasse de Avinhão para Roma e tornou público seu protesto. A serena autoconfiança de Gandhi permitiu-lhe valorizar a humanidade de seus adversários britânicos tanto quanto ele detestava a injustiça do governo colonial. Da prisão, Nelson Mandela lidou com o regime de *apartheid* sul-africano com espírito semelhante. A magnanimidade permitiu que Rosa Parks se mantivesse firme na frente do ônibus em Montgomery, Alabama. Permitiu à pequena Tessie ajudar Deus a dessegregar as escolas públicas de Nova Orleans. O humilde arcebispo Oscar Romero proclamava normalmente a verdade todo domingo na catedral de San Salvador, plenamente consciente de estar incitando inimigos mortais.

Cada um de nós também é chamado a fazer história à nossa maneira, a falar e agir com audácia (*parrhesia*) como faziam os cristãos primitivos. Pois "não foi um espírito de fraqueza que Deus nos deu" (2Tm 1,7). Precisamos tomar iniciativas ao mesmo tempo que levamos em conta as iniciativas dos outros, nem amedrontando os fracos, nem encolhendo-nos de medo diante dos fortes. Muitos precisam de estímulo para falar e agir. Às vezes, estímulo significa proclamar a raiva pertinente e questionar o silêncio, a inação e a modéstia temerosos, quando a situação exige os opostos.

Cultivar a magnanimidade deve deixar menos espectadores culpados nas margens da história. Espalhar a pobreza, a violência e o cinismo é mais do que suficiente para induzir a desolação e encolher nossa alma. Os desafios que enfrentamos devem com certeza inspirar humildade — mas a humildade autêntica que leva à ação criativa, audaciosa.

---

20. SCHELER, *Resentimiento*, 90-93; ênfase no original.
21. *Const* 622. Muitos outros exemplos poderiam ser citados. Entre eles, cf. [5] e a oração Tomai Senhor, e recebei... [234].

Conclusão

Embora riquezas, honras e soberba continuem a ser o maior perigo para uma vida comprometida, também podemos nos atolar na falsa humildade, no falso não engajamento e no *ressentimento*. Embora a pobreza, o desprezo e a humildade continuem a ser o caminho para o compromisso maduro, precisamos de magnanimidade para que a humildade seja genuína.

A magnanimidade ajuda-nos a apreciar as ironias da vida. Quando os desapontamentos e as injustiças cotidianas perdem o poder de esmagar nossa autoestima, ou mesmo arruinar nosso dia, surge um forte senso de humor, que também é recurso importante para perseverar de modo duradouro. Nesse caso, uma vida de serviço persistente combina três forças:

- *humildade*: percepção de nossos limites e da dignidade do rejeitado;
- *magnanimidade*: valorização de nossa dignidade e percepção de plenitude interior;
- *senso de humor*: apreço pelas ironias da vida, principalmente as nossas.

✶ ✶ ✶

Refletimos na vocação para uma vida de serviço, centralmente no modelo de Cristo. Devemos agora considerar mais concretamente a maneira de fazer escolhas inteligentes como parte de uma vida comprometida. O primeiro desafio é pensar no discernimento fora do quadro de mínimos morais. De fato, como vimos, os filhos deste mundo perseguem seus objetivos com maior esperteza que os filhos da luz (cf. Lc 16,8). Isto não serve para o século XXI. Precisamos transcender a moralidade de obediência à lei, para viver a plena liberdade dos filhos da luz.

Discernir e decidir

Na prática, a vocação para o serviço reduz-se a tomar boas decisões e guiar-se por elas. Os temas que consideramos — em O chamado, Duas Bandeiras e outras reflexões — destinam-se a promover uma visão da vida que nos permita fazer escolhas sábias, em especial escolhas vocacionais importantes. Entretanto, tomar decisões sábias não é questão principalmente de obedecer a regras ou estar à altura de ideais abstratos, mas de seguir a orientação do Espírito (capítulo 13). O Espírito guia especialmente por meio da consolação (capítulo 14). Porém a consolação não é nem infalível, nem o único critério para o discernimento. Para uma descrição mais completa, vamos estudar os três procedimentos para decidir o que Inácio apresenta nos Exercícios Espirituais (capítulo 15). Por fim, discernir na vida cotidiana exige uma série de critérios ainda mais abrangentes que — juntos — formam um modo de proceder que estimula o crescimento contínuo na sabedoria prática (capítulo 16).

14

A vida no Espírito

E o que eu peço a ele é que a vossa caridade cresça cada vez mais em ciência e em todo conhecimento, para que tenhais o discernimento do que mais vos convém.
(Fl 1,9-10)

Quanto tempo e renda os Harrises devem destinar à Coalizão contra a Falta de Moradia? Carmen deve se casar com Ben? Que expressões de afeto são apropriadas nessa fase de relacionamento? Chris deve entrar para o seminário ou noviciado? Nosso grupo deve praticar a desobediência civil para protestar contra a guerra?

Tomar decisões sábias é a capacidade mais importante da vida. É preciso avaliar as situações e determinar a melhor estratégia. Isto é discernimento, marca distintiva da espiritualidade inaciana. Durante a vida toda, bem ou mal aprendemos esta arte. Segundo o Fundamento inaciano [23], todos os nossos pensamentos, palavras e ações se devem voltar para o objetivo único do Reino de Deus. No melhor dos casos, lutamos a vida toda para integrar os muitos lados de nossa personalidade num serviço coerente. O Espírito nos transforma, resolvendo contradições internas e estimulando nossa percepção moral. No fim, mais que técnicas e critérios, o discernimento é questão de caráter e sensibilidade, de nos tornarmos a pessoa que deveríamos ser.

A fecunda vida moral

Discernimento não é escolher entre certo e errado. Não discernimos se devemos matar ou não inocentes, ou se privar ou não alguém de trabalho, mas apenas alternativas legítimas [veja 170]. Entretanto, quando pessoas sinceras estão indecisas quanto a questões morais, como muitas estão hoje, precisam discernir o certo do errado. Pode não estar muito claro para você, por exemplo, se é certo enganar uma pessoa em dada situação, promover uma ação judicial, fazer greve em um hospital, ou fumar. Você pode estar em dúvida quanto a usar força para defender sua família ou comunidade ou quanto a trabalhar para uma corporação que contamina o meio ambiente. Pode estar sinceramente inseguro quanto à moralidade do controle da natalidade, da esterilização terapêutica ou do divórcio e segundas núpcias[1].

Igrejas e tradições éticas apresentam normas claras a respeito desses assuntos. Entretanto, se você não se identifica com estas Igrejas ou não pode agora em sã consciência seguir algumas dessas normas, então precisa discernir, séria e sinceramente.

Mesmo que você siga uma tradição moral, religiosa ou secular, nenhuma série de princípios, por mais complexa que seja, determina o certo e o errado em todas as situações. Áreas inteiras de nossa vida moral são essencialmente ambíguas, em especial em situações em que normas (e valores) discordam entre si. As normas morais não tomam o lugar da sabedoria prática (*phronesis*: "prudência") e do discernimento[2]. A vida é rica demais para isso.

Muitos de nós simplificamos em excesso as coisas, imaginando que a moralidade é como um curral de ovelhas, com os mandamentos nos cercando da escuridão exterior do erro e do pecado. Consideramos as normas morais principalmente como proibições negativas — Não te extraviarás fora da cerca! — enquanto dentro da cerca fazemos quase tudo que queremos.

Há um pouco de verdade nisso. Quando o jovem rico perguntou o que devia fazer para ganhar a vida eterna, Jesus respondeu citando os mandamentos que proíbem prejudicar o próximo. Mas quando o rico respondeu que sempre tinha observado essas proibições, Jesus o desafiou a dar mais um passo. Olhando-o atentamente, Jesus disse: "Uma coisa te falta" e convidou o jovem a renunciar a seus bens e segui-lo (cf. Mc 10,21). A vida eterna requer mais que observar as proibições padronizadas.

O pensamento do redil subestima as exigências positivas de alimentar os famintos, vestir os nus, defender os fracos, apresentar a outra face, andar dois mil passos e emprestar generosamente aos pobres (cf. Mt 25,31-46; 5,38-48) que muita gente considera "conselhos" de heroísmo moral não exigido de todos. Em contraste, Jesus desafia o jovem a segui-lo fazendo do amor a medida da moralidade.

---

1. Veja a análise de assumir, manter e mudar compromissos em DYCKMAN et al., *The Spiritual Exercises Reclaimed* (cap. 1, n. 2, acima), 293-297.

2. Veja ARISTÓTELES, *Nicomachean Ethics*, Livro vi, cap. 7, e TOMÁS DE AQUINO, *Suma Teológica*, 1a 2ae, q. 94, a.4; 2a 2ae, q. 47, a.2.

Amor, *agape* em grego, significa tratar o seu próximo como quer ser tratado. Essa é toda a lei moral (Mt 7,12). Embora possamos especificar o "piso" (o mínimo) abaixo do qual o amor nunca cai — Não matarás, não cometerás adultério; e assim por diante —, o amor não tem máximo, nenhum "teto"[3]. Segundo o Fundamento, nossa vocação é escolher "aquilo que *mais* nos conduz ao fim para o qual fomos criados" [23][4]. Quando o amor se torna a medida da moralidade, o céu abre-se acima de nós, um espaço escancarado de ações possíveis.

Mas, acima do mínimo moral, acontece uma coisa curiosa. As exigências do amor aumentam sem limites à medida que despertamos para círculos concêntricos de necessidade humana, crise ambiental e critérios que lidam com a morte — principalmente hoje, quando expostos ao sofrimento e à crueldade em escala global pela revolução das comunicações e as viagens florescentes, o que aumenta a temperatura moral de nosso tempo. Como diz Daniel Berrigan, o preço de sermos humanos subiu.

Necessidades e exigências infinitas levam a frustrações, viagens de culpa, complexos de Messias e quedas desastrosas — a menos que tenhamos interiorizado a boa nova de que somos perdoados antes de purgar nosso ato e que algum dia o amor vai de algum jeito triunfar, porque Deus opera por meio de nós e apesar de nós. Esta boa nova, este evangelho, transforma exigências severas nos requisitos suaves, mas desafiadores, do amor. Porém, embora nossa resposta decepcione todos os dias, nossa esperança e paz interior estão asseguradas, graças à boa nova, independentemente de nosso desempenho ou sucesso mensurável. Como Anne Patrick diz, precisamos deixar que altas exigências morais "toquem uma viola solo da cura e do fortalecimento divinos e do amor que faz justiça para todos nós"[5].

A boa nova transforma o espaço escancarado acima de mínimos morais no espaço de liberdade e gratificação, no qual não seguimos nem a carne, nem ideais abstratos, mas o Espírito (Rm 8,1-10). Nesse espaço, precisamos discernir *quais* faminDs alimentar, *quais* doentes visitar e quando visitá-los, *quais* sem-teto abrigar, se visitar ou não a prisão, de *quais* causas ou campanhas participar e quanto tempo e quantos recursos devemos destinar a quaisquer desses esforços.

Mesmo deixando de lado nossas fraquezas, responder a todas as necessidades urgentes que nos pressionam é fisicamente impossível. Nenhum indivíduo

---

3. Cf. João Paulo II, *Veritatis splendor* (O esplendor da verdade, 1993), n. 52.
4. Este é o Princípio *Magis* (= Mais); veja também [152, 155, 179, 182, 185].
5. Patrick, Anne E., *Liberating Conscience. Feminist Explorations in Catholic Moral Theology*, New York, Continuum, 1996, 198.

consegue fazê-lo. Madre Teresa não conseguiu. Arcebispo Romero não conseguiu. Nem mesmo Jesus conseguiu: ele também era humano. Andou entre a "multidão de doentes, cegos, coxos, mutilados" na piscina Betezatá e escolheu para curar um indivíduo, doente havia trinta e oito anos (Jo 5). Jesus discerniu o que ele precisava fazer naquele momento e isso não incluía responder a todos os doentes estendidos ao redor da piscina.

Assim, embora alimentar os famintos, abrigar os sem-teto e defender os fracos sejam exigências morais rigorosas e não atos opcionais de "caridade", não somos obrigados a alimentar e abrigar todo faminto e sem-teto que esteja perto de nós. Alimentar Ed, que está faminto, pode não ser exigido de a) Evelyn b) hoje. Como Evelyn deve se comportar hoje depende também de outros fatores, inclusive da necessidade de cuidar da mãe doente e de que talvez o serviço de entrega de refeições para necessitados possa visitar Ed. Para viver com compaixão em um mundo de necessidades infinitas precisamos pesar alternativas — discernir, decidir e encomendar a Deus o que nós mesmos não conseguimos fazer[6].

Além de escolher como responder a necessidades urgentes, enfrentamos muitas outras escolhas entre alternativas legítimas. Carmen deve ou não casar-se com Ben? Dave deve unir-se a um movimento político? Theresa deve sair da companhia de seguros e trabalhar para uma construtora de moradias para baixa renda? Os Smiths devem adotar Ricardo? Glória deve cursar medicina? Todos esses tipos de decisões — entre o que seria bom e o que poderia ser melhor — exigem discernimento, especialidade da espiritualidade inaciana. O discernimento trata da generosidade criativa.

Generosidade criativa

Se vivemos pelo espírito, sigamos também o Espírito.
(Gl 5,25)

Embora busque a resposta mais apropriada, o amor não é perfeccionista[7]. A opção ideal no abstrato nem sempre é a realidade. O ideal abstrato pode ser viajar

---

6. Veja as notáveis cartas a Jerónimo Vignes de 17 e 24 de novembro de 1555; de 18 de janeiro e 17 de maio de 1556 em *Obras*, 1072-1076. Seleções das duas primeiras cartas em *LettIgn*, 404-406.

7. Nem o discernimento cristão segue primordialmente critérios utilitários, isto é, calculando o maior bem geral para o maior número. O mistério da iniquidade é profundo demais, a obra de Deus sublime demais e nossa percepção limitada demais para calcular as consequências relevantes de nossas ações Embora elas sejam importantes, o discernimento cristão baseado nos

para um país pobre e lá servir aos mais pobres, mas isto pode não ser o melhor para você ou para mim agora. A melhor estratégia real depende de circunstâncias que incluem quem está escolhendo. Esther deve ficar em Seattle ou mudar a família para Toronto? O melhor para todos os envolvidos pode ser Esther ficar em Seattle, enquanto, em face de circunstâncias semelhantes, seria melhor que Leslie mudasse a família para Toronto. No espaço escancarado acima dos mínimos, os requisitos do amor são quase sempre personalizados. A melhor opção objetiva depende decisivamente do sujeito que faz a opção.

Como a família DeMarco deve responder à fome? Seria melhor levar sanduíches à noite aos trilhos da via férrea, trabalhar na cozinha da igreja que faz sopa, passar três semanas do próximo verão no Haiti, contribuir para Save the Children ou uma combinação de tudo isso? Devo contribuir para a campanha contra a fome com cinco dólares, ou com cinco mil? Quanto da minha renda devo destinar a boas causas e aos necessitados? Quanto tempo? Embora possamos supor que Deus tem preferências nesses casos (a vontade divina), Deus geralmente não nos prevê quantia precisa de dólares ou número preciso de horas por semana!

Quando Paulo fez a coleta para os cristãos necessitados da Judeia, deixou a quantia por conta da generosidade criativa dos coríntios (veja 2Cor 8–9). Ele indicou critérios objetivos: dar conforme cada um tem; certa igualdade entre doadores e destinatários. Mas, mais do que isso, Paulo e — podemos supor — Deus, deixou a contribuição por conta da generosidade criativa de cada um. "Cada um dê conforme decidiu lá consigo mesmo, sem tristeza nem constrangimento, porque Deus ama a quem dá com alegria" (2Cor 9,7). Embora a dádiva seja importante, o motivo também é. Deus não é tolo. Dar com relutância hoje é mau sinal para amanhã. Deus quer que os que vivem pelo Espírito façam o que estão convencidos de ser o melhor a fazer[8]. Pois "pelo contrário, o homem espiritual julga tudo, e não pode ser julgado por ninguém. 'Quem foi, então, que conheceu o pensamento do Senhor para poder instruí-lo?' Mas temos o pensamento de Cristo" (1Cor

---

princípios neotestamentários de discipulado se funda mais na crença de que a práxis do discipulado nos forma para avaliar e responder melhor à realidade. Cf. SPOHN, *Go and Do Likewise* (cap. 9, n. 12, acima), 120.

8. Do mesmo modo, não era crucial se a pessoa comia ou não carne oferecida em rituais pagãos (Rm 14; cf. 1Cor 8; 10,25-33). O importante era cada um agir pela fé e com caridade para com o próximo, em especial para com o próximo "mais fraco". O estado subjetivo de meu próximo impõe um limite a minha liberdade.

2,15-16). O amor que compartilha a criatividade divina, é extravagante, ousado, imaginativo. Sorte nossa, pois nada menos preenche as necessidades do mundo.

> ### Lei e espírito
>
> Não somos justificados (perdoados, tornados justos) guardando a lei moral, mas pela graça divina. E "não viveis sob o regime da Lei, mas sob o da graça" (Rm 6,14) — isto é, em nosso comportamento o Espírito, não as leis morais, deve ser nosso principal guia (Gl 5,25). Então, que papel as normas morais desempenham para nós?
>
> Paulo diz: "Sabemos que ela (a lei) não foi feita para o justo, mas para os transgressores da lei e rebeldes" (1Tm 1,9). A força da lei é necessária para assassinos não arrependidos, belicistas, sequestradores e torturadores e para defender suas vítimas. A situação é outra para os que sabem que são pecadores perdoados. Em vez de procurar leis, respondem às necessidades à sua volta, seguindo o Espírito (cf. Gl 5; Rm 8). Estagnar-se em obediência pura a leis, autoridades ou ideais abstratos e deixar de assumir a liberdade responsável é uma forma de narcisismo comodista (veja Hb 6,1-2). Contudo, como vemos nas relações de Jesus com o jovem rico, normas servem para nos fazer lembrar e nos orientar.

Conclusão

Como decidimos participar ou não de uma greve no hospital ou como responder à falta de moradias, ou desposar ou não Ben? Com que base? Por quais critérios? É tentador simplesmente prosseguir de qualquer jeito, ou agir simplesmente em resposta à pressão. Contudo, nossa vocação e as necessidades das pessoas exigem mais. Enquanto questões menores não requerem discernimento demorado, questões importantes muitas vezes requerem. Quando a pressão dos acontecimentos nos obriga a decidir depressa, precisamos ter nossas prioridades em ordem. Precisamos de critérios e estratégias para navegar pelo espaço escancarado acima do mínimo moral.

As normas têm parte nisso, mas não a parte mais importante. Liberdade autêntica é responder à realidade sob a orientação do Espírito. Há três dimensões ou "polos" de experiência moral às quais precisamos prestar atenção: a própria *realidade*, o mundo fora de nós; *normas*, que sinalizam o que está em jogo em dada situação; e a ação do Espírito em nossa vida interior. À medida que amadurecemos acima dos mínimos morais, seguimos o Espírito mais do que somos guiados por normas ou ideais abstratos ao responder ao mundo. Para os cristãos, Cristo é a norma das normas e seu Espírito os guia.

A teologia cristã negligenciou por muito tempo o Espírito Santo na vida moral. Inácio reconheceu a ação do Espírito em sua experiência e na dos outros, embora, como veremos, nem sempre se referisse ao Espírito explicitamente.

O Espírito guia principalmente pela consolação. Para uma vida responsável é essencial reconhecer a consolação, seguir sua liderança e evitar as armadilhas que a acompanham. É esse o assunto da segunda série das Regras de Discernimento dos Espíritos, que vamos analisar no capítulo 15.

15

Mais regras de discernimento

Caríssimos, não acrediteis em qualquer pessoa, mas examinai os que se apresentam, para ver se são de Deus, porque muitos falsos profetas têm vindo a este mundo.
(1Jo 4,1)

O Espírito guia pela consolação. Consolação, você se lembra, é mais que consolo para os tristes. Para Inácio "consolação" significa "paz interior, alegria espiritual, esperança, fé, amor, lágrimas e elevação da mente, todos dons do Espírito Santo"[1].

O chamado à vida de serviço vem em forma de consolação, que a fé percebe como chamado de Cristo. Alguma coisa "dá um clique" dentro de nós: dizemos para nós mesmos: "Sim, é isso que fui destinado a ser!" É parecido com a emoção que os pais sentem quando, ao ver seu bebê pela primeira vez, despertam para a vocação de pais. É análogo ao que Michelangelo deve ter sentido quando se afastou da escultura acabada de Moisés. Entretanto, não é uma experiência definitiva. Deus guia as pessoas dia a dia pela consolação do Espírito — desde que elas sejam interiormente livres, desde que, apesar de serem fracas, queiram viver pela compaixão, não importa o custo. Pressupondo essa "indiferença", consolação é um teste decisivo para discernir questões quanto a se devemos nos mudar para um bairro pobre, se devemos nos casar com Carmen, ou que tipo de expressão é apropriada em um relacionamento íntimo. Como Inácio diz: "Esta consolação nos mostra e nos abre o caminho que devemos seguir"[2].

---

1. *DirAutog* 11.
2. Carta a Teresa Rejadell, 18 de junho de 1536, *LettIgn*, 22. *Escritos de Santo Inácio. Cartas Escolhidas*, São Paulo, Loyola, 2008, 43.

É, portanto, crucial ser capaz de reconhecer a consolação, seguir sua orientação e, ao fazê-lo, evitar armadilhas. Esse é o assunto da segunda série de Regras (na verdade, critérios) inacianas para discernir moções interiores.

As Regras da primeira série voltam-se principalmente para as pessoas que se esforçam para reformar sua vida. Como fumantes que tentam deixar de fumar, elas experimentam um puxão para trás em direção a seus modos antigos, bem como o medo do futuro. Isto é desolação: tristeza e perturbação, repugnância pela prática religiosa e pelo serviço aos outros e atração pela autoindulgência. Em outras ocasiões, sentem-se atraídas com alegria a um novo modo de vida. Isto é consolação.

A primeira série de Regras trata principalmente da desolação, que é nosso maior problema em tempo de reforma. A segunda série trata principalmente da consolação e dos enganos que a acompanham. Embora a consolação seja guia seguro, quando a pessoa se esforça para se reformar, os que são interiormente mais livres devem proceder com prudência. De fato, embora seja próprio de Deus dar consolação, o "inimigo" também inspira consolação a fim de nos tirar do bom caminho. E, mesmo quando Deus dá consolação, acontece muitas vezes que alguns dos planos e ideias que a ela se seguem se tornam perigosos e desorientadores.

Por exemplo, pessoas que alegam motivação religiosa para lançar cruzadas e campanhas de terror; impõem regimes autoritários, dedicam-se a rigorosas práticas masoquistas e proclamam dietas de salvação; proferem oráculos lunáticos. São malucas? Ou muitas delas realmente experimentaram consolação no passado e pela ilusão e o raciocínio falso concluem que Deus aprovou seu estranho comportamento? O presidente George W. Bush alega motivação cristã para travar a "guerra contra o terror". Talvez ele tenha tido experiências de consolação. Isso significa que Deus inspira suas ideias e seus planos? Não. Ao longo de toda a história, carismáticos inspirados entraram por becos sem saída em comportamento destrutivo.

Por outro lado, como vimos, as pessoas podem duvidar da consolação e deixar de agir com base nela, devido à falsa humildade. Quantas reformas sociais ou renovações religiosas fracassaram ou sumiram aos poucos porque revolucionários e reformadores deixaram de cultivar a chama de zelo generoso que outrora ardia neles? Quantos ignoraram o chamado interior para agir e por falta de coragem ou inibição inapropriada resignaram-se em clamar: "Senhor, Senhor!"? Por que tantos sonhos proféticos deixam de produzir os bons frutos que prometeram outrora?

A segunda série de Regras pretende ajudar-nos a reconhecer a ação do Espírito em nossa vida além de desmascarar e desviar as tentações para entregar-se a zelo indiscreto por um lado ou inibição inapropriada por outro.

Ao mesmo tempo, Inácio nos adverte que esta série de Regras não é para as pessoas que lutam contra fortes tentações diretas. Elas talvez não abordem sua experiência e podem até prejudicá-los [veja 9].

As regras: nem tudo que brilha é ouro

Não desprezeis as profecias. Examinai tudo, conservai o que é bom.
Afastai-vos de toda espécie de mal.
(1Ts 5,20-22)

Ao explicar estas Regras, vou seguir a ordem dos *Exercícios Espirituais [328-336]*.

1. É próprio do Espírito Santo nos dar "verdadeira alegria e gozo espiritual com suas moções, tirando toda a tristeza e perturbação, induzidas pelo inimigo". É próprio do inimigo "combater essa alegria e consolação espiritual, trazendo razões aparentes, sutilezas e frequentes enganos" [329]. (Note que Deus *dá* consolação e só *permite* desolação. Deus não envia desolação[3]. Embora a negligência cause desolação [322], não devemos atribuir a desolação — tristeza, desânimo, culpa — diretamente a Deus, como muitas vezes as pessoas fazem.)

Esse é o princípio geral. De fato, as coisas são mais complicadas. As regras restantes explicam que o inimigo também induz consolação e a manipula.

2. Somente Deus dá "consolação [...] sem causa precedente". Isso acontece "porque é próprio do Criador", somente — como proprietário — tocar a alma diretamente, "atraindo-a toda ao amor de sua divina Majestade". Nesse caso, o rio subterrâneo dentro de nós transborda espontaneamente para nossa vida consciente. Consolação sem causa precedente significa alegria e paz não provocadas por nenhuma criatura e nenhuma atividade de nossa parte.

De interesse mais imediato é a consolação com causa precedente. Aqui, "causa" significa simplesmente nossos atos de entendimento e vontade e seus objetos [cf. 330]. Todos os exercícios espirituais do retiro inaciano (as meditações, contemplações etc.) são atos desse tipo destinados a ocasionar ("causar") consolação. Pedimos consolação nas orações (tristeza pelo pecado, amor de Cristo, alegria e paz etc. [veja 55, 104, 203, 221]) e fazemos o que podemos — contemplação,

---

3. "Uma [consolação] ele dá, outra [desolação], permite". Ibid., 21. Trad. bras., 43.

meditação, concentração etc. — para nos prepararmos para recebê-la[4]. Um belo pôr do sol, uma conversa, uma passagem inspiradora em livro, a recordação de pessoa heroica — todos "objetos" de conhecimento e vontade — também inspiram consolação. Nesses casos, a "causa precedente" entra em contato com aquele rio subterrâneo e causa seu transbordamento para a consciência.

3. Consolação com causa pode vir de Deus ou do mau espírito. Deus e o inimigo usam uma ideia, um pôr do sol, uma passagem bíblica, uma lembrança, ou uma conversa para evocar consolação[5]. Como diz o ditado: "O diabo sabe citar a Escritura". O inimigo não induz uma falsa imitação, mas o artigo real, consolação[6]. Mas, enquanto Deus dá consolação somente para o bem, o inimigo induz consolação só para causar dano. Como isso acontece?

4. É próprio do inimigo assumir o disfarce de "anjo de luz" (2Cor 11,14), sugerindo "pensamentos bons e santos" e, então, pouco a pouco, atrair-nos para o mal ou para o que é menos bom. O inimigo "aproveita-se" da consolação e dos pensamentos que dela surgem para nos desencaminhar. Suponhamos, por exemplo, que você tenha realmente de estudar. Entretanto, quando enfrenta necessidades reais a que talvez outra pessoa devesse responder, você sente-se inspirado e atraído (pela consolação) a responder a elas e, assim fazendo, negligencia os estudos[7].

Esse tipo de tentação é diferente das tentações diretas que surgem da desolação (veja a primeira série de Regras). Em vez de despertar medo de privações e rejeição, aqui o inimigo traz "razões aparentes, sutilezas e frequentes enganos" [329; cf. 315]. As tentações diretas também envolvem decepções e falsas promessas ("Você não pode continuar com isso!" "Você precisa de dinheiro [ou de mais sexo ou chocolate] para ser feliz!"), mas são facilmente

---

4. TONER, *CommRules*, 218.

5. "Tanto o bom anjo quanto o mau podem consolar" [331], mas Deus é a causa máxima de toda consolação. De fato, entende-se melhor a comunicação como nada menos que o toque de Deus (o efeito da comunicação de si mesmo por Deus), o Espírito que habita em nós e transborda para a consciência. Seguindo esse entendimento, interpreto o "bom anjo" [331; cf. 329] como o Espírito Santo. Todos os tipos de coisas servem como causa que contribui, "desencadeando" — isto é, causando e até induzindo — consolação. Entretanto somente Deus dá consolação no sentido preciso.

6. GIL, *Discernimiento* (cap. 6, n. 3, acima), 309-310.

7. Como estudante, Inácio costumava sentir grande consolação e atração à oração, mas logo percebeu que isto era tentação, porque o cansava e prejudicava os estudos com os quais se comprometera para melhor servir a Deus. *Autobiog* 54-55.

reconhecidas como tentações. Embora constituam séria ameaça para as pessoas que são instáveis em seus compromissos, as tentações manifestas não são ameaças a veteranos que combateram essas batalhas no passado. Suas tentações perigosas são mais sutis e indiretas. O inimigo muitas vezes inspira por meio de consolação pensamentos e ações que, embora bons em si mesmos, desencadeiam processo que aos poucos leva à ruína, ou ao menos bom. Já consideramos dois exemplos: atraídos à riqueza por causa da legítima segurança, acabamos perdendo nossa conduta moral. A falsa humildade que parece virtuosa o suficiente nos leva a negar o bem em nós mesmos ou mesmo a perder a esperança no amor divino.

A consolação enganosa atrai pessoas generosas ao compromisso indiscreto, deslocando prioridades mais altas. "A campanha da comunidade tem de vir primeiro este ano; minha mulher e as crianças têm de ficar em segundo plano". Ficamos tão absorvidos no trabalho, nos estudos, na família, no trabalho comunitário, no trabalho da igreja ou nas práticas devocionais, ou tão apegados à letra da lei — todos valores reais — que negligenciamos responsabilidades importantes, saúde, recreação, oração, ou equilíbrio emocional. Sentimo-nos movidos por Deus. E talvez estejamos — a princípio. A desordem surge só com o tempo. Em algum ponto a experiência degringola. Nossas escolhas talvez envolvam grande sacrifício. Contudo, é provável que estejamos respondendo a uma compulsão secreta, um amor desordenado.

As tentações são feitas sob medida para nossas fraquezas [cf. 327]. A primeira série de Regras considera tentações diretas que têm como alvo nossas fraquezas morais. A segunda série considera tentações indiretas que têm como alvo *nossas forças morais* e nossas fraquezas espirituais[8]. Minha tendência a trabalhar demais transforma-se em zelo exagerado que leva à exaustão, ao ressentimento e a entregar os pontos. Se sou introvertido por natureza, posso ser tentado a exagerar na contemplação e negligenciar a ação necessária. Se sou impetuoso, posso ser tentado à ação precipitada em nome da caridade urgente. O inimigo tenta os pragmatistas a traírem seus ideais em nome do "realismo" e da "eficiência" e os idealistas a imporem medidas impraticáveis que são impróprias para a situação.

---

8. "O mau espírito tende a aproveitar-se de feridas psicológicas ainda abertas ou de fraquezas do temperamento humano das quais a pessoa não se apropriou". CABARRÚS, CARLOS RAFAEL, SJ, Discernimiento. La osadía de "dejarse llevar", *Diakonía*, Managua (maio de 1986) 21. As moções do bom Espírito também "dominam nossas feridas [...] para fechá-las e curá-las", ibid., 15. A graça divina cura, libera e humaniza; o mal agrava as fraquezas e desumaniza.

O inimigo nos leva a estender além dos limites usuais o alcance de nossas virtudes e valores favoritos; virtudes como diligência, espontaneidade, humildade, paciência, devoção religiosa, generosidade, compaixão; e valores como patriotismo, liberdade, justiça, tradição, ordem, família, eficiência. Todos esses podem ser exagerados e mal-empregados. A essência da tragédia é estender valores além dos limites usuais, empregar mal princípios válidos e exagerar determinadas virtudes. O remédio é sabedoria ou prudência, um tema inaciano favorito. Significa saber dar prioridade a valores e virtudes e aplicar princípios sob circunstâncias complexas.

No início de sua conversão, Inácio foi consolado durante horas pelo pensamento de fazer para Deus coisas difíceis, como os santos tinham feito antes dele. Mais tarde ele comentou que na ocasião ainda estava "cego"; não "olhava nenhuma

A consolação e suas causas

As breves observações inacianas a respeito da consolação sem causa precedente deram origem a uma grande quantidade de comentários mutuamente conflitantes. A interpretação que ofereço parece-me estar mais de acordo com o texto, a experiência e a sólida teologia de Inácio. Também ajuda-me a encontrar o sentido da alegria dos pobres.

O caso extremo de consolação sem causa precedente esclarece a forma como toda consolação genuína é *desproporcional* a suas causas aparentes. Rezar ou ler as Escrituras pode "causar" consolação, mas a consolação é desproporcional ao esforço despendido. Parece surgir do nada. Essa desproporção reflete a gratuidade que caracteriza a atividade divina.

A "causa" da consolação é "prévio sentimento e conhecimento pelo qual venha essa consolação, por meio dos atos de entendimento e vontade" [330]. Em outras palavras, escolhemos, pedimos ou tentamos entender alguma coisa, um "objeto" e isso ocasiona consolação.

Dependendo de nossa perspectiva, referimo-nos aos "atos" de vontade ou conhecimento ou seus objetos como a causa de consolação. Suponhamos, por exemplo, que enquanto você reza com a narrativa de Jesus acolhendo as crianças, ocorre-lhe ajudar em um orfanato. Você expressa a Deus seu desejo de fazer isso ou "move sua vontade" decidindo fazê-lo. Aqui o "objeto" é Jesus recebendo as crianças, o que você visualiza em sua imaginação. Você pensa e escolhe (intelecto e vontade); é movido pelo que contempla e atraído ao que propõe. No processo, você é tomado de tal alegria que, se refletir nela, seus esforços parecem incapazes de a terem provocado sozinhos.

Ou: você aprecia uma refeição com amigos; nota uma linda paisagem; ouve a notícia de um desastre natural; considera um plano de ação. Essas experiências ocasionam paz, alegria, ou sentimento de tristeza solidária que é desproporcional às causas aparentes. Essa sobremesa não produz essa alegria sozinha. Ou devido à situação venal em que me encontro, é difícil explicar por que ainda creio e ainda tenho esperança, por que amo o próximo e até meu inimigo [cf. 316]. O teólogo jesuíta espanhol Francisco Suárez (1548-1617) considera essa desproporção a chave à consolação sem causa precedente. Rejeita uma interpretação literal de "sem causa precedente", porque isso tornaria a experiência estritamente milagrosa, que não é o que Inácio tem em mente[9]. O que distingue a consolação sem causa precedente é que ela surge de repente e sem antecedentes aparentes que a justifiquem. É o que acontece quando entendemos as coisas de repente, ou entendemos uma verdade que está além de nossas capacidades ou experiência anterior. O descrente pode de repente e sem reflexão sistemática vir a entender que Deus é Criador. Ou um fiel inculto pode de repente entender a Santíssima Trindade de maneira profunda.

Suárez também salienta julgamentos práticos desproporcionais[10], o que lembra Franz Jaegerstaetter, o agricultor austríaco com o curso primário que foi executado em 1943 por recusar alistar-se no exército nazista. Contra a oposição da família, dos vizinhos e do clero local, Jaegerstaetter resistiu serenamente durante toda a sua provação até a morte, totalmente convencido de estar moralmente certo[11].

---

9. SUÁREZ, FRANCISCO, *De Religione Societatis Iesu*, L. IX, cap. 5, n. 38-41, ed. Vives, 1860, *Opera omnia*, t. XVI, 2. Veja GIL, DANIEL, Algunas reflexiones sobre la consolación sin causa, *Manr* 41 (1969) 39-64 e 121-140, em 47-54. Gil contesta a interpretação que Karl Rahner faz de Suárez nesse ponto. Ibid., 49, n. 25. Cf. RAHNER, KARL, The Logic of Concrete Individual Knowledge in Ignatius Loyola, in id., *The Dynamic Element in the Church*, New York, Herder and Herder, 1964, 84-170.

10. SUÁREZ, *De Religione*, n. 40.

11. Veja ZAHN, GORDON, *In Solitary Witness. The Life and Death of Franz Jaegerstaetter*, Collegeville, Minn., Liturgical Press, 1964; republicado em 1977.

> Suárez considera desproporcional moções de afeto e vontade serem provas ainda mais seguras da influência divina. Estamos moralmente certos de que o Espírito age quando somos atraídos "mais vigorosamente que o próprio objeto [da atração], sozinho, poderia ou costuma" nos atrair, principalmente quando somos atraídos a coisas sublimes e contrárias a nossas inclinações naturais[12].
> Não vejo nenhuma boa razão para supor, como fazem alguns, que a consolação com causa seja necessariamente diferente da consolação sem causa — não considerando sua imprevisão. Nem vejo muita razão para supor que a última seja excepcionalmente rara ou limitada a pessoas que praticam a oração prolongada. Creio que muitos pais e trabalhadores atarefados e muitos pobres com comparativamente pouco tempo para a oração formal a experimentem.

circunstância interior". Ele não tinha nenhum entendimento nem "discrição para regular ou medir essas virtudes". Iniciante que era, respondia a ideais abstratos "sem olhar nenhum outro ponto particular"[13]. Seu fervor imprudente levou a problemas de saúde que lhe reduziram a capacidade de ajudar os outros. Mais tarde, escreveu muitas cartas exortando à moderação almas zelosas que estavam em perigo de prejudicar a saúde e o serviço aos outros.

O inimigo tira vantagem de nossas fraquezas psicológicas, quer clínicas, quer comuns: nossa impulsividade ou cautela excessiva, frouxidão ou perfeccionismo, idealismo ou cinismo, pessimismo ou otimismo exagerado, nossa falta de amor-próprio ou nossa necessidade exagerada de aprovação. Pais dedicados querem ajudar o filho a superar um problema com drogas. Entretanto, as costumeiras benevolência e tolerância não funcionam nessa situação, enquanto o medo exagerado de "perder" o filho e "falhar" como pais impede-os de praticar o "amor empedernido" de que o filho realmente precisa. Temores semelhantes e desejos tortos levam à codependência ou a outras armadilhas, quando tentamos ajudar quem está em dificuldade.

5. Como superamos tentações como essas? A primeira coisa que precisamos fazer é desmascarar o inimigo. Precisamos prestar muita atenção a como nossos

---

12. Suárez, *De Religione*, n. 40-41. A citação é da n. 40. Cf. Gil, Algunas reflexiones, 126 e passim.
13. *Autobiog* 14; cf. ibid. 8-9.

pensamentos progridem durante a consolação e depois dela. Se o começo o meio e o fim da progressão de nossos pensamentos são sólidos e levam para o que é bom, é um sinal claro do Espírito divino. Mas, se nossos pensamentos levam a alguma coisa má ou que distrai ou é menos boa do que o que nos dispusemos a fazer, isso também é sinal claro: inimigo em ação! É também claro sinal do mau espírito quando somos levados da paz interior à ansiedade e perturbação.

6. Quando descobrimos o "rabo da serpente", precisamos voltar à progressão de nossos pensamentos e observar como nos movemos de bons para maus pensamentos, ou para pensamentos menos bons ou para a desolação. Identificar o padrão ajuda a impedir a repetição.

7. A chave para descobrir o padrão é a perturbação que o inimigo tipicamente causa. A perturbação surge na progressão de pensamento que a consolação põe em movimento. Ficamos com a vaga sensação de que há um "estranho na casa"[14]. De fato, "nas pessoas que procedem de bem a melhor, [o Espírito Santo] as toca doce, leve e suavemente, como a gota de água que entra na esponja. E o anjo mau toca agudamente, com rumor e inquietude, como quando a gota de água cai sobre a pedra". Vice-versa para os que procedem de mal a pior. Tudo depende de se o sobredito "espírito" é semelhante à direção geral da pessoa ou contra ela [335][15].

8. Finalmente, mesmo no caso de consolação sem causa precedente, que só pode vir de Deus, precisamos distinguir claramente entre a consolação original e a sensação que se segue a ela. Segundo Inácio, no período dessa sensação frequentemente acontece que outros pensamentos, atrações e propostas práticas surgem não diretamente de Deus, mas de nossas inclinações ou hábitos mentais. Ou podem vir do inimigo. Precisamos examinar rigorosamente as ideias e os planos que surgem nesse tempo quando é tão fácil supor que toda ideia é inspirada por Deus.

Socialização das regras

Embora refiram-se a moções em indivíduos, as Regras também se aplicam a grupos. O fundador de uma comunidade religiosa pode ter tido inspiração divina, mas isso não garante que a comunidade continue a seguir a orientação de Deus.

---

14. Cabarrús, Discernimiento, 22.
15. Aqui, como nas duas primeiras regras da primeira série [314-315], não está bem claro o que diferencia os dois tipos de pessoas. Veja o capítulo 6, nota 3, acima.

Forças sutis e insidiosas agarram-se como parasitas a experiências religiosas genuínas e tornam moções e organizações complacentes e até demoníacas.

A moção política ou social (sindicato, movimento de direitos humanos etc.) começa com ideais elevados, até influência divina, mas isto não garante que manterá seu impulso original. Pouco a pouco é invadida pelo espírito de ambição e até corrupção e traição. Nenhuma comunidade religiosa, nenhum movimento revolucionário ou organização popular, nenhum movimento filosófico ou cultural escapa a este perigo. O mais sinistro não é o perigo óbvio de uma recaída, mas o de exagerar as virtudes da organização ou do movimento a ponto de negligenciar verdades e valores complementares.

Os mesmos princípios aplicam-se a culturas como um todo. Não só cada pessoa tem suas virtudes típicas, seus pontos fortes e seus vícios e tentações características. É fácil detectar os vícios típicos. O que requer vigilância é a maneira como nossas virtudes e valores levam à destruição. A comunidade pode prezar o valor da família — ou da eficiência, da liberdade pessoal, da humildade ou lei e ordem — de um modo que negligencia as virtudes complementares e a verdade complementar. Sem vigilância, discrição e discernimento, os valores familiares vão nos isolar da responsabilidade social mais ampla; a eficiência de meios vai afastar a discussão quanto aos fins; apelos à liberdade pessoal vão acabar sabotando o bem comum; a falsa humildade vai prejudicar a iniciativa e a audácia; a lei e a ordem vão acobertar a repressão; a justiça rigorosa vai sufocar a gratificação.

Conclusão

Como decidimos participar ou não de uma greve de hospitais, ou como responder à falta de moradia, ou desposar ou não Ben, ou entrar para a vida ou o ministério religioso? Com base em quê? Por meio de que critérios? Em questões como estas, no espaço escancarado acima dos mínimos morais, seguimos o Espírito. O Espírito guia pela consolação, mas não somente pela consolação. E a consolação não é infalível.

Nos *Exercícios Espirituais*, Inácio apresenta três modos de encontrar a vontade divina ao enfrentar uma importante decisão na vida, ou "eleição". Esses métodos, que pressupõem a orientação ativa do Espírito, também nos ajudam a tomar decisões mais comuns na vida cotidiana. Passamos agora a examiná-los.

16

Três modos de tomar decisões

Senhor que farei?
(At 22,10)

No campo aberto da generosidade criativa, acima dos mínimos morais, o Espírito é nosso principal guia e o discernimento é uma espécie de dança com Deus. Parceiro ativo nesta dança, o Espírito trabalha para unir nossa liberdade à de Deus, para ajudar-nos a responder ao mundo. Como todas as danças, esta tem passos. Nos Exercícios Espirituais, Inácio propõe três séries de "passos", três modos de determinar para onde o Espírito está conduzindo. São ajuda valiosa para fazer escolhas vocacionais sábias e escolhas menos opressivas.

Segundo Inácio e os primeiros diretores dos Exercícios, esses métodos só "funcionam" para pessoas que alcançaram suficiente liberdade interna ("indiferença"), isto é, para os que têm a "audácia de se deixarem conduzir" aonde quer que o Espírito guie[1]. Obviamente, a falta de disponibilidade impede Deus de fazer contato conosco da maneira como os métodos inacianos preveem. É ainda mais desejável ter alcançado o terceiro grau[2], pois, quando estamos inclinados ao

---

1. CABARRÚS, Discernimiento (cap. 15, n. 8, acima). Os primeiros diretórios para os Exercícios Espirituais — manuais quinhentistas compilados por diretores jesuítas de retiro pioneiros — caracterizam a indiferença como "resignação da vontade" e "abandono" nas mãos de Deus. PALMER, *Giving*, reúne essas obras em tradução inglesa. Cf. o diretório escrito pela mão de Inácio, *DirAutog* 17; em PALMER, *Giving*, 9. As versões originais dos diretórios encontram-se em IPARRAGUIRRE, IGNATIUS, SI, *Monumenta Ignatiana*, Série 2, *Exercitia Spiritualia de Sancti Ignatii de Loyola et eorum Directoria*, v. 2, *Directoria Exercitiorum Spiritualium (1540-1599)*, Roma, MHSI, 1955.

2. Isso significa que a pessoa está "mais inclinada, se for para o serviço constante de Deus, para o qual está mais de acordo com os conselhos e exemplo de Cristo nosso Senhor", *DirAutog* 17; trad. para o inglês em PALMER, *Giving*, 9. Diversos diretórios primitivos repetem esse critério. "Conselhos" aqui refere-se aos conselhos evangélicos de pobreza, castidade e obediência. No tempo de Inácio, o assunto da "eleição" no retiro de um mês costumava ser o "estado de vida"

padrão de Cristo, é menos provável que o temor de privação e rejeição bloqueie a comunicação divina.

Devido ao perigo de enganar-se ao usar esses métodos inacianos, é altamente recomendado compartilhar o processo com um guia experiente.

Três "tempos" para tomar decisões

Enquanto celebravam o culto do Senhor e jejuavam, o Espírito Santo disse: "Reservai-me Barnabé e Saulo para fazerem o trabalho que lhes destinei".
(At 13,2)

O primeiro modo em que Deus guia as pessoas é diretamente movendo sua vontade; o segundo é movendo seus sentimentos; e o terceiro, guiando sua razão (*Exercícios Espirituais* [175-188]). Cada uma dessas modalidades corresponde a um método para tomarmos uma decisão e cada método é apropriado para um certo estado de alma, ou "tempo". Usar um método em vez de outro depende da disposição interior da pessoa — ou de ela estar no "primeiro tempo", no "segundo tempo", ou no "terceiro tempo".

O desígnio divino

Para Inácio, discernimento é *procurar e encontrar a vontade divina*. (Ele termina quase todas as cartas com o desejo de que "tenhamos o sentido de sua santa vontade, cumprindo-a inteiramente", ou uma expressão equivalente.) Nisto, segue Jesus que disse que veio "não para fazer a minha vontade, mas a vontade daquele que me enviou" (Jo 6,38). Os discípulos de Cristo procuram só a vontade divina (veja Jo 4,34; 5,30; 8,29; 14,31; Mt 7,21; 26,39; Rm 12,2; Ef 4,10; 5,10; 5,17; Cl 1,9-12; Hb 13,20-21; etc.). Eles rezam: "Venha o teu Reino, seja feita a tua vontade".

A ideia de agir de acordo com a vontade de Deus ofende as sensibilidades contemporâneas. A princípio, pode parecer-se com a obediência a uma autoridade

---

do exercitante. O exercitante decidia se permaneceria leigo e futuramente se casaria (cumprir os "mandamentos") ou adotaria um ou mais dos conselhos evangélicos, entraria para uma ordem religiosa etc. Entretanto, os métodos inacianos não precisam limitar-se a decisões desse tipo.

absoluta que, para piorar as coisas, faz o jogo do "Adivinhe o que estou exigindo agora!"

Enquanto a linguagem de Deus nunca alcança aquilo que ela indica, a fala padrão da vontade divina, até mesmo na Bíblia, aumenta o problema. É tentador procurar desviar-se deste conceito. Entretanto, não creio que se faça justiça ao discernimento sem ele.

Entendida corretamente, "a vontade divina" refere-se principalmente ao desígnio divino de vida abundante (em vez de a normas ou detalhes práticos). Deus nos convida a adotarmos um espírito empreendedor contínuo em vez de nos incumbirmos de quaisquer boas obras que possam nos ocorrer como autônomos.

Mas Deus não é inconstante. Deus trata exclusivamente ("em tempo integral") do negócio de superar o mal e maximizar o bem no universo. Como isso exclui alguns tipos de comportamento e impõe outros, ao menos em termos gerais, as normas morais expressam a vontade divina. Entretanto, devemos esclarecer. Ações não são más porque Deus as proíbe ou boas porque Deus as ordena. Mais exatamente, Deus proíbe algumas coisas somente porque são prejudiciais e impõe outras só porque são benéficas.

Entretanto, normas não são o indicador principal da vontade divina. Como Deus opera por meio de nós, Deus quer que sejamos capazes de avaliar uma situação e responder adequadamente. Portanto, Paulo exorta os cristãos de Roma a "conhecer qual seja a vontade de Deus, a saber, o que é bom, agradável e perfeito" (Rm 12,2). No fundo, isso significa que você deve "amar e fazer sua vontade" como disse Agostinho. O discernimento é necessário porque nem sempre está claro o que o amor pede.

Mais que exigir que façamos esta ou aquela coisa específica, Deus quer que sejamos guiados pelo Espírito vivificante — não pela compulsão interior ou pela lei externa. Descobrir e seguir o desígnio divino é, portanto, nossa liberdade. A vontade divina é aquela vontade mais profunda e melhor que emerge de nosso centro, embora, como eu já disse, estejamos com frequência em outro lugar! Deus nos chama para casa para vivermos nossa vocação. A comunicação da vontade divina é a comunicação *de si mesmo* por Deus, a ação da força interior do Espírito que produz em nós o tipo de liberdade que vemos Jesus exercer nos evangelhos. Ao procurar só a vontade do Pai, ele age com serena autoconfiança em face de pressões, ciladas e ameaças.

> Procurar e encontrar o desígnio divino é questão de descobrir a orientação do Espírito e colaborar com Deus (cf. 1Cor 6,1) que, segundo Inácio, trabalha para comunicar-se conosco de um modo profundamente íntimo — pelos estímulos do Espírito, principalmente por meio da consolação.

A experiência do "primeiro tempo" [175]. O primeiro "método" é realmente uma experiência que previne a necessidade de discernimento metódico. O "primeiro tempo", diz Inácio, é quando "Deus nosso Senhor move e atrai a vontade, de tal modo que a pessoa espiritual segue o que lhe foi mostrado, sem duvidar nem poder duvidar. Assim aconteceu com São Paulo e São Mateus, quando seguiram Cristo nosso Senhor" ([175]; cf. At 9; Mt 9,9).

Este é um caso de revelação divina? De conhecimento místico inspirado? Um caso extremo que Inácio inclui mais por razões sistemáticas que práticas[3]? Segundo Inácio, é essencialmente moção da vontade[4]. O intelecto segue. Inácio não dá nenhuma indicação de considerar esta experiência quase milagrosa ou excepcionalmente rara (como muitos têm suposto)[5].

O próprio Inácio relata uma dessas experiências. Quando se levantou certa manhã, em Manresa, teve uma visão de carne. Resolvera não comer carne. Entretanto, nessa ocasião, não tendo sentido nenhum desejo anterior de comer carne, sua vontade foi toda movida para retomar a prática de comer carne. Nem nessa ocasião nem ao rever o assunto mais tarde ele duvidou de que isso era o que devia fazer[6].

Jules Toner relata o testemunho mais recente de certa "Malia". Malia nunca pensara em entrar para a vida religiosa. Contudo, no último dia de um retiro para estudantes do último ano do ensino médio, ela foi de repente movida a escolher a vida religiosa com convicção irrevogável. Ao visitar a capela, "Quando começou a ajoelhar-se, sentiu um forte choque — como o de um relâmpago, que a atravessou

---

3. A última opinião é de RAHNER, KARL, The Logic of Concrete Individual Knowledge (cap. 15, n. 9, acima), 128, n. 25.

4. Embora haja quem identifique a experiência do "primeiro tempo" com a consolação sem causa precedente [cf. 330, 336], em lugar algum Inácio indica expressamente que a consolação é essencial a esta experiência (cf. TONER, *DecisMakg*, 116).

5. Sampaio COSTA, ALFREDO, The "Times" of Ignatian Election. The Wisdom of the Directories, *The Way* 42, n. 4 (out. 2003) 80. Entretanto, a experiência "de Malia" é certamente excepcional. Veja a seguir.

6. *Autobiog* 27.

da cabeça aos pés. Sentiu todo o seu ser erguido em um intenso 'sim!' Ela não tinha nenhum controle sobre ele [...] Não havia nenhuma imagem, nenhuma palavra, nenhum argumento, nenhuma dúvida, nenhum processo de raciocínio a fazer. Estava decidido — ponto! Ajoelhou-se ali alguns segundos para absorver o impacto. Havia uma sensação de grande paz e alegria e direção". A decisão de Malia foi testada pela oposição inicial dos pais, um noviciado difícil e provações através dos anos. Porém, o tempo todo, a lembrança de sua experiência no retiro manteve-a convicta de que Deus a escolhera para aquele modo de vida[7].

Tomar decisões no "segundo tempo" [176]. A não ser pelo "primeiro tempo", a situação preferida[8] para tomar decisões é quando "a pessoa recebe bastante clareza e conhecimento pela experiência de consolações e desolações, e pela experiência do discernimento de vários espíritos" [176]. É o "segundo tempo".

Consolação e desolação dão origem a inclinações para a ação e para longe dela, e a pensamentos a respeito da ação. Segundo Daniel Gil, quando Inácio "nos fala de consolação, sempre se refere a sentimentos acompanhados de uma inclinação, uma orientação, com inspirações ou pensamentos que dela emergem e a tornam inteligível"[9].

Inácio diz que a pessoa "quando se acha em consolação, deve observar a qual alternativa Deus a move e da mesma maneira na desolação"[10]. Para onde a consolação me inclina? Para Seattle ou Toronto? Para desposar Ben? Para adotar Ricardo? Para o ministério? Para opor-me à pena de morte? Para falar, ou ficar calado? E a que a desolação me atrai, do que ela me afasta? As Regras de discernimento nos dizem que "como na consolação, mais nos guia e aconselha o bom espírito, assim, na desolação, o mau" [318]. A desolação nos atrai para coisas "baixas e terrenas"

---

7. Toner, *DecisMakg*, 112-113. A citação prolongada é de um relato escrito por "Malia".
8. *DirAutog* 18.
9. Gil, *Discernimiento* (cap. 6, n. 3, acima), 171. A "ação", em questão, pode ser específica, ou vaga e geral.
10. *DirAutog* 18. Ele acrescenta: "A pessoa pode proceder apresentando a Deus um lado um dia e o outro no dia seguinte [...] e observando em que direção Deus nosso Senhor dá a maior indicação de sua divina vontade — como alguém que apresenta vários alimentos a um príncipe e observa qual deles é de seu gosto". *DirAutog* 21; trad. para o inglês em Palmer, *Giving*, 9. Este texto não especifica que a "indicação" esperada é uma consolação e o contexto sugere que este exercício pode ser feito em qualquer dos "tempos". Entretanto, alguns diretórios primitivos o propõem para o segundo "tempo". Além disso, ao escrever as Constituições da Companhia de Jesus, Inácio seguiu esse método, recebendo indicações da vontade divina por intermédio de consolação e visões. Veja Ganss, G. E., SJ (ed.), *Ignatius of Loyola* (cap. 13, n. 8, acima), 238-270, e *Autobiog* 100, ibid., 111; *Obras*, 177.

[317] e surgem pensamentos espontâneos a respeito de estratégias menos generosas. Portanto, quando em desolação, não devemos reverter decisão importante. Por outro lado, a consolação produz pensamentos magnânimos e inclina para a ação generosa. O Espírito de Cristo nos move a segui-lo. Durante o tempo de eleição, a pessoa que faz os Exercícios Espirituais contempla a vida de Cristo, suplicando para amá-lo mais profundamente, a fim de segui-lo mais de perto.

Consolação (e desolação) movem a imaginação e o pensamento, de modo que imagens, pensamentos e consolação (ou desolação) reforçam-se mutuamente, inclinando a pessoa para a (ou longe da) ação. Entretanto, essencial no "segundo tempo" não são os pensamentos e as imagens em si, mas a moção dos sentimentos e da vontade[11].

Na visão inaciana, Deus age *diretamente* com as pessoas na consolação [15]. Embora nenhuma "causa" seja necessária para isso, contudo a oração e outros "exercícios espirituais" abrem caminho para a consolação. Enfrentar decisões importantes — como desposar ou não Ben, entrar para o ministério, ou adotar Ricardo — também provocam consolação e desolação, além de angústia e provação. Eventos no mundo — uma obra de arte, um pôr do sol, um poema, "um ato aleatório de gentileza", uma passagem bíblica, até um crime sem sentido ou algum "sinal dos tempos" no noticiário vespertino — também desencadeiam a consolação que nos move para a ação, mesmo no alvoroço da vida cotidiana[12].

Entretanto, a consolação no "segundo tempo" raramente nos atrai uniformemente e sem ambiguidade para uma única alternativa prática. Na consolação, o Espírito Santo nos guia "mais" [318], mas não de maneira infalível. Também o "inimigo" induz a consolação para aos poucos transformar boas intenções em intenções más ou menos boas. Portanto, uma ou duas moções interiores geralmente são insuficientes para determinar aonde o Espírito nos conduz. O segundo tempo requer "bastante [assaz] clareza e conhecimento", reunidos por meio de repetidas

---

11. No segundo tempo, a pessoa faz "um julgamento por conaturalidade afetiva que o objeto do impulso volitivo é o que deve ser escolhido", Toner, *DecisMakg*, 137. Alguns diretórios primitivos salientam que no segundo tempo a pessoa procede sem raciocínio digressivo (veja os Diretórios de Polanco 82, Miró 86, Cordéses 130 e o Diretório Oficial de 1599, 190, 220, 221; trad. ing. em Palmer, *Giving*). Determinar as razões é próprio do terceiro tempo.

12. Referindo-se ao contexto do retiro, escreve Ivens, Michael, *Understanding*, 128, n. 75: "Nem o 'estado interior' do processo de eleição — atenção à qualidade de motivação, a moções dos espíritos e a respostas ao Evangelho — substitui olhar para fora, procurar discernir a palavra de Deus em acontecimentos e situações e em vozes proféticas que ajudam a interpretar as reivindicações que estes fazem a nós".

experiências de moções interiores. O que conta são padrões de experiência[13]. Quanta luz, quanta experiência de consolação é suficiente para chegar a uma decisão depende da gravidade do assunto e do tempo disponível. "Entretanto, no discernimento de Inácio, uma coisa parece ser o 'argumento decisivo' para ele", escreve Toner. É uma "sensação de segurança por ter feito um bom discernimento e descoberto a vontade divina; ficar livre da ansiedade quanto a contrariar a vontade divina [...] Em suma, é uma certeza tranquila de que fez tudo que devia fazer"[14].

Tomar decisões no "terceiro tempo" [177-188]. Embora a consolação e a desolação sejam normais ao tomar uma decisão importante, elas não são inevitáveis. E quando ocorrem, podem não produzir "bastante clareza". Nesses casos, Inácio recomenda dois modos de tomar decisões no "terceiro tempo". O terceiro tempo é um tempo de tranquilidade e os dois submétodos para esse tempo dependem de razões. Um tempo de tranquilidade é tempo de paz interior, não necessariamente profunda paz, mas sem fortes consolações e desolações ou o tipo de agitações — raiva, medo, preocupação, depressão, fadiga — que inibe o raciocínio claro e o julgamento seguro[15].

O discernimento por meio do raciocínio é apropriado principalmente para tomada de decisão comum. De fato, embora não possamos esperar que experiências subjetivas de consolação e desolação coincidam, membros do grupo podem apelar para os mesmos dados objetivos ao procurarem juntos a coisa mais razoável a fazer[16].

---

13. Devemos ter muita cautela ao tirar conclusões práticas da desolação. Cf. Toner, *Decis-Makg*, 154-156.
14. Ibid., 158-159.
15. Veja ibid., 166-168.
16. Sobre discernimento comum, veja Futrell, John Carroll, *Making an Apostolic Community of Love. The Role of the Superior according to St. Ignatius of Loyola*, St. Louis, IJS, 1970, capítulo 6; idem, Communal Discernment. Reflections on Experience, *SSJ* 4, n. 5 (nov. 1972); Toner, Jules, A Method for Communal Discernment of God's Will, *SSJ* 3, n. 4 (set. 1971); idem, The Deliberation That Started the Jesuits. A Commentary on the *Deliberatio primorum Patrum*, *SSJ* 6, n. 4 (jun. 1974); Örsy, Ladislas, Towards a Theological Evaluation of Communal Discernment, *SSJ* 5, n. 5 (out. 1973); De Vies et al., Communal Discernment, *New Trends*, Subsidia ad Discernendum 14 (Rome, CIS, 1981); Barry, William A., Toward Communal Discernment. Some Practical Suggestions, *The Way Supplement* 58 (primavera 1987) 104-112; Hamilton, Andrew, Correct Weight for Communal Discernment, *The Way Supplement* 85 (primavera 1996) 17-27; Varley, Virginia, Fostering the Process of Discerning Together, ibid. 84, 97.

O primeiro modo de decidir em um tempo de tranquilidade é listar os prós e os contras de várias alternativas e avaliá-los. O segundo modo envolve três experimentos-pensamentos ou exercícios da imaginação.

No primeiro modo, você (ou os membros de seu grupo) primeiro recorda o Fundamento: todas as decisões devem ser dirigidas ao serviço do Reino de Deus. Você deve, portanto, esforçar-se para superar o preconceito que obscurece o julgamento [179].

O passo seguinte é pedir a Deus para mover sua vontade em direção à melhor alternativa e ajudá-lo a usar a razão para descobri-la e escolhê-la [180]. Em seguida, considerar e avaliar os prós e os contras para cada alternativa, observando para onde a razão, não os sentidos, mais se inclina [181-182] (veja abaixo).

O que conta como "prós e contras" ao usar esse submétodo depende da coisa proposta. Inácio dá exemplos excelentes (embora gerais) nas *Constituições*, onde ele especifica critérios para trabalhos que os jesuítas devem assumir. Ligeiramente adaptados, os critérios são como se segue: no mais não havendo diferenças, devemos escolher trabalhar: 1) onde há necessidade maior ou mais urgente, 2) onde é de se esperar mais fruto (por exemplo, onde mais pessoas se beneficiarão), 3) onde temos um débito de gratidão, 4) onde os beneficiários de nosso serviço vão, por sua vez, ajudar outros (o efeito multiplicador), 5) onde o inimigo "semeou ervas daninhas" que podem prejudicar nossos esforços no futuro, 6) onde se esperam benefícios espirituais ou materiais, 7) onde estamos mais equipados para satisfazer a necessidade e outros são menos aptos a fazê-lo. Além disso, *no mais não havendo diferenças*, devemos escolher trabalhar 8) onde há maior segurança em vez de perigo, 9) onde o bem pode ser alcançado mais fácil e rapidamente, e 10) onde os trabalhos vão perdurar e continuar a dar frutos[17].

O segundo modo de tomar uma decisão no "terceiro tempo" é uma espécie de "recurso final", durante o processo de eleição do retiro[18], para quando os outros métodos não dão nenhuma indicação clara da intenção divina. Também se baseia no raciocínio. Envolve três experimentos-pensamentos, três "duchas frias" destinadas a superar a covardia e a pusilanimidade a fim de pensar direito e escolher o caminho mais benéfico, não importa o custo. Os três exercícios ajudam a

---

17. Cf. *Const* 622-623. Veja também *Const*. Parte VII, capítulo 2.
18. *DirAutog* 20.

assegurar que o motivo definitivo para a decisão final seja o amor que "desça do alto" [184][19].

O primeiro experimento é considerar uma pessoa que você jamais conheceu nem viu antes e perguntar-se o que aconselharia a ela a escolher nessa situação — supondo que você desejasse só o melhor para essa pessoa e que a eleição devesse ser para o maior bem. Então siga o mesmo conselho que você daria [185].

O segundo experimento é imaginar-se no leito de morte e considerar o que então desejará ter escolhido. Escolha o que lhe dará paz e satisfação quando chegar seu último dia na terra [186].

O terceiro experimento é considerar o que desejará ter decidido quando, depois da morte, encontrar-se com Cristo, que o amou até o fim, para lhe prestar contas de sua conduta [187].

Inácio aplica esses métodos em suas Regras para distribuir esmolas [337-344], não raro repetindo a linguagem dos experimentos-pensamentos, palavra por palavra, e enfatizando o seguimento de Cristo na austeridade [344][20]. Isto é, ele recomenda esse método para decidir o que contribuir para os outros necessitados e como administrar nossos recursos.

No terceiro tempo, pelo menos, o discernimento não termina com a sensação de que fizemos tudo que é necessário e, portanto, encontramos a melhor opção (o "argumento decisivo"). Depois dessa decisão, Inácio recomenda oferecê-la a Deus em oração e procurar *confirmação* [183, 188]. Psicologicamente, é fácil entender isso. Suponha que Carmen e Ben tenham conversado a respeito de se casar. Carmen tem vacilado. Finalmente, parece que os indícios convenceram Carmen e ela opta pelo casamento. Agora que atravessou essa ponte, começa a cair a ficha das implicações de sua decisão. A decisão ajuda a eliminar quaisquer reservas subconscientes e a entender melhor no que ela está se metendo! Fica claro para Carmen que ela tomou a decisão certa ou que desposar Ben não é a melhor opção, ao menos por enquanto. A experiência de confirmação (ou refutação) é assim. Assume muitas formas. Embora possa vir em forma de consolação, também consiste em "novas razões, percepção de maior força nas razões já tidas, intensificação da moção de vontade [...] e uma sensação de certeza de quem discerne, de que fez

---

19. O amor de Deus e por Deus não exclui outras motivações, mas antes alinha-os com esta motivação mais profunda. Veja o *Diretório Oficial* de 1599, 174.

20. "Sempre é melhor e mais seguro [...] naquilo que se refere à sua própria pessoa e nível de vida, tanto mais cortar e diminuir quanto mais se aproximar de nosso Sumo Pontífice, Cristo nosso Senhor, exemplo e regra para nós" [344], trad. em IVENS, *Understanding*, 240. Cf. 2 Coríntios 9,7.

tudo o que razoavelmente podia ter feito e que a vontade divina foi alcançada"[21]. Resultados positivos não são essenciais para a confirmação ou o discernimento sensato. O aparente fracasso não é prova de que cometemos um erro — como a morte de Jesus deixa claro[22].

A relação dos três métodos de tomada de decisão. A experiência do "primeiro tempo" é, sozinha, suficiente para chegar a uma decisão quanto a um assunto importante[23]. Mas e os métodos do segundo e do terceiro "tempos"? Por si só, cada um é suficiente ou devem ser combinados? Um método é superior aos outros?

Essas questões despertam debate animado, pois aqui está em jogo mais do que a princípio se poderia supor. Inácio deu claramente ao segundo método de consolações e desolações prioridade sobre o raciocínio no terceiro tempo. Entretanto, logo depois de sua morte, os intérpretes começaram a reagir contra os chamados *alumbrados* ou iluminados, principalmente na Espanha, um movimento definido imprecisamente cujos participantes se imaginavam iluminados pelo Espírito Santo. Apelavam à experiência imediata de Deus, independentemente de instituições religiosas. Em reação, os primeiros intérpretes de Inácio enfatizaram os perigos de revelações particulares. A reação salientou não só as salvaguardas de obediência à autoridade da Igreja (como Inácio fizera), mas também a preeminência da razão no discernimento. Dessa maneira, ao contrário do ensinamento inaciano, o método racional para o tempo de tranquilidade veio a ser considerado caminho mais prudente e mais seguro que o método do segundo tempo baseado em moções afetivas. A preferência pelo caminho da razão ao caminho do afeto tornou-se venerada no Diretório Oficial dos jesuítas de 1599, que daí em diante guiou a apresentação dos Exercícios inacianos[24].

---

21. Toner, *DecisMakg*, 210. O mesmo "argumento decisivo" que se aplica ao processo anterior de chegar a um julgamento (experimental) também se aplica ao término da procura de confirmação, ibid.

22. Cf. Toner, *CommRules*, 50-51, 66, 228.

23. Entretanto, veja as restrições de Toner, *DecisMakg*, 121-127, e Ivens, *Understanding*, 136.

24. Veja Nevado, José, SI, El segundo tiempo de elección en los Ejercicios, *Manr* 39 (1967) 41-54; Sampaio Costa, The "Times" of Ignatian Election, 73-88. Além de preferir o segundo método ao método do terceiro tempo nos *Exercícios Espirituais* [178] e *DirAutog* 19, na prática Inácio preferia o segundo método em momentos críticos de sua vida; por ocasião de sua conversão, na decisão de ir a Jerusalém, na deliberação sobre a pobreza no *Diário Espiritual*, ao se opor ao cardinalato para Francisco Borja (cf. *Obras*, 909-910; *LettIgn*, 257-258) e ao escrever as Constituições da Companhia (cf. *Autobiog* 101). Entretanto, quando escreveu seu diretório cerca de trinta anos depois da morte de Inácio, Gil Gonzáles Dávila sentiu a necessidade de advertir "que uma pessoa ser guiada sozinha só por moções interiores e sentimentos é altamente perigoso e fonte de todas

A suspeita do segundo método e o temor de "entusiasmo" descontrolado — "Espiritofobia" como Tad Dunne a chama apropriadamente[25] — persistiram até o século XX na obra do retiro e na prática pastoral católica em geral. Felizmente, estudos recentes ajudaram a reabilitar o segundo método. Karl Rahner colaborou para essa restauração e Harvey Egan desenvolveu sistematicamente as ideias de Rahner. A posição geral de Rahner e Egan (eles discordam em alguns pontos) resume-se como se segue: o segundo método, o de avaliar consolações e desolações, é mais confiável para encontrar a vontade de Deus do que o método baseado na razão para o terceiro tempo. O método do primeiro tempo é raro caso de limite do segundo e o terceiro método é forma derivada do segundo. Enquanto o segundo é suficiente por si só para tomar decisões importantes, o terceiro não é; é antes confirmatório do segundo, pois no terceiro tempo somos guiados unicamente por nossos poderes naturais. Em suma, examinar minuciosamente consolações e desolações é o método de discernimento ideal; o raciocínio empregado no terceiro tempo é auxiliar[26].

A obra do Espírito Santo — o Espírito de que Jesus e todos os profetas genuínos estavam repletos — tem sido cronicamente subestimada no cristianismo ocidental e a cultura ocidental com frequência nega o poder revelador da afetividade. Contra esse pano de fundo, a reabilitação do segundo método é certamente bem-vinda. Inácio considerava-o mais confiável que o modo da razão. Mas isso torna o modo da razão puramente acessório? Não. Inácio considerava cada um dos três métodos autônomo e confiável por seus próprios méritos. Apresentou-os como

---

as ilusões e iluminações [*alumbramientos*] pelos quais o diabo tem travado poderosa batalha contra a Igreja de Deus". Depois de desenvolver essa tese, ele concluiu: "Por essa razão dizem que o terceiro método da eleição é mais prudente" (DÁVILA, GONZÁLEZ, 135 e 140, em PALMER, *Giving*, 258-259; tradução ligeiramente alterada). Mais tarde o Diretório Oficial incorporou esse julgamento: "o terceiro modo, por meio de reflexão e raciocínio é mais prudente e mais seguro" que o segundo (n° 190; cf. n° 204; em PALMER, *Giving*, 330, 333).

25. DUNNE, TAD, The Cultural Milieus of the Spiritual Exercises, in: *A New Introduction to the Spiritual Exercises of St. Ignatius*, Collegeville, Minn., Michael Glazier, 1993, 20.

26. Veja RAHNER, KARL, The Logic of Concrete Individual Knowledge (cap. 15, n. 9, acima), principalmente 103-109, 128, n. 25, e EGAN, HARVEY D., *The Spiritual Exercises and the Ignatian Mystical Horizon*, St. Louis, IJS, 1976. DULLES, AVERY, Finding God's Will, *Woodstock Letters* 114 (primavera 1965) 139-152, traz um resumo claro do ensaio difícil de Rahner. GREEN, THOMAS, SJ, *Weeds among the Wheat*, Notre Dame, Ind., Ave Maria Press, 1984, 87-88, apresenta os três métodos como distintos, mas considera o terceiro incompleto e indigno de confiança sem o segundo. De acordo com Green, no terceiro imaginamos o que Deus nos diz; no segundo, realmente o "ouvimos". Trad. bras.: *Ervas daninhas entre o trigo*, São Paulo, Loyola, 2005.

Três tempos em que [*en cada uno dellos*] se faz boa e sadia eleição [175]. Às vezes desvalorizado, o modo da razão é por si só adequado para descobrir o propósito divino. Quando usamos o método da razão, Deus não nos deixa simplesmente fazer o que queremos. Antes, Deus liberta nosso raciocínio do preconceito e ajuda nossa memória e nosso intelecto a avaliar os indícios[27] — a graça aperfeiçoando a natureza, como disseram os escolásticos. Não é que sentimentos puros sejam preferíveis à razão corrupta, ou a razão pura preferível a sentimentos corruptos. É questão de rotas diferentes mas legítimas para a melhor estratégia, dependendo do estado subjetivo da pessoa.

O segundo e o terceiro métodos são usados em conjunto[28]. Dependendo da gravidade do assunto e do tempo disponível, é desejável que o método da razão confirme o segundo método — e vice-versa. Isso pode até ser necessário para chegar à sensação que fizemos tudo que podíamos para chegar à melhor decisão possível.

Para descobrir o desígnio divino

Não paramos de rezar por vós e de pedir que conheçais plenamente a sua vontade, em toda sabedoria e inteligência dadas pelo Espírito.
(Cl 1,9)

Tendo feito tudo que podia, Inácio sentiu-se seguro de ter encontrado a vontade divina. Em que bases ele tinha tal pretensão? Podemos dizer o mesmo se seguirmos esses métodos? A certeza inaciana não se baseava em uma teoria dos poderes do intelecto humano, nem na infalibilidade de consolações ou outros

---

27. Cf. *Exercícios Espirituais* [20]; TONER, *DecisMakg*, 169-170. Os primeiros diretórios afirmam claramente a suficiência do terceiro método. Veja TONER, *DecisMakg*, 249-250. Pelo menos implicitamente, Inácio afirma a suficiência do segundo método em [178]. Em carta a Ramíres de Vergara (30 de março de 1556), ele confirma a suficiência do terceiro método quando o segundo não indicar um caminho claro. Inácio escreveu-lhe: "é verdade que, a fim de procurar coisas melhores e mais perfeitas, a inclinação da razão é suficiente". Embora a vontade e as afeições não dessem indicações claras a Ramíres, Inácio assegurou-lhe que, se ele seguisse a clara orientação da razão, Deus então inclinaria também a vontade e facilitaria a execução. *Obras*, 1086; *LettIgn*, 416-417. Na "Deliberação" de 1539, ao decidirem fundar a Companhia de Jesus, Inácio e seus companheiros confiaram essencialmente no terceiro método de prós e contras (texto inglês em FUTRELL, *Making an Apostolic Community*, 187-194, e em TONER, The Deliberation That Started the Jesuits [as duas referências na n. 16, acima]).

28. Inácio registrou seu uso paralelo no *Diário Espiritual*. Veja o parágrafo nº 15 em GANSS (ed.), *Ignatius of Loyola* (cap. 13, n. 8, acima), 241.

dados da experiência. No fundo, sua certeza baseava-se na crença de que Deus é supremamente bom e só exige que façamos o melhor que pudermos para determinar a estratégia mais benéfica. Deus teria de ser maldoso ou inconstante para exigir alguma coisa de nós e então nos decepcionar depois de nos esforçarmos ao máximo para fazê-lo. No fim, a convicção inaciana baseava-se na "fé na dádiva divina do Espírito Santo"[29]. Sua experiência convenceu-o que Deus está mais ansioso para comunicar o que é bom para nós, do que nós estamos para descobri-lo e adotá-lo.

Disso se segue que este tipo de certeza de ter descoberto a vontade divina não está reservada a uma elite espiritual. Também nós teremos essa certeza, se estivermos prontos para ser guiados por Deus ("indiferentes") e para fazer tudo que pudermos para descobrir a melhor decisão[30]. É estímulo poderoso para perseverar em face de obstáculos. Permitiu a Tessie, a amiguinha de Robert Coles, confrontar segregacionistas zombeteiros em Nova Orleans.

Contudo, a certeza de fazer a vontade divina implica diversos modos que precisamos lembrar para evitar o fanatismo e ser iludidos por nós mesmos. Em primeiro lugar, só alcançamos a convicção moral, não a convicção absoluta, quanto ao propósito divino. A convicção moral vê confusamente, como pelo espelho (compare 1Cor 2,15-16 e 13,12) e permanece aberta à revisão. Os métodos inacianos nos permitem descobrir a vontade de Deus *para agora*. A melhor estratégia depende das circunstâncias e as circunstâncias mudam. Quando novas informações vêm à luz, precisamos estar preparados para reconhecer que a que tinha sido a melhor opção pode já não ser a melhor. Toner é mais categórico: Os métodos inacianos nos permitem descobrir só o que devemos *tentar* fazer[31]. Não garantem os resultados de nossos esforços. Você pode decidir ir trabalhar na África, digamos, e então ficar doente demais para ir, o que não significa que você tomou a decisão errada. A decisão parecia boa quando você a tomou. Pode parecer que nossos esforços foram insuficientes. Mas, como mostra o aparente fracasso de Jesus, isso não significa que estávamos errados quanto ao que Deus pediu de nós. Além disso, como só temos certeza quanto ao que devemos *tentar* realizar, não vamos buscar o sucesso (como o imaginamos) a qualquer custo. Vamos fazer o melhor que pudermos e deixar os resultados na mão de Deus. Inácio, que canalizou todas

---

29. Toner, *DecisMakg*, 286.
30. Veja ibid., 312.
31. Veja ibid., capítulo 5.

as energias para fundar e organizar a Companhia de Jesus, disse certa vez que se a Companhia fosse proibida, ele só precisaria de quinze minutos para acostumar-se à ideia[32].

Finalmente, o discernimento pessoal só descobre o que *eu* devo fazer (ou tentar fazer) — não o que Maria ou Joe devem fazer. (O discernimento comum é outro assunto.) Isso livra-me da necessidade de coagir outras pessoas em nome da minha cruzada — e da frustração quando elas não a adotam.

> ### Por trás dos três tempos
>
> Se os métodos inacianos para tomar decisões respondem à ação do inescrutável Mistério divino sobre nós, eles refletem, contudo, uma lógica franca. Entendemos isso ao notar que nossa vida interior consiste em três realidades misturadas: volição, afeto e inteligência (esta última incluindo memória, imaginação, raciocínio, entendimento e julgamento). No primeiro tempo para a tomada de decisão, Deus move a *vontade*; no segundo, os *sentimentos*; no terceiro, Deus colabora com nosso *raciocínio*. A ação divina é mais aparente no primeiro tempo, menos aparente no segundo e menos ainda no terceiro. Somos mais ativos no terceiro, menos no segundo e menos ainda no primeiro.
>
> A vontade, ou volição, é uma espécie de "leme" que guia a pessoa toda, enquanto os sentimentos movem uma parte de nós e não raro divergem entre si. Como ela move o todo, localizamos a volição no centro pessoal e às vezes até falamos da vontade como se ela fosse o todo. Seguindo Aristóteles, os escolásticos definiram a vontade como "apetite racional". Isto é, a volição participa do afeto e também da racionalidade. Podemos imaginar a vontade como o vértice de um "V", sendo os sentimentos e o intelecto os dois braços. Deus move a pessoa toda tocando a vontade diretamente no primeiro tempo. Deus move os sentimentos diretamente no segundo tempo e move o intelecto — embora de maneira menos perceptível — no terceiro.

---

32. Cf. Câmara, Luis Gonçalves da, *Recuerdos ignacianos. Memorial de Luis Gonçalves da Câmara*, Montes, Benigno Hernández, SJ (ed.), com comentário, Bilbao e Santander, *Mensajero* e *Sal Terrae*, 1991, 143, § 182. Doravante, refiro-me a esta obra como o *Memorial*, como é frequentemente conhecido, e aos parágrafos segundo a numeração padrão. O desapego dos resultados de nossas ações também é princípio fundamental das escrituras hindus, o *Bhagavad Gita*.

"Procurando a vontade divina" é melhor deixar que "o mesmo Criador e Senhor se comunique à pessoa espiritual, abraçando-a [...] agi[ndo] *imediatamente* [diretamente] com a criatura e a criatura com seu Criador e Senhor" [15]. Inácio quer dizer que Deus lida com as pessoas diretamente, ao menos nos dois primeiros tempos para eleição. (Essa imediação não exclui toda mediação. A imediata ação divina é sempre mediada, visto que sempre experimentamos essa ação em nós mesmos, isto é, em e por meio de nosso corpo, nossa afetividade — inclusive nosso inconsciente — nossa imaginação, nossa inteligência etc.)
Comparada com os dois primeiros "tempos", Inácio pressupôs uma atividade divina menos perceptível no terceiro tempo. Contudo, ele diz que em tempo de tranquilidade, devo pedir a Deus que queira mover minha vontade e "dispor-me" ao que devo fazer [180]. Também alhures, ele atribui pensamentos ao bom espírito e ao mau [32; cf. 17, 336, 351], observando que tais pensamentos vêm "de fora" de nós [32], querendo dizer, ao que parece, que eles surgem espontaneamente, independentemente de nossa vontade e esforço[33].

Conclusão

Inácio explica esses três modos de tomar decisões nos *Exercícios Espirituais*, principalmente para ajudar as pessoas a fazer escolhas vocacionais sábias — a respeito de casamento, ministério, vida religiosa, ou mudança de carreira. Discernimos assuntos altamente pessoais como esses enquanto excluímos considerações de grande parte de nosso contexto social. Por outro lado, discernir problemas de ação, tais como abrir uma escola e onde, ou dedicar-se à desobediência civil na semana que vem, requer conhecimento detalhado do ambiente social.

Os métodos inacianos que examinamos identificam os principais obstáculos para uma vida de serviço generoso, a saber, o temor de provações ("pobreza") e temor de rejeição ("insultos"). Entretanto, esses temores não são os únicos impedimentos para o discernimento. Bloqueios psicológicos, preconceito e experiência limitada também nos impedem de descobrir o que devemos fazer, descobrir o

---

33. Cf., entre outros, IVENS, *Understanding*, 37. Veja uma outra interpretação do assunto desta nota em BUCKLEY, MICHAEL J., SJ, The Structure for the Rules for the Discernment of Spirits, *The Way Supplement* 20, 1973, 19-37.

propósito divino. Embora não invalidem o discernimento em um retiro, precisamos abordá-los mais extensamente em um prazo longo.

Os métodos inacianos nos aceitam como somos neste momento, como amadurecemos até este ponto e considerando as informações disponíveis para nós. Embora nos ajudem a descobrir o que Deus nos pede agora, ainda assim, a imaturidade, a ignorância e o preconceito inconsciente que resta em nós — limitações que não conseguimos superar no ato — restringem o que Deus nos pede razoavelmente neste momento. Não respondemos à fome em nossa cidade, se não temos conhecimento dela.

Tudo isso indica a necessidade de uma série mais completa de critérios de discernimento — discernir questões complexas na vida cotidiana, superar a falta de percepção e o preconceito e promover o crescimento constante na sensibilidade moral e na sabedoria prática.

17

O caminho de verdade e vida

Saberás justiça, equidade, retidão, e todas as vias que conduzem ao bem.
Quando o saber vier ao teu coração, a sabedoria há de ser tuas delícias.
(Pr 2,9-10)

Os *Exercícios Espirituais* propõem três modos diferentes para tomar decisões vocacionais: primeiro, quando Deus move diretamente a vontade; segundo, por meio da avaliação das consolações e desolações; e terceiro, por meio do raciocínio. Esses métodos também nos ajudam a decidir questões práticas da vida cotidiana, por exemplo, como lidar com um problema de drogas em casa ou no trabalho, abrir ou não uma escola, ou boicotar ou não uma empresa que polui o rio. Ao contrário do discernimento vocacional, esse tipo requer a reunião de informações, às vezes muitas delas — sobre históricos pessoais e drogas, sobre a viabilidade de abrir uma escola na Zona Norte, sobre as práticas da empresa poluidora e seus efeitos e assim por diante. Ao decidir questões técnicas, adquirir informações é decisivo. Pense no desafio de equilibrar planos de desenvolvimento com custos ambientais ou projetar uma estratégia de paz para grupos em desacordo. Ainda assim, embora reunir dados seja difícil, o desafio que apresenta é simples.

Experiência limitada e falta de percepção apresentam um tipo diferente de desafio para o discernimento. Muitas pessoas decentes ignoram a extensão da pobreza estrutural no mundo; as dimensões de nossa crise ambiental; a escalada da violência contra mulheres, o abuso infantil e o aborto em nossas sociedades; as condições desumanas dos estabelecimentos que oferecem más condições de trabalho em seu país ou em países estrangeiros; o perigo da proliferação de armas de destruição em massa; e a propagação do racismo e do patriarcado.

Até certo ponto, falta a todos nós a percepção de questões como essas. Como esperarmos deter a pobreza, que espalha violência e degradação ambiental, a menos que mais pessoas decentes tomem consciência de como as coisas vão mal?

Preconceito

Com nossas origens diferentes, hoje temos dificuldade para concordar sobre os problemas e mais dificuldade para tomar uma atitude. As pessoas decentes debatem o livre-comércio, a pena de morte, as relações pré-maritais, a ordenação de mulheres, a política de imigração e o aborto. Mesmo quando conhecemos os fatos, discordamos sobre seu alcance e como responder a eles. Discutimos interminavelmente, até com coerência, sem resolver os problemas. Por quê? Não só porque temos diferentes suposições conscientes, mas também por causa das suposições em grande parte inconscientes que fundamentam nossa opinião. Refiro-me aos mitos e pressupostos antropológicos, cosmológicos e morais que constituem o horizonte do mundo de cada pessoa, a "grade" dentro da qual interpretamos e avaliamos dados. Marx, Freud, Nietzsche, Gadamer, sociólogos do conhecimento e feministas, todos trabalham para mapear esse fundamento de nossa vida consciente e racional. Muitos recomendam mais razão e percepção consciente como solução. Embora certamente isso seja necessário, é o bastante?

Os "pós-modernos" nos dizem que nossas suposições básicas dependem fundamentalmente de compromissos de valores, inclusive compromissos religiosos que são em última análise irracionais. Disso eles concluem que nossas opiniões e atitudes são mutuamente incomensuráveis e não temos nenhum jeito racional para arbitrar entre elas. Portanto, não devemos esperar debates cheios de valor para chegar a conclusões "corretas".

Embora haja alguma verdade nisso, a ideia deixa-nos aliviados com demasiada facilidade na medida em que nossas suposições não são examinadas e baseiam-se em experiência limitada e parcial e em preconceito infundado.

Nossa formação cultural (pela família, a escola, a Igreja e a mídia), nossa localização, nossa experiência e nossas escolhas passadas limitam nossa imaginação e inteligência. Juntamente com muitos benefícios, também herdamos os preconceitos e cegueiras de nossa classe social, nossa raça, nosso grupo etário, nossa religião e nação. Em resultado, problemas escapam à nossa atenção e algumas dúvidas deixam de surgir. Até esse ponto, a descoberta da verdade e o discernimento para agir dependem do desmascaramento da ignorância inconsciente, das falsidades e meias verdades que ficam entre nós e a realidade. Ao que parece até Jesus enfrentou esse desafio. Como outros judeus, tudo indica que ele supunha não haver fé fora de Israel. A mulher de origem siro-fenícia teve de convencê-lo do contrário (cf. Mc 7,24-30). Felizmente, Jesus estava aberto a esclarecimentos vindos de todas as fontes. Não somos culpados pela ignorância e o preconceito que, simplesmente, herdamos, não mais que Jesus o era. Infelizmente, ao contrário dele, apegamo-nos a nossos preconceitos e resistimos ao esclarecimento. Por quê? A inteligência guia-se pelo interesse. Temos participação em nossas suposições básicas. Elas estão arraigadas na estrutura de nossos desejos que foram moldados pela interação com nosso ambiente familiar e nossas instituições sociais. No fim, estão entranhadas em nossa identidade, de modo que questioná-las é questionar nossa ideia de quem somos e sacudir os alicerces de nosso mundo.

Portanto, uma clara percepção exige higiene cognitiva, o que requer mais que razão pura e percepção consciente, por mais importantes que estas sejam. Também requer desvendar os hábitos de nosso coração e pôr em ordem nossos comprometimentos. E já que nossas suposições e nossos comprometimentos mais profundos estão arraigados em nossa identidade, a libertação cognitiva depende da transformação pessoal (conversão).

Como poucos outros, Inácio de Loyola entendeu que afetividade e comprometimento, que são centrais para o problema, também são cruciais para a solução. Consolação — a moção do espírito — conduz à luz, desde que colaboremos por meio da práxis do amor que põe em ordem nossos amores desordenados.

Neste momento, todos devemos discernir o melhor que podemos, segundo nossas luzes. Mas, a longo prazo, precisamos considerar o modo como "nossas luzes" são limitadas[1]. Este desafio combina-se com o preconceito que todos herdamos de nossas famílias e comunidades, o que nos faz resistir a informações que reconfigurem nosso mundo. Projetamos retiros e oficinas em torno de assuntos como pobreza, raça ou ambiente. Mas precisamos de mais. O problema é profundo e a tarefa constante. O bom discernimento requer contínuo crescimento em sensibilidade moral, isto é, em nossa capacidade de entender o que está em

---

1. Michael Ivens distingue entre as necessárias "disposições imediatas principalmente em relação à eleição iminente" do retiro e aquelas "disposições habituais" que são o trabalho de uma vida. IVENS, *Understanding*, 123.

jogo em dada situação. (Isso é importante, principalmente quando precisamos tomar decisões rápidas. Não temos muito tempo para reagir a um despejo no inverno, a um furacão, ou a um assaltante. Nossos instintos precisam estar afiados e nossas prioridades em ordem.) Para isso precisamos de uma disciplina completa que ajude a expandir nosso horizonte e aprofunde a sensibilidade. Deve fazer parte de uma busca duradoura da verdade e da sabedoria prática.

Como sabemos, buscar a verdade e a coisa certa a fazer não é tarefa fácil nestes tempos pluralistas. Com a ajuda de companheiros de viagem, minha busca e minha luta através dos anos levaram-me a identificar diversos elementos que acredito devam fazer parte de nossa busca para que esta seja sincera e autêntica. (A autenticidade continua a ser um dos poucos critérios que hoje praticamente todos saúdam.) Juntas essas "pedras de toque" formam uma disciplina ou modo de proceder. Embora possamos argumentar a favor delas em termos estritamente racionais, a fé cristã ajuda-nos a ver mais claramente sua unidade e coerência.

As dez pedras de toque procuram levar em conta todos os modos em que a verdade nos vem pela experiência, o que significa dar atenção aos três polos da experiência: o mundo à nossa volta, nossa vida interior e a palavra cultural a respeito do mundo. Isso nos leva a concluir que descobrir a verdade e o discernimento seguro depende, primeiro, de enfrentar a realidade, principalmente a realidade das vítimas; segundo, da transformação pessoal e de discernir moções interiores; e, terceiro, de identificar-se com uma comunidade que sustente uma visão e práxis alternativas.

Dez pedras de toque do discernimento[2]

1. Razão e ciência

Para entender a realidade e agir bem, precisamos usar a cabeça. Precisamos observar, ler, lembrar, questionar, interpretar, pensar e dialogar. Em suma, precisamos raciocinar. E temos de fazê-lo sistematicamente. Precisamos das ciências — filosofia, psicologia, as ciências sociais e todas as outras disciplinas[3].

---

2. À sua maneira, os *Exercícios Espirituais* especificam os critérios 1a (Razão), 2, 3, 4, 5, 8, 9 e 10. Acrescentei 1b (Ciência), o que o 3 diz sobre as vítimas, 6 e 7 para abordar as preocupações mencionadas acima.

3. A racionalidade assume muitas formas. Veja, por exemplo, TOULMIN, STEPHEN, *The Uses of Argument*, Cambridge, Cambridge University Press; TRACY, DAVID, *Plurality and Ambiguity*.

Contudo, a razão por si só não basta. A realidade é razoável, mas somos simplórios se supomos que a razão sozinha nos leva a ela. Como a realidade é vasta e complexa e por causa de nossos preconceitos, chegar à verdade requer a razão considerada integralmente — isto é, razão enriquecida pela experiência, a prática, a imaginação e a afetividade; razão arraigada em transformação pessoal; razão que recorre, crítica e criativamente, a tradições de sabedoria.

2. Transformação pessoal

Como a vida é um drama moral, entendê-la requer empatia moral e, no fim, depende do tipo de pessoa que somos[4]. Por essa razão, entendimento e discernimento exigem transformação pessoal. De outro modo, caminhamos na escuridão[5]. É por isso que Jesus cura o cego e o surdo em pontos estratégicos dos evangelhos. "Transformai-vos pela renovação do espírito", escreve Paulo, "para chegardes a conhecer qual seja a vontade de Deus, a saber, o que é bom, agradável e perfeito" (Rm 12,2)[6]. Com a conversão vem a libertação cognitiva. Abrimo-nos ao mundo, despertando para novas coisas e vendo coisas velhas em uma nova luz.

3. Experiência e práxis

O que vemos depende de onde estamos. Entrar em mundos novos e atrair pessoas que são diferentes amplia nossos horizontes. Pessoas sofredoras, principalmente vítimas de injustiça, têm poder incomum para fazer isso.

Hermeneutics, Religion, Hope, Chicago, University of Chicago Press, 1987; GEBARA, IVONE, *Longing for Running Water. Ecofeminism and Liberation*, Minneapolis, Fortress, 1999, capítulo 1, Knowing Our Knowing. The Issue of Epistemology.

4. Entender a vida requer entrar em seu drama e deixar este drama entrar em nós. É o modo como passamos a conhecer outras pessoas e novos lugares. Devemos nos ajustar a eles na prática e na emoção, bem como conceitualmente. Na Bíblia, conhecimento é questão de experiência pela pessoa toda, ao contrário do pensamento ocidental que distingue claramente entre sensação e sentimento, por um lado, e conhecimento conceitual pelo outro. Veja do filósofo basco ZUBIRI, XAVIER, *Inteligencia sentiente. Inteligencia y realidad*, Madrid, Alianza, 1980, em que o autor faz exceção a esse dualismo. Para ele, os seres humanos são animais de "inteligência que sente", *inteligencia sentiente*. Não existe tal coisa como razão ou inteligência separada dos sentidos e sentimentos.

5. Cf. João 9; 3,19-20; 2 João 4; 3 João 3–4; 2 Tessalonicenses 2,12; Efésios 4,17-19; 5,8-14; etc.

6. Veja também Filipenses 1,9; 1 Coríntios 2,16. "A percepção é uma função do caráter; não é faculdade moralmente neutra, mas que só vê o que a pessoa já valoriza. A transformação da pessoa até seus valores mais importantes é, portanto, necessária para corrigir a visão do coração". SPOHN, *Go and Do Likewise* (cap. 9, n. 12, acima), 86.

Ação — práxis — aguça (ou embota) nossa percepção. O melhor lugar para analisar um jogo de basquete talvez seja nas laterais. Mas só entendemos o jogo da vida participando dele.

A ação afeta o entendimento do jeito que as decisões o fazem. Antes vimos como tomar uma decisão leva à confirmação do discernimento. Elimina ambiguidades e nos ajuda a ver os problemas mais claramente. A decisão de Santo Agostinho de crer, baseada em provas sólidas, mas inconclusivas, libertou-o do inferno do ceticismo. *Crede ut intellegas*, ele repetidamente incentivava os outros, "Creia para poder entender"[7]. Decisões arriscadas, mas razoáveis, esclarecem.

Do mesmo modo, a ação ajuda-nos a entender. O Grande Livro dos Alcoólicos Anônimos diz que não precisamos tanto pensar em novo modo de agir; precisamos agir em novo modo de pensar. Pela ação, entramos na realidade e a realidade entra em nós. A práxis levanta questões; força-nos a decifrar as coisas — e a mudar.

Entretanto, nem toda ação aproxima-nos mais da verdade. Para saber a verdade, precisamos praticar a verdade: "Quem pratica a verdade aproxima-se da luz" (Jo 3,21; cf. 1Jo 1,6 e Jo 7,17). É a pessoa que pratica a compaixão que enxerga direito. *Ama ut intellegas*: Ame para poder entender.

Quando ligada à compaixão, a prática e a contemplação religiosa, que fazem parte da razão considerada integralmente, também aguçam a percepção e a sensibilidade[8]. Praticamos o discernimento no ritmo de ação-contemplação-ação.

4. Amor e discipulado

A conversão abre-nos para o valor de toda vida e, principalmente, para reconhecer nosso próximo como outra personalidade, o que faz do amor a norma suprema da ação. Para os cristãos, isto significa seguir Cristo, que disse:

"Amai-vos uns aos outros *assim como eu vos tenho amado*" (Jo 15,12).

5. Discernir moções interiores

Como disse Pascal, o coração tem razões que a própria razão desconhece. A consolação nos move previsivelmente para a autotranscendência. O coração convertido

---

7. Veja GILSON, E., *The Christian Philosophy of St. Augustine*, New York, Random House, 1960, Parte I, cap. 1.

8. Veja SPOHN, *Go and Do Likewise*, principalmente os capítulos 2 e 5. Fazem parte do sistema de apoio da vida comprometida.

(não bem qualquer coração nem bem qualquer inclinação) tende para o verdadeiro e bom[9].

Assim como o pai da mentira está por trás da desolação, o Espírito da verdade está por trás da consolação (Jo 8,44; 14,17). A desolação dá origem a imagens e conceitos que estreitam nosso horizonte e distorcem a realidade. A consolação dá origem a imagens e conceitos que expandem nosso horizonte e libertam-nos do preconceito. Alguns exemplos, baseados na experiência das pessoas, esclarecem a questão.

Toda experiência consciente é experiência interpretada. Assim, quando nos sentimos solitários, geralmente uma interpretação espontânea acompanha a experiência. Não só eu me sinto sozinho; uma "palavra" interpretativa brota dentro de mim: "estou solitário" ou "estou só". É importante distinguir entre o sentimento e a interpretação. Às vezes, surge outra "palavra" para desafiar a primeira: "Você *não* está sozinho". Se estamos preparados para acolhê-la, a nova palavra transforma o modo de interpretarmos nossa situação e até como nos sentimos.

Poderíamos substituir "solitário" por "culpado". Posso interpretar espontaneamente sentimentos de culpa como "sou culpado", ou mesmo "não valho nada". Então, relembrar alguém que me aceita com todos os meus defeitos, ou relembrar a graça divina (talvez a imagem do bom pastor), faz o mundo mudar de cor.

Considere outro exemplo. Às vezes, todos experimentamos desejo sexual misturado à solidão e às frustrações normais da vida. Nessa situação (quer sejamos casados, quer celibatários ou temporariamente solteiros), surge espontaneamente o pensamento que uma vida de castidade responsável está além de nossos poderes. A sensação ganha mais força na desolação. Só mais tarde, quando nossa disposição de ânimo muda e estamos mais em paz, reconhecemos que implicitamente interpretamos nossa sexualidade conforme o modelo de "vulcão". Sentimo-nos como um vulcão sob pressão; como se o tempo só aumentasse a pressão até "explodirmos" em crise emocional ou uma indiscrição chocante. Talvez só nos demos conta reflexivamente dessa imagem porque, com nossa mudança de disposição, outra imagem complementar surge espontaneamente (com a consolação),

---

9. Segundo Jacques Maritain, Tomás de Aquino ensinou que "o próprio modo ou a maneira pela qual a razão humana conhece a lei natural não é conhecimento racional, mas conhecimento *pela inclinação*. Esse tipo de conhecimento não é o conhecimento claro por meio de conceitos e julgamentos conceituais; é conhecimento vital, não sistemático, obscuro, por conaturalidade ou congenialidade em que, a fim de julgar, o intelecto consulta e escuta a melodia interior que as cordas vibrantes de tendências duradouras tornam presente no assunto". MARITAIN, J., *Man and State*, Chicago, University of Chicago Press, 1951, 91-92; ênfase no original. Embora essas inclinações naturais possam não ser idênticas às que se originam da consolação, as duas ao menos se justapõem.

a saber, a imagem que nossos sentimentos sexuais se parecem com o tempo: surgem tempestades, às vezes violentas, mas elas também passam em favor de períodos calmos e ensolarados. A nova imagem ajuda-nos a ver que o modelo de vulcão é só meia verdade que, quando aceita como inteira verdade, transforma-se em profecia gratificante que produz ansiedade. Entretanto, quando testada, a nova imagem vem a ser libertadora e proveitosa em tempos tempestuosos.

Considere, finalmente, o que acontece quando contatamos pessoas rejeitadas pela sociedade — os sem-teto, os presos, os pobres. O choque entre injustiça e dignidade humana costuma provocar consolação e desolação. (Percebo que isso acontece frequentemente, por exemplo, com visitantes da América do Norte à América Central e lugares semelhantes.) Essas moções interiores dão origem a imagens e pensamentos subversivos — um círculo de amigos, um banquete, uma festa de casamento — que se chocam com a escada social e a pirâmide política. Abalam o preconceito enraizado de que algumas pessoas são importantes e outras não. Ajudam-nos a ver o mundo com novos olhos e nos preparam para descobrir as mentiras por trás das políticas oficiais e do discurso do senso comum. Tais encontros são momentos privilegiados para a consolação nos esclarecer.

Nesses exemplos, uma "palavra" (não raro uma imagem) acompanha a consolação, desmascarando a distorção que desanima, entristece e discrimina. Paul Ricoeur diz que o símbolo dá origem a pensamento[10], e acrescentamos: a consolação dá origem a símbolos libertadores.

6. Conscientização

O último exemplo, de encontros com vítimas, esclarece o que é a conscientização: um despertar para a realidade social, principalmente para sua crueldade, mas também para sua promessa.

Os cristãos professam a crença no pecado original, no pecado pessoal, no pecado habitual e no pecado estrutural. E, contudo, raramente consideramos as consequências cognitivas: distorção original, pessoal, habitual e sistêmica, principalmente em suas duas formas mais fatais: 1) o encobrimento da injustiça e 2) o "preconceito original" de que algumas pessoas são importantes e outras (a maioria) não contam. Por causa da distorção, descobrir a verdade sobre o mundo não é simples questão de afastar as fronteiras da ignorância. Requer desmascarar as

---

10. RICOEUR, PAUL, *The Symbolism of Evil*, Boston, Beacon, 1967, 347-357.

mentiras mais ou menos deliberadas que inundam o discurso cotidiano e anuviam a mente das pessoas. É a conscientização que faz parte da razão considerada integralmente. Estas são as perguntas fundamentais para a conscientização: Quem sofre? Por quê? Quem se beneficia? Quem tem o controle? A quem devem satisfações? Como essas políticas e instituições afetam os fracos?

A conscientização expõe a injustiça, suas causas e sua lógica institucional. Mas quer sejamos opressores, quer oprimidos, resistimos a ter nosso mundo destruído. Portanto, como a psicoterapia e a conversão, a conscientização requer tempo, esforço e mediadores[11].

A conscientização abala as ideologias dominantes. Entretanto, a ideologia em si não é má, embora tenha má reputação devido ao abuso dogmático, mas devido também ao preconceito anti-intelectual e ao pragmatismo sem visão. Todos precisamos desenvolver, com vários graus de profundidade científica, uma ideologia, no sentido de visão coerente de nossa realidade social, permanentemente aberta a revisão. Não podemos mudar um mundo que não entendemos[12].

A conscientização apresenta desafios para o discernimento. A percepção diferente nos deixa constrangidos com nossa situação, por exemplo, quanto a possuir mais do que precisamos; ou quanto a ter ativos atrelados a indústrias poluidoras, lugares que escravizam os empregados, ou vendas de armas; ou quanto a barbaridades cometidas por nosso governo. Embora nossa nova percepção não nos obrigue a determinada ação, ainda nos sentimos moralmente desafiados, ou convidados a tomar medidas de algum tipo.

A meditação inaciana dos "Três tipos de pessoas" [149-156] fala dessa situação[13]. Em sua parábola, três pares de empreendedores despertam para uma nova perspectiva moral de sua situação e querem pôr em ordem seus negócios. Contudo, o que devem fazer ainda não está claro. A moral do exercício inaciano é que não devem agir precipitadamente, mas sim esforçar-se por alcançar a indiferença, tentando superar quaisquer "afeições desordenadas" que os impeçam de agir como devem quando isso se tornar claro. É um bom conselho para quando despertamos para a injustiça que nos cerca e nos desconcerta.

---

11. Veja a obra clássica, FREIRE, PAULO, *Pedagogia do oprimido*, São Paulo, Paz e Terra, 1974.

12. A respeito dos Exercícios Espirituais e a percepção social, veja o influente artigo de SHEA, ELINOR, Spiritual Direction and Social Consciousness, in: SHELDRAKE, PHILIP (ed.), *The Way of Ignatius Loyola*, London, S.P.C.K, 1991, 203-215; publicado originalmente em *The Way Supplement* 54 (outono de 1985).

13. Veja a inserção nas páginas 112-113, acima.

7. Imaginação utópica[14]

O mundo está em piores dificuldades do que geralmente pensamos, mas é também um lugar mais maravilhoso do que percebemos. É cheio de possibilidades para a paz e a comunidade. Poucas coisas nos paralisam como o "realismo" sem visão que não espera surpresas na história. Presa às possibilidades aparentes do presente, a *realpolitik* não vai além da "guerra ao terror", dos impedimentos nucleares, do arame farpado, e da anarquia do livre mercado. É perspicaz a respeito do egoísmo, mas cega à bondade humana e, principalmente, à graça divina.

Como animal dotado de imaginação, temos o direito de sonhar. E, já que as possibilidades para o bem nem sempre são óbvias, temos o dever de sonhar. A imaginação utópica também faz parte da razão considerada integralmente. Ela pergunta: Que tipo de pessoa queremos ser? Que tipo de sociedade? Que tipo de Igreja? Que tipo de economia queremos? Que tipo de governo?

Como diferenciamos o sonho responsável da fantasia escapista e do idealismo que leva à amarga desilusão? Visões proféticas genuínas como as de Isaías e Jesus nos mostram como. Elas originam-se da consolação autêntica que está enraizada no sofrimento e na ação libertadora[15]. Produzem esperança, como o sonho de Martin Luther King, que esperamos inspire a ação até o dia em que os filhos de ex-escravos sentem-se à mesa com os filhos de ex-proprietários de escravos — como King profetizou.

8. Comunidade

Investigamos com outros, não isolados. Não começamos do nada, mas recorremos, crítica e criativamente, a tesouros de sabedoria.

Cada um de nós passa apenas pouco tempo no planeta. Na escuridão resta muito mais que o fragmento de realidade que iluminamos até agora e devemos aos outros a maior parte dessa luz.

---

14. A literatura é vasta. Veja os dois clássicos: MANNHEIM, KARL, The Utopian Mentality, in idem, *Ideology and Utopia. An Introduction to the Sociology of Knowledge*, New York, Harcourt, Brace & World/Harvest, s/d; ed. original alemã, 1929; e BLOCH, ERNST, *The Principle of Hope*, Cambridge, Mass., MIT Press, 1995.

15. Cf. GUTIÉRREZ, GUSTAVO, *A Theology of Liberation. History, Politics and Salvation*, Irmã CARIDAD INDA (ed.) e EAGLESON, JOHN (ed. da edição revista com nova introdução), Maryknoll, N.Y., Orbis, 1988, 135-140. Veja um bom exemplo de pensamento realista-utópico em ELLACURÍA, IGNACIO, Utopia and Prophesy in Latin America (cap. 11, n. 14, acima), 44-88.

A autonomia pessoal é importante em nossa busca pelo verdadeiro e certo. Precisamos libertar-nos da tirania da autoridade externa, do legalismo e da escravidão a superegos e *ids*. Mas autonomia pessoal nada tem a ver com autossuficiência. Embora nossa única obrigação seja fazer o melhor para descobrir o certo e verdadeiro, "parte de fazer nosso melhor, até mesmo a maior parte para alguns, pode significar pedir conselho aos mais instruídos, experientes e talentosos"[16]. Nossa cultura individualista gera um clima de relativismo moral e um sentimento ingênuo de autossuficiência: você tem sua verdade — e sua moralidade — e eu tenho a minha. Mas essa é fórmula infalível para sabotar os interesses sociais. Abandona a sociedade à sua apatia, o que, na prática, significa aos seus membros mais fortes e menos escrupulosos.

Só escapamos desse pântano excessivamente indulgente se reconhecemos nossa necessidade de uma comunidade moral que nos apoie e desafie em nossa busca da verdade e da coisa certa a fazer. Nem toda comunidade serve para tanto; somente as que recorrem a uma tradição profunda de sabedoria prática. Para isso servem as Igrejas. Elas deveriam nos proporcionar experiência de transcendência, práxis compartilhada e visão alternativa; e ajudar-nos a manter essa alternativa em um ambiente hostil e a comunicá-la aos outros. Os cristãos primitivos enfrentaram justamente esse desafio: conservar e transmitir sua experiência de Jesus e da visão dele. A Igreja cristã foi a resposta a essa necessidade.

9. Tradição

As comunidades que oferecem ampla orientação para viver trazem consigo tradições de sabedoria. Recorrem à fonte de séculos, milênios e até, de experiência e reflexão. Tradições de sabedoria são indispensáveis para viver bem. De fato, não podemos escapar delas. Não podemos esquecer o passado e começar vida nova como se a cultura fosse alguma coisa fora de nós. As tradições culturais nos moldam e fazem parte de nós. Não só temos cultura; somos cultura. Buscamos a verdade em diálogo com tradições nas quais estamos ou "nadamos". Como diz Daniel Berrigan, não podemos ir a parte alguma senão vindo de algum lugar.

Como tradições incluem preconceito bem como verdade, para permanecer vivificantes elas precisam adaptar-se a circunstâncias variáveis e corrigir distorções

---

16. TONER, *DecisMakg*, 313.

que com o tempo aparecem como carrapato. As tradições bíblicas sobressaem na exigência de autocrítica e purificação[17].

Embora umas tradições edifiquem mais que outras, todas as tradições beneficiam-se do diálogo que estimula a correção e o melhoramento mútuos e de uma pauta ecumênica.

O ponto a salientar nas sociedades individualistas e liberais é que a menos que nos identifiquemos crítica e criativamente com uma comunidade que transmite tradição, nós nos atrapalhamos moldados tanto pelas forças de mercado e pelos meios de comunicação de massas quanto por qualquer outra coisa. Ou, na rebelião adolescente contra tradições mais profundas, acabamos nas águas rasas da astrologia, dos fundamentalismos ou da religião do mês.

10. Autoridade

Embora nada seja mais fácil que abusar dela, isso não nos deve cegar para a importância da autoridade. Toda comunidade que transmite tradição precisa definir suas fronteiras e conservar e desenvolver seu tesouro de sabedoria. O exercício apropriado de autoridade representativa nessa comunidade merece respeito. Isso é indispensável para o discernimento na Igreja.

A autoridade prejudica a autonomia pessoal? Na verdade deveria incentivá-la. Quando precisamos cuidar dos dentes ou do carro, recorremos a autoridades. Temos necessidades semelhantes em nossa busca da verdade e da coisa certa a fazer.

Submetemo-nos à autoridade, não pensando nela, mas porque acreditamos que ela nos indica a direção certa — assim como seguimos as instruções do médico porque acreditamos que isso nos ajudará a sarar. A consciência não se ajoelha diante das autoridades, mas sim diante da verdade. Não procura o que é aprovado ou permitido, mas o que é certo e bom. Isso provoca conflito, mas a comunidade precisa de profetas a fim de ser fiel.

Em comunidades verdadeiras, as divergências são inevitáveis. Todos pagamos pelos benefícios de uma comunidade que transmite tradição e às vezes o preço é injusto; mas não podemos eliminar toda injustiça deste lado do paraíso. É melhor ficar e lutar que se entregar àqueles que fizeram uma opção preferencial pelo prestígio ou pelo *status quo*.

---

17. Cf. TRACY, *The Analogical Imagination* (cap. 9, n. 1, acima), 236-237, 324-327, 420.

Pedras de toque e preceitos transcendentais

A teoria cognitiva de Bernard Lonergan proporciona uma boa estrutura para o caminho dos dez passos, desde que façamos dois ajustes. Segundo Lonergan, saber envolve quatro atividades interligadas: experiência, entendimento, julgamento e resposta. A última inclui avaliar moralmente uma situação, discernir, decidir e agir. As quatro atividades geram quatro imperativos, ou "preceitos transcendentais" na busca da verdade: primeiro, fique atento à realidade. Segundo, seja inteligente, isto é, pense e entenda. Terceiro, seja razoável, isto é, diferencie as intuições genuínas que correspondem à realidade de todas aquelas ideias brilhantes que não correspondem. Finalmente, seja responsável. Ao agir de acordo com os quatro imperativos, a busca da verdade absorve a pessoa toda em um processo de autotranscendência ou "conversão" — intelectual, moral e religiosa — que leva a maior autenticidade. Essa teoria cognitiva leva a sério o preconceito deturpado e propõe um modo de superá-lo[18].

Embora eu ache que ele se harmoniza com a teoria de Lonergan, o programa das dez pedras de toque introduz duas modificações. Primeiro, liga as duas pontas da série de Lonergan, experiência e ação, em um primeiro passo complexo (veja a pedra de toque número 3, acima, "Experiência e práxis"; a primeira e a segunda pedras de toque são gerais e introdutórias). Ligar as duas pontas da série dá-nos um círculo heurístico, ou antes uma espiral que progressivamente revela mais da realidade e leva ao que Lonergan chama de "ponto de vista mais alto". De si mesma, a espiral deve levar ao encontro cognitivamente crucial com o que se atinge. Entretanto, já que muitos fatores impedem esse encontro, precisamos incorporar explicitamente a realidade do atingido ao círculo heurístico (no mesmo passo 3). É a segunda modificação. Quando se trata de entender nossa situação e suas implicações morais, não basta estar atento à experiência em geral. Precisamos sentir o impacto dos *atingidos* em nós e cuidar de sua experiência, o que nos leva ao centro do drama moral da vida.

Em ensaio estimulante, Gil Bailie tenta diagnosticar o desmoronamento da filosofia ocidental, que testemunhamos hoje no pensamento de

---

18. LONERGAN, *Method in Theology* (cap. 5, n. 6, acima). Veja os preceitos transcendentais nas p. 75, 76 e 79.

> desconstrucionistas como Jacques Derrida. Apelando para a análise da cultura por René Girard, Bailie entende a filosofia ocidental como tentativa de explicar abstratamente a realidade, ignorando ao mesmo tempo a violência que está na base de todas as sociedades. Ao tentar explicar a realidade ignorando o atingido, a filosofia ocidental, apesar de todo o seu progresso, perseguiu o próprio rabo durante vinte e cinco séculos e iniciou uma crise radical, juntamente com muitas de nossas instituições sociais, agora que já não podemos esconder essa violência fundamental[19].
> Como Paulo disse aos cristãos de Corinto (cf. 1Cor 1–2), a chave para entender a realidade é a cruz — a cruz de Cristo e as outras cruzes às quais Cristo nos encaminha. Somente ao pé da cruz enxergamos direito. Quando evitamos as cruzes da história nossa sabedoria transforma-se em insensatez.

Os três polos de discernimento

Parece-me que todas as dez pedras de toque devem fazer parte de nossa busca da verdade e do crescimento regular na sabedoria prática. É uma questão de dar a devida atenção aos três polos da experiência, a pessoa, o mundo e a cultura.

Toda experiência tem um lado subjetivo, a saber, eu mesmo, a pessoa que experimenta, e um lado objetivo, que é o mundo além de mim, que consiste em outras pessoas, instituições e no ambiente não humano.

Esse mundo também acolhe a cultura, inclusive todos os meios pelos quais interpretamos a realidade: os símbolos e as linguagens que empregamos para fazer sentido do mundo. A cultura também inclui os valores, as virtudes e as normas que governam o comportamento. Embora tenhamos a cultura dentro de nós, nós a encontramos sobretudo "lá fora" no mundo.

Em suma, os três polos da experiência são o polo subjetivo (isto é, eu mesmo) e os dois polos objetivos (isto é, a realidade concreta e a palavra ou *logos*, a respeito da realidade). Embora esses polos da experiência se sobreponham e interpenetrem, cada um deles é claramente perceptível[20]. Cada um é fonte de verdade e pedra de toque necessária para o discernimento. Uma correspondência

---

19. BAILIE, GIL, *Violence Unveiled* (cap. 11, n. 6, acima), capítulo 13.
20. Desconfio que, como Anne Patrick, aprendi a pensar nesses termos sob a influência de James Gustafson, que nos ensinou na Universidade de Chicago. Veja PATRICK, *Liberating Conscience* (cap. 14, n. 5, acima), 188.

trinitária pode ajudar: precisamos levar em conta a verdade do Criador do mundo, do Filho que é a Palavra e do Espírito dentro de nós.

Se deixamos de responder à realidade concreta, somos narcisistas irresponsáveis. Se ignoramos profundas tradições de sabedoria, sofremos de ilusões de autossuficiência. Se negligenciamos a conversão, caminhamos na escuridão; se negligenciamos os dados de nossa vida interior e nossa autoridade interior, estamos estagnados na heteronomia (sujeitos a uma lei externa) e abolimos a responsabilidade adulta[21].

Há dez pedras de toque (e talvez mais), visto que cada polo é complexo e as relações entre eles também são complexas. Minha vida interior é mistura complexa de afeto, entendimento e vontade. Obviamente, a realidade concreta é complexa e o mesmo acontece com a palavra cultural, que inclui todo tipo de palavra humana, bem como a Palavra de Deus, isto é, a razão e a revelação.

O polo subjetivo é o lugar de conversão, moções interiores (consolação e desolação), imaginação utópica e razão. A realidade objetiva é o lócus de experiência e práxis, conscientização e comunidade. O polo de cultura fornece a interpretação da realidade e de princípios morais — amor, discipulado, ciências, tradição e autoridade[22].

Identificar o *núcleo* de cada polo simplifica as coisas. O elemento central da realidade concreta é a *vítima*, ou o *rejeitado*, já que o drama central é opressão/libertação, injustiça/amor, pecado/graça. (A centralidade do bom samaritano em Lucas e do juízo final em Mateus reflete isso.) A transformação pessoal é o drama central de nossa vida interior; permite-nos viver seguindo a liderança da consolação. Quanto à palavra cultural: critérios interpretativos, normas e valores, todos se reúnem ao redor do reconhecimento de cada pessoa como outro indivíduo. A regra de ouro é o centro da ética. Para os cristãos essa norma faz-se carne na *pessoa de Cristo*, a palavra fundamental que interpreta todas as palavras e normas.

---

21. Teologias ortodoxas clássicas, inclusive a teologia moral católica anterior ao Segundo Concílio Vaticano (1962-1965), enfatizavam tanto as normas morais que não raro o discernimento reduzia-se a ponderar e aplicar as normas. Muitas vezes, essa abordagem legalista negligenciava as verdadeiras condições e a realidade complexa da pessoa que agia. As teologias liberais, inclusive a teologia de *aggiornamento* pós-Vaticano II, reabilitaram o discernimento, dedicando mais atenção ao sujeito que discerne. Finalmente, as teologias política e da libertação enfatizam a importância de entender a realidade objetiva, principalmente a realidade das vítimas e o discernimento como resposta a essa realidade.

22. Como os polos se sobrepõem, há mais de um jeito legítimo de comparar critérios e polos.

Guiados pelo Espírito, os cristãos respondem ao mundo como Cristo respondeu a seu mundo em amor.

Conclusão

Creio que essas "pedras de toque", ou algo parecido, são necessárias para procurarmos a verdade com coerência e discernimento, como devemos.

Hoje, pessoas inteligentes, comprometidas, discordam a respeito de realidade e moralidade. Muitas reconhecem que nenhum sistema filosófico dá a razão de tudo. Nem podemos estabelecer um sistema moral sem considerar as crenças religiosas ou quase religiosas que nos dividem. Isso nos induz a afundar em um individualismo tolerante demais que elimina o diálogo enriquecedor e entrega o mundo aos mais fortes e implacáveis. Se levarmos a sério as necessidades do mundo e se levarmos a sério nossa dignidade, então ajudaremos uns aos outros a procurar a verdade de modo mais autêntico e agiremos com mais coerência. Questionaremos opiniões e comportamentos questionáveis.

As dez pedras de toque não formam um sistema filosófico ou teológico, mas um caminho, uma disciplina, para guiar a busca pelo verdadeiro e certo. Não precisamos de algo assim para navegar nas águas turbulentas de nosso tempo?

✳ ✳ ✳

Nos Exercícios Espirituais, enquanto contemplam a vida de Cristo, os exercitantes "elegem" segui-lo de um modo específico ou mudar de vida como discípulos. Eles, então, iniciam a Terceira Semana em que contemplam o sofrimento e a morte de Cristo, a fim de serem influenciados por seu Espírito, confirmados em seu compromisso e fortalecidos contra a provação e a perseguição. A identificação com o sofrimento de Cristo os atrairá para outras cruzes no mundo ao seu redor.

Paixão e compaixão

Contemplar o sofrimento e a morte de Cristo intensifica nossa união com ele.
Deve também nos atrair para conhecer e amar os crucificados de hoje.

18

A graça da compaixão

Chegando mais perto, [Jesus] viu a cidade e chorou sobre ela, dizendo: "Ah! Se pelo menos neste dia tu também compreendesses a mensagem da paz!"
(Lc 19,41-42)

Ainda hoje podemos imaginar Jesus chorando sobre Jerusalém — e sobre Ramalá, São Paulo, Kisangani e o Sudoeste de Baltimore. Chorar pela paixão das pessoas hoje nos humaniza. É compartilhar da tristeza divina.

No Bronx, nas noites de sexta-feira, costumávamos arrastar nossos corpos cansados para o ponto de John, depois da última reunião comunitária ou paroquial. Cercados por prédios em ruínas, Neil, Angel, Kathy, Mili, John, Louise, Gerry, Joe e eu líamos trechos do Novo Testamento. Com o barulho da via expressa Cross-Bronx no fundo, revíamos os acontecimentos da semana: famílias desorganizadas pelas drogas, um edifício salvo da demolição. Certa noite, ocupamo-nos da tragédia de Jesse Small. Ela foi carregada para fora do prédio, congelada, depois que o senhorio recusou-se a consertar o aquecedor. Nossas sessões transcorriam livremente: um pouco de silêncio, reflexão compartilhada, depois cerveja e salgadinhos. Havia muita coisa para lamentar e também muita coisa para rir. Íamos embora lá pela meia-noite, sentindo-nos renovados. Poucas experiências me renovam e consolam como aquelas noites de sexta-feira na confluência da Avenida Shakespeare com a Alameda Featherbed.

Na Terceira Semana dos Exercícios e em momentos semelhantes da vida, pedimos esse tipo de consolação. Lamentar é assunto sensato e sério, mas não é deprimente o tempo todo: "Chamo consolação", diz Inácio, "quando [a pessoa] derrama lágrimas, motivadas pelo amor do seu Senhor, ou pela dor dos seus pecados, ou pela Paixão de Cristo nosso Senhor" [316]. Às vezes experimentamos esse tipo de tristeza quando acompanhamos uma família que perdeu um ente querido. Nessa situação, não queremos estar em nenhum outro lugar do mundo. Podemos também experimentá-lo quando lamentamos o genocídio em Ruanda ou o problema dos sem-teto em Chicago. Lamentar as cruzes do mundo (não uma escova de dentes elétrica quebrada!) junta nossa personalidade fragmentada, centraliza-nos e nos cura. Quando compartilhamos a tristeza dos crucificados da terra, já não estamos sozinhos. Isso também faz parte de nossa vocação. Fomos criados para compartilhar os fardos uns dos outros.

Quando estava na faculdade, anos antes do Bronx, lutei com a fé. Deus existia? Os princípios morais eram arbitrários? Nós seres humanos somos só mais um animal como o resto? Há esperança para este mundo? Girando na minha cabeça, essas perguntas provocaram a crise profunda que já mencionei. Eu não sabia no que acreditar. Procurava-me a mim mesmo e um futuro.

Um dia, quatro anos mais tarde e ainda lutando, topei com a notícia do assassinato brutal de uma criança. Era um relato como tantos, mas especialmente patético. Enquanto assimilava a tragédia, fui tomado pela tristeza, no corpo e no espírito. Enquanto me abandonava a essa tristeza, recobrei minhas energias dispersas e angustiadas para concentrá-las na calamidade de uma tenra vida apagada. Durante dois dias experimentei, triste por causa desse assassinato, um tempo de concentração. Talvez não costumasse deixar as coisas "me pegarem" desse jeito. Talvez nessa ocasião minha própria crise me animasse. Enquanto a tragédia dessa criança me influenciava, comecei a sentir-me menos só e mais em paz. A experiência agridoce inaugurou uma nova etapa em minha jornada, fazendo-me ver o que é realmente importante na vida e onde está o centro de gravidade do universo. Devagar, levou-me a uma nova visão e sentido de propósito. Ensinou-me que eu podia confiar nesse tipo de consolação para me conduzir à luz.

O sofrimento desumaniza os que o infligem. Mas não precisa desumanizar todos que o suportam nem os que o deixam movê-los. Assim, como nossa alegria é incompleta enquanto não a partilhamos com os outros, o sofrimento é mais tolerável quando carregamos os fardos uns dos outros. Embora não elimine a dor, isso ajuda. Acima de tudo, gera esperança e amor nos que compartilham o sofrimento dos outros e nos que descobrem que seu sofrimento é compartilhado por outros que se importam. Na América Latina, cantamos:

> *Sólo le pido a Dios*
> *Que la guerra no me deje indiferente...*
> *Que la miseria no me deje indiferente.*
> Tudo que peço a Deus é isto:

> Que a guerra não me deixe indiferente...
> Que a miséria não me deixe indiferente.

É natural sentir repugnância diante do sofrimento. Mas não sentir nada? Deus nos livre disso!

No último século, a humanidade sofreu os horrores do genocídio na Armênia, os *gulags*, o holocausto, os bombardeios de saturação, Hiroshima e Nagasaki, os campos de extermínio do Camboja, massacres na América Central e o genocídio em Ruanda. O novo século começou com mais do mesmo: guerra de um lado a outro da África equatorial, terrorismo, barbarismo em Israel, na Palestina, no Afeganistão, no Iraque e na Colômbia. Enquanto isso, o holocausto silencioso dos pobres continua. Tudo faz parte da longa marcha da humanidade pela história deixando um rastro de sangue na poeira. Ao nascer, todos nós entramos nessa marcha, sozinhos, com o coração impassível. Desenvolvemos nossa humanidade ao entrarmos completamente nela e permitirmos que ela nos transforme, como diz Etty Hillesum, em "bálsamo para todas as feridas"[1].

Esse é o sentido da graça da compaixão.

Bálsamo para todas as feridas

Etty Hillesum morreu em Auschwitz aos vinte e nove anos. Nos anos que antecederam sua morte, passou por notável transformação que a preparou para ajudar os companheiros judeus deportados na Holanda. Em dezembro de 1942, Etty escreveu sobre a vida no campo de Westerbork, de onde os judeus eram enviados a Auschwitz:

> O sofrimento humano que vimos nos últimos seis meses e ainda vemos diariamente é mais do que se espera que alguém compreenda em meio ano. Não admira que ouvimos de todos os lados, todos os dias, em todos os tons de voz: "Não queremos pensar, não queremos sentir, queremos esquecer assim que possível". Parece-me ser este um perigo muito grande.
> Realmente, aqui acontecem coisas que no passado nossa razão não teria julgado possível [...] Mas, se abandonarmos os fatos cruéis que somos forçados a encarar, se não os abrigarmos na cabeça e no coração, não os deixarmos instalarem-se e transformarem-se em impulsos pelos quais crescemos e dos quais fazemos sentido — então não somos uma geração viável (250).

---

1. Hillesum registra estas palavras em seu diário: "Devemos estar dispostos a agir como bálsamo para todas as feridas". HILLESUM, *An Interrupted Life* (cap. 5, n. 5, acima), 231. As referências de página no texto referem-se a esse volume.

Ainda na Holanda, um ano antes de sua morte, ela escreveu:

É possível sofrer com ou sem dignidade. Quero dizer: muitos de nós ocidentais não entendemos a arte de sofrer e, como alternativa, experimentamos mil temores. Cessamos de viver, estando cheios de medo, amargura, ódio e desespero. Deus sabe, é muito fácil entender por quê. Mas [...] estou na Polônia todos os dias, nos campos de batalha, se assim podemos chamá-los. Sempre tenho visões de fumaça verde venenosa; estou com os famintos, com os maltratados e os agonizantes, todos os dias, mas também estou com o jasmim e aquele pedaço de céu fora da janela; há espaço para tudo em uma única vida [...] Às vezes inclino a cabeça sob o grande fardo que me faz vergar com seu peso, mas mesmo enquanto inclino a cabeça também sinto quase mecanicamente a necessidade de juntar as mãos. E, assim, permaneço por horas e sei tudo e tudo suporto e fortaleço-me por suportá-lo e ao mesmo tempo sinto-me segura que a vida é bela, digna de ser vivida e cheia de significado. Apesar de tudo (152-153).

Em março de 1941, Etty registrou em seu diário nossa necessidade de abrir um espaço para essa realidade em nosso coração:

E, finalmente, não devíamos, de vez em quando, abrir-nos para a tristeza cósmica? Um dia com certeza serei capaz de dizer a Ilse Blumenthal: "Sim, a vida é bela e eu a valorizo de novo no fim de cada dia, embora saiba que os filhos de mães, e você é uma dessas mães, estão sendo assassinados nos campos de concentração. E você precisa conseguir suportar sua dor; mesmo que ela pareça esmagá-la, você voltará a se erguer, pois os seres humanos são tão fortes e sua tristeza precisa tornar-se parte integrante de você, parte de seu corpo e sua alma, você não deve fugir dela, mas suportá-la como adulta. Não alivie seus sentimentos por meio do ódio, não se procure vingar em todas as mães alemãs, pois também sofrem neste exato momento pelos filhos mortos e assassinados. Dê à sua tristeza dentro de Você todo o espaço e acolhimento devidos, pois se todos suportarem sincera e corajosamente sua aflição, a tristeza que agora enche o mundo diminuirá. Mas se você não abrir em Você mesma um refúgio decente para sua tristeza e, em vez disso, reservar a maior parte do espaço dentro de si para o ódio e pensamentos de vingança — dos quais surgirão novas tristezas para os outros — então a tristeza jamais cessará neste mundo e se multiplicará. E se dá à tristeza o espaço que suas origens afáveis exigem, então pode verdadeiramente dizer: a vida é bela e tão plena. Tão bela e tão plena que faz você querer crer em Deus" (96-97).

Embora Hillesum não fosse cristã, os evangelhos influenciaram profundamente sua transformação. Ao viver o paradoxo do sofrimento compartilhado, ela se viu em "um estranho estado de contentamento melancólico" (288), como o apóstolo Paulo, que escreveu aos cristãos de Corinto que sua esperança neles era firme, "Sabemos que, tendo parte em nossos sofrimentos, também tereis parte em nossa consolação" (2Cor 1,7).

Conclusão

Não desejamos mais nenhuma dor no mundo. Simplesmente queremos e precisamos compartilhar a dor que ali está, a fim de aliviar o peso para todos nós. Queremos fazer parte cada vez mais da marcha da humanidade, com seu sofrimento, sua esperança e sua alegria. De fato, a menos que compartilhemos o sofrimento do mundo, sua beleza não pode nos curar e a solidariedade não pode preencher nosso vazio.

A graça da Terceira Semana é compartilhar a aflição divina por nosso mundo ferido. Vemos essa dor e essa aflição divinas mais claramente no sofrimento e morte de Jesus. Pedimos para sentir empatia por ele. O foco não está em nossa dor, mas sim em *estar com* aquele que sofre. Há dois mil anos, contemplar sua paixão ajuda seus seguidores a suportar o fardo dos outros. Ajuda-os a superar seus medos e fortalece-os para as provações que todos os que respondem ao sofrimento precisam encarar.

19

A solidariedade de Deus

Deus mostra seu amor para conosco pelo fato de Cristo ter morrido por nós.
(Rm 5,8)

Contemplar a paixão de Cristo — da última ceia ao sepulcro — ajuda-nos a conhecê-lo melhor, amá-lo mais profundamente e segui-lo mais de perto [104]. Deve também mover-nos a responder aos crucificados de hoje e fortalecer-nos contra as provações. Para esse fim, o que Inácio recomenda que procuremos ao contemplar o sofrimento de Cristo é "dor com Cristo doloroso; abatimento com Cristo abatido; lágrimas, com pena interior por tanta pena que Cristo passou por mim" [203]. É uma *schola affectus*, um exercício que fortalece o coração.

Inácio propõe que contemplemos a paixão de Cristo do jeito que contemplamos outros acontecimentos de sua vida, entrando em imaginação na história, como se desempenhássemos um pequeno papel no drama¹.

Primeiro, selecionamos uma parte da história evangélica da paixão (por exemplo, Jesus no horto, sua prisão, Jesus diante de Pilatos, a crucifixão etc.). Como nas outras contemplações da vida de Cristo, nós 1) prestamos atenção aos participantes do drama, 2) escutamos o que dizem e 3) observamos suas ações, deixando que tudo isso nos mova. Para a paixão de Cristo, Inácio sugere mais três perspectivas a partir das quais contemplar: 4) "considerar o que Cristo nosso Senhor padece"², 5) "considerar como a divindade se esconde", e 6) "considerar como ele padece tudo isso por meus pecados" [192-197]. Refletimos nos seis pontos, conforme a narrativa nos move. (A ordem desses pontos não é fixa.) Finalmente, respondemos, conversando com Deus e com Cristo, expressando nossos sentimentos e pensamentos e pedindo ajuda, talvez para fazer progresso

---
1. Veja o capítulo 9.
2. Inácio acrescenta "na humanidade", evitando a ideia de uma divindade sofredora.

ou agir [199]. Inácio espera que esta contemplação gere uma empatia com Cristo que terá efeito prático em nossa vida.

Por amor de nós

[Ele] me amou e se ofereceu por mim.
(Gl 2,20)

O que significa dizer que Cristo padeceu por amor de nós e por nossos pecados [193, 197, 203]? A resposta do catecismo é que ele morreu pela nossa felicidade eterna, para salvar-nos da ruína e sobretudo para conquistar nosso amor. Perscrutar o sentido disso é um dom que se origina menos do raciocínio que da contemplação e do ritual. Os que vivem e sofrem como Cristo com certeza entendem melhor. Alguns percebem seu sentido pela cadência de uma canção sacra: "Você estava lá quando crucificaram meu Senhor?" Outros vislumbram o sentido durante a procissão da via-sacra ou ao comparar um mártir como Oscar Romero a Cristo. Contudo, embora a explicação racional tenha valor limitado nesse assunto, ajuda a propor algumas breves reflexões a fim de livrar o caminho de obstáculos desnecessários e orientar a contemplação e a reflexão.

Embora padecer não seja bom nem desejável, o amor que padece inspira e humaniza como poucas outras coisas. É por isso que contemplamos a paixão de Cristo. Sua morte completou uma vida de amor (Hb 10,5-10). Ele proclamou a boa nova do amor divino por todos, principalmente pelos pobres e pecadores, o fim da pobreza, da fome e da exclusão (Lc 6,20-26). (Essa imensa bondade de Deus é a "glória" divina.) Embora os poderosos entendessem isso como ameaça, Jesus persistiu em anunciar que os últimos seriam os primeiros e os primeiros, os últimos, pois Deus exalta os humildes e humilha os exaltados.

Para essa causa — para a glória de Deus e da humanidade espezinhada — ele deu a vida livremente. O motivo foi o amor, incluindo o amor dos inimigos. Ele não cometeu suicídio, mas, quando sua hora chegou, não fugiu. "Ninguém tira a vida de mim; mas eu a dou por minha própria vontade" (Jo 10,18; cf. 12,27-28; 18,11; Hb 12,2).

Aos olhos da fé, a paixão de Cristo expressa o amor divino.

> É assim que o amor de Deus se manifestou a nós. Deus mandou seu Filho único ao mundo para que recebêssemos a vida por ele. Nisto consiste o seu amor: não fomos nós que amamos a Deus, mas foi ele quem nos amou e mandou seu Filho

como expiação pelos nossos pecados [...] Nós reconhecemos o amor que Deus nos tem e acreditamos nele (1Jo 4,9-19.16).

À luz do imenso amor divino, o que a carta de João — e Inácio — quer dizer ao afirmar que Jesus morreu *por nossos pecados* [193, 197]? Deus Pai enviou Jesus para morrer como bode expiatório a fim de aplacar a ira divina? Nesse caso, a "glória" divina é posta em dúvida.

O Novo Testamento diz que Jesus "carregou pessoalmente, em seu corpo, os nossos pecados sobre o madeiro" (1Pd 2,24; cf. 2Cor 5,21; Rm 8,3). Embora a interpretação usual seja que ele carregou sozinho nossos pecados, as passagens não dizem isso. Todos os seres humanos carregaram o peso desses pecados antes de Jesus vir; e continuamos a suportá-los agora, como atesta o noticiário noite após noite. A fonte do grande padecimento da humanidade é ganância e desprezo, idolatria do poder e violência, vício, cegueira culpável, recusa de acolher o diverso e perdoar. Esse egoísmo é o que agrava o sofrimento acidental[3], é o que torna a marcha da humanidade tão trágica. Todos compartilhamos, embora desigualmente, o fardo dos pecados de nossa raça.

O Novo Testamento pressupõe esse fardo humano universal quando relata que Jesus, também, escolheu sofrer as consequências do pecado. Ele juntou-se a nossa procissão sanguinolenta e, embora fosse inocente, sofreu como nós o legado do pecado, até a morte. Deus não o enviou para morrer em nosso lugar como bode expiatório para aplacar a ira divina. O Novo Testamento modifica a linguagem sacrifical tradicional e transforma seu significado. Quando diz que Jesus morreu como sacrifício pelo pecado[4], isso significa que nele Deus se aproximou e juntou-se à processão da humanidade, arcando com as consequências de nossas falhas morais como o resto de nós. A questão é a solidariedade e o amor divinos. No rio Jordão Jesus assume seu lugar entre os que João está batizando para o arrependimento dos pecados. O Pai ("uma voz, vinda do céu") e o Espírito ("como

---

3. Dois exemplos esclarecem o que quero dizer. O furacão Mitch devastou a América Central em 1998. Como na maioria dos desastres "naturais", foram os pobres que sofreram. Em El Salvador, o governo havia reassentado refugiados de guerra carentes em planícies sujeitas a perenes enchentes. Muito antes, o agronegócio desflorestara a área e esgotara o solo. As consequências do furacão Mitch foram desastrosas para os pobres reassentados. O mesmo padrão repetiu-se com os terremotos de 2001, que destruíram principalmente as casas de barro dos pobres, em especial as construídas em encostas. Poderíamos fazer uma análise semelhante da doença. Desastres naturais ocorrem, mas grande parte de nosso sofrimento e a maior parte de seu amargor originam-se de causas morais contrárias às leis da natureza.

4. Por exemplo, Romanos 3,25; 1 João 2,2; 4,10; 1 Pedro 1,18-19; Efésios 5,2; Hebreus passim.

uma pomba") sancionam esse ato de solidariedade com a humanidade pecadora, sofredora (Mt 3,13-17).

Paulo usa outra metáfora provocadora para esclarecer a mesma boa nova. Ele diz que Jesus caiu sob a condenação da Lei (Gl 3,13). O que ele queria dizer? A Lei de Moisés aponta o dedo para o pecado e condena o pecador. Paulo diz que o próprio Jesus, embora inocente, sofreu a condenação por causa do pecado. Ele juntou-se à raça humana e sofreu as consequências do pecado dela como todas as outras pessoas. Isso significa que ele morreu para pagar nossa dívida com um Deus vingativo? Não. Significa que, em vez de exigir a justa condenação dos pecadores segundo a Lei, Deus preferiu juntar-se aos pecadores e com eles partilhar o peso do pecado. É isso que deixou Paulo tão admirado: "É difícil que alguém queira morrer por uma pessoa justa [...] Mas Deus mostra seu amor para conosco pelo fato de Cristo ter morrido por nós, quando éramos pecadores" (Rm 5,7-8). Aproximando-se assim, Deus torna o poder divino (o Espírito) disponível para os seres humanos, para libertá-los do poder do pecado e da Lei.

Embora para alguns isso seja mito e loucura, para outros é a expressão suprema de amor e muda a cor do universo: ele morreu por mim, por meus pecados. E embora ele morresse de uma vez por todas, o drama continua hoje. Estamos em toda parte nele, crucificados e crucificando. Como a devoção popular sempre reconheceu, somos, em certo sentido, cúmplices dos que cravaram os pregos — e dos que os cravam hoje (cf. Hb 6,6). Também somos crucificados. A paixão de Cristo continua, principalmente nos que sofrem por fazer o bem. Neste morrer (e ressuscitar), a divindade é escondida — e revelada.

A divindade esconde-se

Não tem beleza nem formosura — nós o contemplamos —,
sem agradável aparência.
(Is 53,2)

Inácio recomenda (5º ponto) "considerar como a divindade se esconde" [196]. Jesus poderia ter pedido ao Pai que enviasse legiões de anjos para libertá-lo (Mt 26,53). Mas não há batalhas angelicais, nenhum resgate milagroso, nada para disfarçar a tortura e execução brutal. Entretanto, ao esconder-se, a divindade revela seu maior esplendor. Revela a completa solidariedade divina com nossa fraqueza e nosso sofrimento.

Tinha sido assim o tempo todo. Ele nasceu em um estábulo, viveu e trabalhou obscuramente durante trinta anos. Recusou-se a transformar pedras em pão e a atrair multidões por meio de um espetáculo (Mt 4,1-11; cf. Jo 7,3-6). Ao curar os doentes, ele os chamava de lado para evitar exibição, proibindo-os de proclamar a cura (Mc 1,43-44; 3,12 etc.). Não haveria "um sinal que realmente viesse do céu" (Mc 8,11-12 etc.) para confirmá-lo. Se as pessoas não reconheciam Deus operando desse jeito comum, nunca reconheceriam Deus de modo algum. Exibições de poder, nem convencionais nem milagrosas, revelam a "glória" de um Deus que deseja juntar-se à procissão da humanidade como mais um peregrino.

A crucifixão e morte de Jesus revelam sua glória e a de seu Pai, diz João (Jo 8,28; 17,1 etc.). No evangelho marcano, Jesus é reconhecido como Filho de Deus na cruz: "O oficial romano [...] vendo-o morrer assim, exclamou: 'Verdadeiramente, este homem era Filho de Deus!'" (Mc 15,39). Esperando um tipo diferente de Messias, os sacerdotes-chefes e os escribas exclamam: "Que o Messias, o rei de Israel, desça agora da cruz para que vejamos e creiamos!" (Mc 15,32). Nós os compreendemos. Não haveríamos de preferir um Messias que descesse da cruz a um que exclamou: "Meu Deus, meu Deus, por que me abandonaste?" Não haveríamos de preferir um Deus que o descesse da cruz?

O Novo Testamento inverte nossas expectativas. Enquanto os judeus exigem milagres e os gregos provas convincentes, Paulo anuncia apenas Cristo crucificado, o poder e a sabedoria de Deus (1Cor 1,22-24). A morte ignominiosa torna-se, indubitavelmente, o mais poderoso símbolo de todos os tempos. O profeta executado torna-se a figura mais influente da história. Escondendo-se, a divindade revela sua glória.

Oscar Romero foi morto em 1980 pelas mesmas razões e quase do mesmo jeito que Jesus. Embora na ocasião sua morte parecesse sem sentido, hoje parece tudo, menos sem sentido. Romero tornou-se ponto de referência para o que significa ser cristão e humano e o que significa ser Igreja.

Jesus e Romero — praticaram um amor fidedigno. Um amor solidário e fidedigno é eficiente[5]. Inspira fé, esperança e amor. Produz vida. O maior obstáculo à bondade não é a força bruta nem blocos de concreto de cinzas, mas corações insensíveis e indiferentes. Só um amor que se aproxima em elevada solidariedade

---

5. SOBRINO, JON, *Jesus the Liberator* (cap. 3, n. 11, acima), 246: "Na história não existe essa coisa de amor sem solidariedade e não existe solidariedade sem encarnação. Solidariedade que não estava preparada para compartilhar a sorte daqueles a quem queria mostrar solidariedade" não seria solidariedade, nem amor, ponto final, ibid., 244-245.

transforma esse obstáculo. O Evangelho anuncia que Deus se aproxima exatamente desse jeito.

Em Jesus, na cruz, brilha a divindade. Dizer que Deus estava em Jesus na cruz não deveria nem mesmo mudar nossa ideia de Jesus; deveria mudar nossa ideia de Deus. Como a Igreja sempre ensinou, Jesus pendendo da cruz revela o melhor de Deus. Ele faz isso só porque era tão humano. Só Deus poderia ser tão humano (L. Boff). Milagres são o glacê no bolo e poderiam nos desviar desta boa nova.

Na América Latina, os pobres falam de *Diosito*, nosso "Deusinho". Falam de *Jesusito* e *Papá Dios*. Diminutivos e expressões de afeto revelam a crença em um Deus que se aproxima, entende, perdoa — um "Deusinho", pequeno como eles, por quem o mundo demonstra desprezo. É o *Deus menor*. Deus caminha entre nós e compartilha nossos sofrimentos, por isso esse *Deus menor* é maior ainda, *Deus semper maior*[6]. Ao compartilhar nossa fraqueza, Deus é ainda mais maravilhoso e mais poderoso e desafia nossas ideias de divindade e de poder.

A paixão de Cristo nos ensina onde encontrar Deus escondido hoje. Elie Wiesel relata uma horrível execução no campo de morte de Auschwitz. "Ele ainda estava vivo quando passei em frente dele. A língua ainda estava vermelha, os olhos ainda não estavam embaçados", recorda Wiesel. "Atrás de mim ouvi [um] homem perguntar: 'Onde está Deus agora?' E ouvi uma voz dentro de mim responder-lhe: 'Onde ele está? Ei-lo aqui — Ele pende aqui deste patíbulo'"[7].

Wiesel é judeu e os cristãos entendem. Deus sofre nas vítimas de injustiça. Dizemos que a paixão de Cristo não terminou em 27 d.C. Ele continua a sofrer hoje:

> "Senhor, quando foi que te vimos com fome [...] ou com sede [...] nu [...] Doente ou na prisão [...]?" O rei responderá: "Eu vos declaro esta verdade: cada vez que fizestes isso a um dos menores desses meus irmãos, a mim o fizestes" (Mt 25,37-40). Caindo por terra, ouviu uma voz que lhe dizia: "Saulo, Saulo, por que me persegues?" Ele perguntou: "Quem és tu, Senhor?" Este respondeu: "Eu sou Jesus, a quem persegues" (At 9,4-5).

---

6. Cf. ibid., 245-249. Veja também Pousset, *LFF*, 157. Comparada a nossos credos, liturgias oficiais e discurso religioso oficioso, a Bíblia mostra pouco interesse em salientar a onipotência divina. Toda referência a Deus como "Todo-poderoso" no Antigo Testamento é tradução do hebraico *El Shadday*. Embora não saibamos exatamente o que *El Shadday* significa, sabemos que não significa "Deus Todo-poderoso" (A BMD deixa El Shadai). No Novo Testamento, todo exemplo de "Todo-poderoso" é tradução da palavra grega *Pantocrator*, que ali significa "Todo-Soberano", mais que "Todo-poderoso", diferença sutil, mas importante, pois a soberania divina não é "deste mundo".

7. Wiesel, Elie, *Night*, New York, Bantam Books, 1986, 62.

Sou um crucificado com Cristo. Eu vivo. Mas não mais eu: Cristo é que vive em mim (Gl 2,19-20).
Completo na minha carne o que falta às tribulações de Cristo, em favor do seu Corpo, que é a Igreja (Cl 1,24).

Cristo sofre hoje em seus seguidores, inclusive nos que, sem fé explícita, reproduzem seu amor e pagam o preço. Sua paixão continua, primeiro nos que são perseguidos, como ele foi, por causa da boa nova e em defesa da dignidade humana. Mas não devemos também reconhecê-lo presente em diversos graus em todos os que sofrem[8], inclusive os doentes e pecadores que o rejeitam? Cristo, "sempre o mesmo [...] hoje" (Hb 13,8), aproxima-se de todos eles, como fez há dois mil anos. Embora nem todos identifiquem-se com ele, ele identifica-se com eles.

Conclusão

Contemplar a paixão aproxima-nos mais de Cristo e aprofunda-nos mais na procissão da humanidade sofredora. "Se a este ponto Deus nos amou, nós também devemos nos amar uns aos outros" (1Jo 4,9-11; veja [197]). Hoje, descobrimos a divindade escondida na fraqueza. Compartilhamos a aflição divina pela humanidade e nossa terra ferida. Localizamos nosso sofrimento em um contexto maior. Finalmente, somos fortalecidos pela perseguição que acontece a todos que levam o Evangelho e a própria vida a sério.

---

8. A respeito da identidade debatida dos menores dos irmãos em Mateus 25, veja a cuidadosa análise de DONOHUE, JOHN R., SJ, The "Parable" of the Sheep and the Goats. A Challenge to Christian Ethics, *Theological Studies* 47 (1986) 3-31.

20

Felizes os perseguidos

Nós até nos orgulhamos com nossos sofrimentos, porque temos a certeza de que o sofrimento gera paciência, a paciência é a comprovação da fidelidade, e a fidelidade comprovada produz a esperança. E a esperança não engana. Porque Deus derramou o seu amor em nossos corações pelo Espírito Santo que nos foi dado.
(Rm 5,3-5)

Dizem que nenhuma boa ação fica impune. Embora a vida não seja tão perversa assim, os que estão determinados a fazer o que é certo devem preparar-se para pagar um preço, principalmente se tomam o lado dos pobres em nome de Deus[1]. "Quando dou comida aos pobres, eles me chamam de santo", disse o bispo Helder Câmara, do Brasil; "quando pergunto por que os pobres não têm comida, eles me chamam de comunista".

- Uma afro-americana abre os olhos da colega para o racismo no local de trabalho. A colega branca acha que evocar esse assunto provoca hostilidade dos colegas de trabalho.
- Pete é advogado. Durante todo o mês de janeiro, o prédio ao lado, propriedade do município, ficou sem aquecimento por causa de uma caldeira quebrada. Quando acompanha os inquilinos aos departamentos municipais, Pete fica consternado com a complacência dos funcionários em face de bronquite e pneumonia. Quando sai em defesa dos inquilinos, sente a mesma hostilidade dirigida a ele.
- Maria protesta contra o aborto e se vê almoçando sozinha[2].

---

1. A solidariedade é a essência da religião que todas as outras práticas (oração, ritual etc.) devem servir. Veja Tiago 1,27; Mateus 7,12; 25,31-46; Romanos 13,8-10; Oseias 6,6; Miqueias 6,8 etc.

2. Espero que Maria ao protestar contra o aborto, coloque o problema no contexto social e cultural e não o reduza à questão do pecado pessoal. A sociedade que oferece às mulheres a

Embora proclamasse a paz, Jesus muitas vezes envolvia-se em conflito. A boa nova provocava divisão (Lc 12,49-53; 16,16-17). Ele insistia em desmascarar doutrinas de más novas e práticas que distorciam a verdade da misericórdia divina e da dignidade humana. Ele poderia ter pedido aos pobres para voltarem no dia seguinte e evitar um escândalo a respeito de curar no sábado. Mas Jesus queria fazer um escândalo: "Levanta-te e vem para o meio!" (Mc 3,3). Não admira que sua mensagem provocasse oposição.

Ele disse aos seguidores para esperarem o mesmo (Mt 10,24; Jo 15,20; Mc 10,30); e através dos séculos, quando foram fiéis, sofreram perseguição. De fato, "Todos os que querem viver fervorosamente em Cristo Jesus têm de sofrer perseguição" (2Tm 3,12; cf. 1Ts 3,3-4; 1Pd 2,21). Nem toda hostilidade para com a Igreja, já se vê, merece ser descrita como perseguição, pois infidelidade e comportamento escandaloso também provocam reações hostis.

Nas últimas décadas, os cristãos suportaram calúnia, ameaças, espionagem, arrombamentos, roubo, exílio, prisão, surras, tortura e morte pela fé. Os cristãos sofreram amargamente sob regimes comunistas e, principalmente na América Latina, sob regimes capitalistas. A América Latina destaca-se pelo jeito como os cristãos, juntamente com outros, sofrem por defenderem os pobres, principalmente depois que os bispos católicos assumiram o compromisso na Conferência de Medellín em 1968.

No mundo inteiro, os cristãos estão recuperando suas raízes. Desde o tempo de Constantino, quando a Igreja se aliou ao poder secular, as principais Igrejas muitas vezes perderam de vista a centralidade do testemunho profético e da consequente perseguição a esta sua vocação. Agora que muitos cristãos vivem em países pobres, a Igreja do Sul pobre desafia os cristãos de outros lugares a romperem a aliança com os poderosos e participarem da sorte dos rejeitados como Jesus fez. Para os que desejam falar de Deus hoje, ficar com as vítimas é o preço da credibilidade. De agora em diante, a Igreja autêntica será uma Igreja perseguida.

---

opção de aborto nega simultaneamente a muitas delas as opções e recursos sociais, educacionais e de saúde de que precisam para prover a si e suas famílias, o que ajuda a dar conta da incidência alarmante de abortos. Segundo o Instituto Alan Guttmacher (<www.guttmacher.org/sectios/abortion.html>) foram realizados 39 milhões de abortos nos Estados Unidos, nos trinta anos que se seguiram à decisão da Suprema Corte em Roe contra Wade em 1973. Essa desconsideração pela vida do nascituro faz parte da desconsideração mais geral pela vida refletida na falta de moradia e cobertura médica para milhões, na frequente aplicação da pena de morte, na violência doméstica e social e no crescente militarismo.

Portanto, precisamos de uma espiritualidade para tempos de perseguição. Sugiro que ela inclua os elementos a seguir[3].

Primeiro, uma espiritualidade de perseguição lembra-nos que a perseguição é *inevitável* quando defendemos a verdade e a dignidade humana. Como somos treinados para pensar que o conflito é ruim, tendemos a evitá-lo ou reprimi-lo. Mas defender o que é direito sempre provoca conflito. Seguir a Cristo significa tomar todos os dias a cruz do testemunho elevado. Se não experimentarmos nenhuma oposição, deveremos perguntar por quê. "Ai de vós, quando todos falarem bem a vosso respeito! De fato, foi assim que seus pais trataram os falsos profetas" (Lc 6,26).

Segundo, essa espiritualidade ajudará a *preparar-nos* para a perseguição. "Pois quem de vós, querendo construir uma torre, não se senta primeiro para calcular a despesa e ver se tem meios para acabá-la?" (Lc 14,28). Não é tanto um desafio para medir nossa força, quanto um convite para reconhecer nossa fraqueza e abandonar-nos na fé aos cuidados divinos. Os salmos expressam essa fé e liberdade:

> Quantos, Senhor, aqueles que me afligem,
> quantos os que se insurgem contra mim!
> São muitos a dizer a meu respeito:
> "Não acharás em Deus a salvação".
> Tu és porém o escudo que me cerca,
> a glória que soergue a minha fronte.
> Pelo Senhor eu clamo em altos brados,
> e do seu monte santo me responde.
> Então deito-me em paz, logo adormeço;
> quando desperto, ampara-me o Senhor.
> Não temerei mil homens que me cerquem.
> Levanta-te, Senhor! Salva-me, ó Deus! (Sl 3)

Os evangelhos nos convidam a uma fé radical. Quando a barca começa a submergir e os discípulos entram em pânico, Jesus os repreende: "Por que estais com medo, homens pobres de fé?" (Mt 8,26). Mais tarde ele os adverte para não temerem perseguição: "Até os cabelos de vossa cabeça estão contados! Não tenhais medo, então!" (Mt 10,30). Eles não deviam preocupar-se com o que dizer, quando arrastados perante as autoridades, pois "não sereis vós que falareis, mas o Espírito

---

3. Em parte do que se segue, recorro a SOBRINO, JON, *Spirituality of Liberation. Toward Political Holiness*, Maryknoll, N.Y., Orbis, 1988, capítulo 5, The Spirituality of Persecution and Martyrdom.

de vosso Pai falará em vós" (Mt 10,20)[4]. Preparar-se para a perseguição não significa preocupar-se com ela, mas aprender a não se preocupar.

Terceiro, esta atitude apoia-se no *poder divino*, que "chega ao auge na fraqueza". Paulo escreve: "Porei meu orgulho sobretudo nas minhas fraquezas, para que repouse sobre mim o poder de Cristo. Por isso me alegro nas fraquezas, nos insultos, nas necessidades, nas perseguições, nas angústias, sofridas por amor de Cristo. Porque, quando estou fraco, então é que sou forte" (2Cor 9-10). O poder divino foi manifesto nos sofrimentos paulinos: "A morte age em nós, e em vós, a vida" (2Cor 4,12). Assim como a divindade revelou-se escondendo-se na paixão de Jesus, a glória divina brilha em seus seguidores perseguidos.

Quarto, a perseguição por causa da justiça produz consolação — alegria, clareza de visão e confirmação. Quando os discípulos forem perseguidos, Jesus ordena-lhes: "Alegrai-vos [...] e exultai" (Lc 6,23). Paulo escreve que Deus "nos consola em todas as nossas aflições" (2Cor 1,4)[5].

O arcebispo Oscar Romero alegrou-se com a Igreja perseguida por ficar ao lado dos pobres: "Alegro-me, irmãos e irmãs, por nossa Igreja ser perseguida precisamente por causa de sua opção preferencial pelos pobres e por tentar personificar-se nos interesses dos pobres". E, de novo:

> Os cristãos devem sempre promover no coração a plenitude da alegria. Tentem, irmãos e irmãs. Eu tento, repetidamente, sim, e nas horas mais amargas das piores circunstâncias, quando a calúnia e a perseguição estavam no auge. Sinto a alegria de juntar-me a Cristo, meu Amigo, e provar a doçura que as alegrias deste mundo não proporcionam[6].

Um testemunho como esse reflete a *clareza de visão* que a perseguição quase sempre produz. Muitos prisioneiros de consciência testemunham que o tempo na cadeia ajudou-os a ver as coisas mais claramente.

---

4. Veja também Lucas 1,30.38; 8,50; 24,36-41; Mateus 14,26-31; 28,5.10; Lucas 12,22-33; Romanos 8,31-39; 1 João 5,5. Veja as raízes veterotestamentárias dessa confiança em face de ameaças em Deuteronômio 7,17-24; 20,1-4; Josué 1,1-9; Juízes 7,1-25; 2 Macabeus 8,8; Salmos 19,8; 43,2-8; Isaías 7,9 etc.

5. Quanto a alegrar-se na perseguição e a consolação nas provações, veja Tiago 1,2; Atos 5,41; 2 Coríntios 1,4-5; 7,4; 1,4-10; 1 Tessalonicenses 3,7; João 16,33; Hebreus 10,32-35; 1 Pedro 4,13.19.

6. Homilias de 15 de julho e 20 de maio de 1979, em Mons. Romero, Oscar, *Su pensamiento* (cap. 12, n. 2, acima), 7, 75; 6, 362; trad. de Sobrino, Jon, *Spirituality of Liberation*, 100-101. Ao pregar na missa pelo sacerdote assassinado Rafael Palacios, Romero disse: "Apresentamos, juntamente com o sangue de mestres, de trabalhadores, de camponeses, o sangue de nossos sacerdotes. É confraternidade no amor. Seria triste, em um país onde tantos assassinatos horríveis são cometidos, se também os sacerdotes não se encontrassem entre as vítimas". Homilia, 30 de junho de 1979, in: Romero, *Su pensamiento*, 7, 30.

Assim, a perseguição confirma nosso compromisso. Mostra que os ídolos da riqueza e do poder estão ameaçados. Os perseguidos podem até sentir que compartilham a grande tribulação que anuncia a vitória divina. "Tudo isto deverá acontecer [...] Isso será o começo das dores" (Mc 13,7-8; cf. vv. 9-13). Perseguição significa que o reinado de oposição está sendo derrotado e o Reino de Deus está próximo (2Ts 1,4-5; At 14,22; 1Pd 4,16-17).

Quinto, a consolação na perseguição inspira a *audácia*. Teresa Pérez, catequista e avó sempre alegre de Los Sitios, cidade na zona rural de El Salvador, é exemplo disso. O primeiro aniversário das mortes de 1989 na UCA (Universidad Centroamericana) incluía uma celebração em Los Sitios, onde um dos mártires, Ignacio Martín-Baró, trabalhou. Durante a missa, Teresa lembrou à congregação que muitos tinham deixado a paróquia depois da morte de Nacho. (Por várias semanas o exército tinha usado como quartel a capela onde estávamos celebrando.) "Bem, eu disse", ela continuou, "se a morte nos encontra aqui servindo a Igreja, vamos acolhê-la!"

Muitos pobres exibem o tipo de coragem de Teresa. Seus antepassados maias escreveram no épico *Popol Vuh*:

> Arrancaram nossas frutas,
> cortaram nossos galhos,
> queimaram nossos troncos,
> mas jamais conseguiram matar nossas raízes.

O sofrimento produz a paciência, a paciência produz o caráter, o caráter produz esperança (cf. Rm 5,3-4; 1Ts 1,4) e ela produz o amor que "expulsa o temor" (1Jo 4,18).

Sexto, uma espiritualidade de perseguição nos ensina a *amar os nossos inimigos* (Mt 5,43). Abençoar nossos perseguidores mantém a amargura a distância e vence o mal com o bem (cf. Rm 12,14.21)[7].

Sétimo, suportar perseguição e amar nossos inimigos exige *criatividade*. Uma espiritualidade de perseguição ajuda-nos a ser "prudentes como as serpentes e simples como as pombas" (Mt 10,16)[8]. Jesus e Paulo empregaram uma ampla série de táticas para lidar com os adversários. Dependendo da situação, Jesus escondeu-se, derrubou mesas, denunciou publicamente os inimigos, fê-los

---

7. Cf. Mateus 5,39; Lucas 6,27-32.35; Romanos 12,17-21; 1 Coríntios 4,12; 2 Coríntios 7,4; 1 Tessalonicenses 5,15; 1 Pedro 3,9.

8. A palavra grega aqui traduzida como "simples" significa "sem duplicidade" ou "puro". Não tem nada a ver com ingenuidade.

ruborizarem-se com perguntas reveladoras, esperou serenamente ser preso e manteve-se em silêncio. Paulo denunciou, ameaçou, lisonjeou, fugiu, jogou fariseus contra saduceus (At 23) e apelou ao imperador.

Hoje, talvez precisemos usar novas formas de comunicação, improvisação, drama, humor, ou até trapaças criativas, como Miguel Pro, martirizado no México em 1927.

Finalmente, a perseguição gera solidariedade entre as vítimas e com seus aliados. Une grupos, Igrejas e povos em ação. Uma espiritualidade de perseguição deve ser uma espiritualidade comunal que nos permita apoiar uns aos outros na provação.

Conclusão

A contemplação da paixão e morte de Cristo é uma *schola affectus* que leva a uma união mais profunda com ele — em conhecimento, amor e prática [cf. 104]. Atrai-nos a nossos próximos crucificados e nos fortalece para enfrentar a oposição.

Quando contemplamos seu sofrimento e, acima de tudo, sua vitória, fica mais claro que a união com ele é real, não apenas sentida. Essas contemplações levam ao coração da mensagem cristã: os seguidores de Cristo participam do "mistério pascal" de seu sofrimento, morte e ressurreição. É o sentido mais profundo da vida deles. Unidos a ele em sua morte e ressurreição (Cl 2,12), são agora o Corpo de Cristo. Continuam sua presença na história. Na Eucaristia, quando comem seu corpo e bebem seu sangue (1Cor 10,16-17), tornam-se o que comem, como disse Agostinho. Enquanto compartilham seus sofrimentos, experimentam o poder de sua ressurreição (cf. Fl 3,10-11; 1Pd 4,12-19; Ef 3,13).

As cartas paulinas usam palavras que começam com o prefixo *syn* (com), que provavelmente Paulo e seus seguidores eles mesmos inventaram. Os discípulos de Cristo "sofrem com" ele, são "crucificados com" ele, "morrem com" ele, são "sepultados com" ele; são "glorificados" com ele, são "ressuscitados com" ele, "vivem com" ele, estão "sentados com ele" à direita de Deus e "reinam com" ele[9]. Isso acontece porque o Espírito de Cristo habita neles. A força interior do Espírito Santo é o que a ressurreição de Cristo significa para eles. É a substância da Quarta e última semana dos Exercícios Espirituais.

---

9. Romanos 6,4; 8,17; Gálatas 2,19; 2 Timóteo 2,11-12; Efésios 2,5-6; Colossenses 2,12-13. Veja STANLEY, DAVID M., SJ, *A Modern Spiritual Approach to the Spiritual Exercises*, Chicago, IJS, 1967, 210-211; MARTÍN-MORENO, JUAN MANUEL, El don del Espíritu Santo en los Ejercicios Espirituales, *Manr* 59 (1987) 364.

Ressurreição

Onde encontramos esperança hoje? A Quinta Parte convida os leitores a examinar sua experiência à luz da vitória de Cristo sobre a morte, que assinala o começo de um mundo novo (capítulo 21). Cristo ressuscita nos que vivem como ele viveu; seu Espírito inspira-os à ação libertadora (capítulo 22). O mesmo Espírito nos capacita para encontrar Deus em todas as coisas, trabalhando para dar origem a uma nova Criação. A doação que Deus faz de si mesmo move-nos a responder com grato amor e serviço (capítulo 23).

21

A ressurreição e o Espírito

Louvado seja Deus, Pai de nosso Senhor Jesus Cristo! Em sua imensa misericórdia nos fez renascer, pela ressurreição de Jesus Cristo dentre os mortos, para uma esperança viva, para uma herança incorruptível, imaculada, perene [...] Sem tê-lo visto, vós o amais. E, apesar de não o verdes atualmente, nele credes e exultais com alegria inefável, repleta de glória, na certeza de atingir a meta de vossa fé: a salvação de vossas almas.
(1Pd 1,3-9)

Quando uma mulher abandonada que é mãe de três filhos pequenos ri no pior dia que ela já teve, ela está sendo desonesta? Ou sua alegria é mais profunda que a dor? Talvez no fundo do coração ela saiba que apesar de tudo a vida vale a pena? Entre os pobres, uma *fiesta* é sempre apropriada. É escapismo ou alguma outra coisa? Homens sem-teto, mulheres maltratadas, o jovem doente de aids — nem sempre explicam seu sorriso. São malucos? Ou sorrir em tempos difíceis é um ato de fé com base na realidade? Quando gente pobre luta contra todas as dificuldades com bom humor nem sempre sabe dizer por quê. Às vezes só cantam: "No fundo do coração creio que algum dia vamos vencer". Não são tão tolos quanto podem parecer a observadores em salas de redação e salas da diretoria. Algum dia eles *vão* vencer.

Alegrar-se sempre, apesar de tudo, é requisito da fé — e sinal de fé (cf. Fl 4,4-5). A fé nega a última palavra ao mal e à morte. Mesmo já agora, isto muda tudo.

Contemplação do Cristo ressuscitado

A fé cristã afirma que na ressurreição de Jesus o bem triunfou sobre o mal e a morte e que compartilhamos essa vitória já mesmo agora. A Quarta Semana dos *Exercícios Espirituais* nos convida a contemplar suas aparições aos discípulos depois que ele ressuscitou da morte. (Veja as narrativas nos últimos capítulos dos evangelhos e no primeiro capítulo dos Atos dos Apóstolos.)

Como as contemplações da paixão de Cristo, estas também procuram promover a união com ele. No início de cada exercício, pedimos para conhecê-lo mais intimamente, amá-lo mais profundamente, segui-lo mais atentamente [104] — desta vez em sua vitória. Pedimos "graça de sentir intensa e profunda alegria por tanta glória e gozo de Cristo nosso Senhor" [221]. Como sempre, a graça pedida guia a oração.

Como nas contemplações anteriores, imaginamos vividamente a cena — por exemplo, a aparição de Jesus a Maria Madalena perto do sepulcro (Jo 20) — 1) observamos as pessoas envolvidas, 2) escutamos suas palavras e 3) notamos suas ações — permitindo que o drama nos mova e refletindo de qualquer maneira que seja proveitosa. Inácio sugere dois pontos adicionais: considerar 4) como a divindade, escondida durante a paixão, agora se manifesta aos que creem em Cristo e 5) como Cristo consola os discípulos "como os amigos costumam consolar-se". Veja [222-224]. Conversamos com Cristo ou Deus (e Maria). Utilizamos esses pontos sugeridos na ordem e na medida em que contribuem para a "graça" pedida.

Esse é o núcleo da Quarta Semana. É mais uma questão de prática que de estudo. Entretanto, como antes, é proveitoso esclarecer, rapidamente, o que "ressurreição" significa para Cristo e para nós, afastar obstáculos desnecessários e indicar o caminho para um entendimento dessa realidade, inclusive seu significado.

Ressurreição

O que essas narrativas de encontros com o Jesus ressuscitado nos contam a respeito de Cristo e sua nova existência? O que sua ressurreição significa para seus seguidores e para o mundo?

Nessas aparições, a nova existência de Cristo é contínua e descontínua com sua existência anterior[1]. Por um lado, este é o mesmo Jesus presente entre os discípulos como antes. Ele não é um fantasma desencarnado. Come e bebe com eles e mostra-lhes suas feridas (Lc 24,39-43; Jo 20,20). Por isso, as comunidades primitivas anunciavam: "Jesus está vivo" — mas não é uma alma

---

1. Nesta seção recorro a SOBRINO, JON; BURNS, P. (trad.), *Christ the Liberator. A View from the Victims*, Maryknoll, N.Y., Orbis, 2001, principalmente os capítulos 1-3.

desencarnada, como Platão (e talvez muitos fiéis) interpretam a esperança de imortalidade.

Por outro lado, Jesus não está presente exatamente como antes. Não é um cadáver ressuscitado, do jeito que Lázaro voltou do sepulcro. Alguns dos discípulos acham difícil reconhecê-lo. Sua humanidade pulsa com vida divina. Assim, as testemunhas primitivas também proclamam: "Jesus é Senhor!"; está exaltado à mão direita de Deus como prenunciou o Salmo 109.

Essa descontinuidade-continuidade é também uma inversão de sua derrota. A ressurreição reverte a morte e a justificação reverte a condenação: Deus ressuscitou precisamente o condenado e crucificado (cf. At 2,3-6 etc.). "A pedra que vós, os arquitetos, desprezastes e que se tornou a pedra angular" (At 4,11).

Entretanto, isso é mais que um triunfo pessoal. A vitória de Jesus sobre a morte anuncia um momento decisivo na história da criação e nas relações divinas com a humanidade. Para os judeus devotos daquele tempo, ressurreição significava a vinda do Reino de Deus, a derrota final do mal. Assim, para os discípulos, a ressurreição de Jesus era o início de uma ressurreição mais geral (cf. Mt 27,51-53). Como o Reino de Deus que ela significa, a ressurreição é salvação coletiva. Jesus é o "primogênito entre os muitos irmãos" (Rm 8,29)[2]. Os discípulos alegram-se com sua nova presença não só por causa dele, mas também porque desperta para eles um mundo novo em que a pobreza e a morte foram vencidas.

Entretanto, no tempo de Jesus a promessa de ressurreição não significava imortalidade para *todos* os fiéis, como nos inclinamos a entendê-la hoje. Nos séculos anteriores, a esperança na ressurreição surgiu em resposta ao assassinato de muitos judeus que permaneciam resolutamente fiéis a Deus diante da perseguição. (Veja, por exemplo, os testemunhos eloquentes de 2 Macabeus 7 e Sabedoria 2–3.) Por isso, ressurreição significava que Deus justificaria as vítimas inocentes, principalmente as que foram mortas por sua fidelidade. A esperança de ressurreição não foi fruto da ânsia pessoal genérica pela imortalidade (tão compreensível quanto isto possa ser), mas de fome e sede da justiça de Deus em benefício das vítimas inocentes.

Contra esse cenário, a ressurreição de Jesus justifica o tipo de vida que ele levou e o tipo de morte que sofreu. Deus não ressuscitou simplesmente qualquer morto, mas precisamente um profeta crucificado, um "justo" (*saddiq* em

---

2. Cf. Colossenses 1,18; 1 Coríntios 15,20.

hebraico). A esperança da ressurreição é primeiro para vítimas inocentes, principalmente as que vivem como Jesus viveu e sofrem por causa disso. Porém não é só por elas. Assim como o perdão divino não depende de nossa integridade, mas da compaixão (graça) divina, e assim como Deus põe-se ao lado dos pobres não porque eles são bons, mas porque Deus é bom, afirmamos algo parecido sobre a ressurreição. Não é questão de mérito, mas da bondade gratuita de Deus. Como o reino divino, do qual ela é sinal predominante, a ressurreição é principalmente para as vítimas da história. Embora sejam pecadores, Deus reverterá a injustiça que sofreram[3].

A Igreja e os autores neotestamentários, já se vê, não demoraram a entender a ressurreição de Jesus como símbolo de esperança para todos, o que é perfeitamente legítimo, tanto quanto é legítimo dizer que o Reino de Deus é oferecido a todos, não só aos pobres. Contudo, o Reino e a ressurreição perdem uma dimensão central de seu sentido quando nos esquecemos que Deus vem como rei para libertar os pobres (Lc 6,20) e ressuscitar as vítimas de injustiça.

Cristo ressuscita nos discípulos: o Senhor é o espírito

Os cristãos primitivos continuaram a experimentar Jesus presente em profecias, em curas e na liberdade para viver como irmãos e irmãs, dando testemunho na provação. O Novo Testamento relata como eles entendiam essa nova existência. Segundo Paulo, os cristãos compartilham a vitória de Jesus. Morrem para o mundo, como ele morreu, e o egoísmo do mundo já não os controla. Eles agora vivem com a vida de Cristo[4]. "Despistes o homem velho [*anthropos*] com as suas obras, e vos revestistes do novo" (Cl 3,9-10; cf. Ef 4,22-24). Nascido "do alto", o cristão é "uma nova criatura"[5]. Um processo está em andamento entre eles. Eles devem esforçar-se todos os dias para alcançar a plena maturidade[6]. O Novo Testamento explica a transformação em duas palavras: Espírito Santo.

---

3. "A ressurreição de Jesus é esperança, em primeiro lugar, para os crucificados da história [...] Há, então, entre ressurreição e os crucificados, uma correlação análoga à correlação entre o Reino de Deus e os pobres", SOBRINO, *Christ the Liberator*, 84.
4. Cf. Romanos, 6,3-8; Gálatas 2,19-20; Colossenses 2,20; 3,1-3; 1 Tessalonicenses 5,10.
5. João 3,3-8; 2 Coríntios 5,17; Gálatas 6,15.
6. Cf. 1 Coríntios 5,7, Colossenses 3,1-15; Efésios 4,13.

Espírito disfarçado?

À primeira vista, parece que o Espírito Santo desempenha um papel menor nos *Exercícios Espirituais*. O Espírito é mencionado explicitamente apenas em seis lugares [263, 273, 304, 312 e 365]. Todos esses parágrafos, exceto um, simplesmente transcrevem uma referência bíblica. Nas Regras de Discernimento, Inácio só se refere ao "bom espírito" [313, 318, 336; cf. 32]. Nos *Exercícios* não há nenhuma contemplação de Pentecostes. O último tema pós-ressurreição para contemplação é a ascensão de Jesus ao céu [226, 312].

Com certeza, uma razão para essa aparente ausência é que a dinâmica do retiro concentra-se em torno da amizade com Cristo. Outra é que às vezes Inácio deixa de identificar a obra do Espírito ou refere-se ao Espírito apenas indiretamente.

Já mencionei como no tempo de Inácio as autoridades religiosas eram extremamente desconfiadas de pessoas que alegavam ser inspiradas pelo Espírito Santo. O próprio Inácio foi detido mais de uma vez sob suspeita de pertencer ao movimento "iluminista" (*alumbrado*), em que os participantes na maioria iletrados apelavam à experiência imediata de Deus independentemente da hierarquia da Igreja.

Os *alumbrados* reuniam-se em conventículos. Muitos acreditavam na impossibilidade de pecado grave entre os esclarecidos. Com a Reforma Protestante em andamento, a própria palavra "espiritual" evocava as fraternidades "espirituais" revolucionárias do fim da Idade Média. Uma breve menção à "unção do Espírito Santo" no Prólogo da tradução latina dos *Exercícios* criou dificuldades com os censores, mesmo depois que o manual recebeu aprovação papal. Inácio recordou o clima de suspeita em suas reflexões autobiográficas (veja *Autobiog* 65).

Outra provável razão para a falta de referência explícita ao Espírito nos *Exercícios* é que Inácio compilou o manual antes de estudar teologia, quando não tinha os instrumentos para expressar mais adequadamente sua experiência de Deus. Seus escritos mais tardios (principalmente cartas e outros materiais inéditos) mencionam o Espírito Santo com mais frequência. Seu "Diretório Autógrafo", que data de seus últimos anos, caracteriza a consolação como dádiva do Espírito Santo (cf. *DirAutog* 11; PALMER, *Giving*, 8).

> A suspeita exagerada de inspiração pessoal e o fracasso inaciano para identificar o Espírito refletem a negligência histórica desde os primeiros séculos da Igreja no cristianismo ocidental (mais que no Oriente) na obra própria do Espírito Santo. Hoje precisamos corrigir esse erro, especificando mais claramente o papel do Espírito em nossa vida e na história. O Espírito é claramente atuante até difuso na visão e na prática inaciana. Identificar essa presença ajuda imensamente a superar uma "Espiritofobia" perniciosa.

Com a partida física de Jesus, os discípulos experimentaram uma nova presença divina, o Espírito Santo. O Espírito de Jesus rompeu os limites de seu corpo destruído na cruz e agora enchia os que acreditavam nele[7].

Isto é, Cristo ressuscita em seus seguidores: "O Senhor é Espírito" (2Cor 3,17; cf. 1Cor 15,45). A comunidade de discípulos é agora o Corpo de Cristo: "Vós sois o corpo de Cristo. E cada um, por sua vez, é um dos membros dele" (1Cor 12,27; cf. Rm 12,5). Na Bíblia, o "corpo" significa a pessoa toda, corpo e alma. Os seguidores de Jesus são a presença de Deus na história. O corpo de Deus, o templo do Espírito (1Cor 3,16-17). Deus, que se tornou humano na encarnação, agora fermenta a massa da humanidade com a vida divina[8].

Esse Espírito é o Espírito de Cristo. Jesus vive naqueles que permitem ao Espírito reproduzir neles seu modo de pensar e agir. É o teste decisivo da presença do Espírito divino, em vez de algum outro. O Espírito torna possível viver como Cristo viveu, em comunidade. É o início de "novos céus e nova terra" (2Pd 3,13; Ap 21,1), um mundo novo.

Para Inácio, contemplar Cristo crucificado e ressuscitado estimula essa transformação de nossos corações, mentes e ações. Entretanto, Inácio não atribui

---

7. Cf. Romanos 5,5; 8,11. Embora o Espírito enchesse Jesus durante seu ministério, os discípulos só receberam o Espírito depois de sua morte. Veja João 7,37-39. Na cruz, Jesus entrega o Espírito e sangue e água jorram de seu lado (Jo 19,30.34). No dia da ressurreição, ele sopra sobre os discípulos e diz: "Recebei o Espírito Santo" (Jo 20,22).

8. A era messiânica inaugura um novo templo, o corpo de Cristo (Jo 2,21; 4,20-24; Ap 21,22). A respeito da Igreja como corpo de Cristo, veja Efésios 1,22-23; 2,16; 5,30; Colossenses 1,18.24; 3,15. Segundo esses textos, a Igreja é, literalmente, o corpo de Cristo na terra. Quando digo que Cristo ressuscita nos discípulos, não tenho a intenção de reduzir a ressurreição à experiência subjetiva deles. O próprio Cristo passou pela morte e transformou-se.

explicitamente ao Espírito Santo esse processo transformador. É só um exemplo entre muitos em que a presença do Espírito está escondida nos *Exercícios*[9].

O Novo Testamento diz que experimentamos o Cristo ressuscitado graças ao Espírito Santo. Como e onde isso acontece? Inácio indica uma resposta nos dois pontos adicionais que propõe para contemplar as aparições do Cristo ressuscitado: a divindade, escondida durante a paixão, agora revela-se, e Cristo consola seus desalentados seguidores [224]. O que essas dicas sugerem quanto a experimentar o Cristo ressuscitado hoje?

Reconhecer o ressuscitado

A glória de Deus escondida durante a paixão explode no Cristo ressuscitado. Cristo toma a iniciativa de "deixar-se ver" (*ophthe*, 1Cor 15,5-8). Mas não por todos. Quem o reconhece? *Aqueles que (ainda) creem nele* depois que Igreja e estado mandam executá-lo como réprobo; os que acreditam que ele estava certo e seus acusadores errados; os que, apesar de seu "fracasso", reconhecem sua grandeza ("glória") não só apesar da forma como ele morreu, mas por causa dela. Só os que reconhecem a glória escondida sabem reconhecer a glória manifesta.

Os que creem nele e o seguem experimentam a consolação do Espírito, que lhes inflama o coração e permite-lhes viver como ele.

Minha amiga Linda, ativista política de longa data, passou recentemente por uma profunda conversão religiosa. Certo dia, depois de contar sob quanta pressão ela estava, ela perguntou: "Consegue explicar por que estou tão feliz ultimamente? Às vezes estou apenas seguindo em frente e sinto-me tão alegre. Tudo parece tão lindo. Não entendo". Linda não conseguia encontrar nenhuma causa suficiente para a consolação que a ampara como mãe e ativista.

Na ressurreição de Cristo, a glória de Deus brilhou precisamente onde estivera escondida, o que sugere que podemos encontrá-lo escondido, contudo

---

9. Veja o texto inserido, Espírito disfarçado, 198-199. Para o material ali, entre outras fontes, recorro à trilogia de LERA, JOSÉ MARÍA, Apuntes para una pneumatología de los ejercicios. En el XVI° centenario del Concilio I de Constantinopla, *Manr* 53 (1981) 327-358; idem, Apuntes para una pneumatología de los ejercicios (II), *Manr* 58 (1986) 99-128; idem, La contemplación para alcanzar amor, el pentecostés ignaciano. Apuntes para una pneumatología de los ejercicios (III), *Manr* 63 (1991) 163-190. A tese de Lera está admiravelmente resumida em CHONG, JUAN CHECHON, S.I., La contemplación para alcanzar amor [230-237], el pentecostés ignaciano, *Manr* 72 (2000) 293-303. Veja também o profundo estudo de MARTÍN-MORENO, JUAN MANUEL, SJ, El don del Espíritu Santo en los Ejercicios Espirituales, *Manr* 59 (1987) 357-372.

manifesto entre as vítimas de hoje. E parece que o encontramos. Nas comunidades pobres, os visitantes muitas vezes se surpreendem ao encontrar o que menos esperavam: alegria e também esperança, aceitação cordial e generosidade. Isso acontece o tempo todo na América Central. De onde vêm a alegria e a esperança? Não de boa comida, saúde de ferro, ou poder, pois nada disso está em evidência. Não; o pobre comunica alegria, *apesar de tudo*.

Essa é a consolação sem causa precedente que Inácio nos assegura que somente Deus dá [330]. Os fatos aparentes não a justificam, o que indica que o ressuscitado está aqui, consolando os aflitos [224], criando a esperança quase irrealizável e a energia necessária para lutar contra as dificuldades. Os pobres, então, transmitem essa consolação aos visitantes (cf. 2Cor 1,4) que voltam para casa com a esperança renovada.

Embora essa esperança não seja universal, fico impressionado por ver o quanto ela é difundida. Sendo assim, é esta a "consolação sem causa precedente" que Inácio introduz no contexto da eleição e para a qual a indiferença é precondição? Estamos tratando os pobres de maneira romântica?

Essa questão presume que a indiferença e a consolação sem causa são raras, talvez reservadas a uma elite espiritual. Mas por que deveríamos supor que poucos pobres e pessoas sem instrução têm a liberdade interior necessária para receber essa consolação?[10] Eles têm menos a perder, menos a que se apegar.

Minha amiga Teresa Pérez diz que aceitaria bem se a matassem servindo à comunidade paroquial. Isso é indiferença. Sua alegria é notória e contagiante. Muitos como ela deram a vida pelos amigos e muitos mais a dariam, se necessário. Entre eles encontramos notável generosidade (*"Mi casa es su casa"*), humor e um forte sentimento de persistente alegria — apesar de suas condições de vida. É aí que o mundo novo está começando?

Como outras regiões pobres, a América Central está mergulhada em crise permanente, com poucas perspectivas de mudança em curto tempo. E, contudo, quando se reúnem, as pessoas cantam com entusiasmo.

Todavía cantamos, todavía pedimos,
Todavía soñamos, todavía esperamos.

---

10. "Há quem considere esta experiência (de consolação sem causa precedente) alguma coisa relacionada ao auge da vida espiritual, ou a dons adequadamente místicos. Não cremos que Inácio a entendesse assim [...] A experiência também nos convida a pensar que isso ocorre com frequência". CABARRÚS, Discernimiento. La osadía de "dejarse llevar" (cap. 15, n. 8, acima), 30.

> Ainda assim cantamos, ainda assim pedimos,
> Ainda assim sonhamos, ainda assim temos esperança.

Se Deus ressuscitou uma vítima de injustiça para anunciar um mundo novo, fazemos bem em procurar Cristo entre os oprimidos de hoje. É onde devemos encontrar a esperança quase irrealizável e os primórdios de um mundo novo. É esse o caso em lugares como a África do Sul, a Colômbia e Pine Ridge, Dakota do Sul.

Conclusão

Para a fé cristã, a ressurreição de Cristo significa o início de uma nova criação, em que o egoísmo e a morte são derrotados. Compartilhamos essa nova criação na medida em que o Espírito de Cristo nos transforma. Contemplar sua vitória na derrota nutre essa transformação, aprofundando a esperança e a alegria e apontando para nós onde encontramos Cristo, consolando os crucificados de hoje.

Em escritos primitivos como os *Exercícios*, Inácio deixou de identificar a obra transformadora do Espírito Santo em termos explícitos, embora sua visão esteja impregnada do Espírito. O testemunho das Escrituras ajuda-nos a identificar melhor o que ele experimentou. Por exemplo, nas Escrituras, o Cristo ressuscitado envia os seguidores em missão — tema central também para Inácio. A consolação do Espírito inspira-lhes a ação, exatamente como ele diz. Na Bíblia, entretanto, a consolação é realidade social e política, bem como pessoal. Estas ideias neotestamentárias nos ajudam a conectar os pontos e preencher os espaços nos escritos inacianos a respeito de missão e consolação.

22

Consolação, ação e libertação

> *Então, eu vi um novo céu e uma nova terra, porque o primeiro céu e a primeira terra desapareceram e o mar já não existe. E vi a Cidade Santa, a Nova Jerusalém, descer do céu, de junto de Deus, preparada como uma esposa enfeitada para o esposo. E ouvi do trono uma voz que dizia: "Eis aqui o tabernáculo de Deus com os homens: ele habitará com eles, e serão o seu povo e ele será o 'Deus com eles'. Enxugará toda lágrima de seus olhos, e não haverá mais morte, nem luto, nem grito, nem dor, porque as primeiras coisas terão passado".*
>
> (Ap 21,1-4)

Meu amigo Ben escreveu recentemente do Alabama, onde está passando alguns meses na cadeia por ter invadido o Forte Benning, na Georgia, para protestar contra a política militar dos Estados Unidos na América Latina. Ben está pagando o preço por "fazer uma coisa importante pela paz", como diz. Ao lado dos colegas presos pobres, ele suporta condições degradantes que, diz ele, "só me arranharam superficialmente", e acrescenta: "Por alguma estranha razão — o Espírito Santo, com certeza — estou me saindo surpreendentemente bem".

No Novo Testamento, quando comunica o Espírito, o Cristo ressuscitado envia os discípulos com uma missão — tema caro a Inácio. O Espírito consola os discípulos, Inácio diz, e ele entende que a consolação move as pessoas à ação. Na cadeia do condado de Muscogee, Ben é fortalecido, consolado, para sua missão. Entendida em sentido amplo, como vemos na Escritura, a consolação inclui a justiça e a paz, pelas quais Ben trabalha e que o Espírito produz, operando através da práxis de Ben e através da nossa.

Consolação, pessoal e coletiva

A consolação é característica central da vida cristã no Novo Testamento. Os discípulos, acabrunhados pela morte de Jesus, agora alegram-se ao saber que ele está vivo. Ele acalma seus temores: "A paz esteja convosco!" "Deixai esse medo!"[1] Dois discípulos que caminharam com ele na estrada para Emaús finalmente o reconhecem e exclamam: "Não é verdade que o nosso coração ardia, quando nos falava pelo caminho?" (Lc 24,32). Tudo isso é consolação, *paraklesis* em grego.

As comunidades cristãs primitivas viviam "repletas da consolação [*paraklesis*] do Espírito Santo" (At 9,31; *Bíblia de Jerusalém*, São Paulo, Paulus, 1985). O fruto do Espírito é "caridade, alegria, paz, paciência [...] autodomínio" (Gl 5,22-23), isto é, consolação.

Deus consola principalmente em tempo de tribulação. Paulo bendiz "o Deus de toda consolação. Ele nos consola em todas as nossas aflições (*thlipsis*), para que nós possamos consolar os outros em qualquer provação" com essa mesma consolação. "Porque assim como são abundantes os sofrimentos de Cristo em nós, assim também, graças a Cristo, é abundante a nossa consolação" (2Cor 1,3-7)[2].

Inácio selecionou claramente o termo bíblico correto para o que ele chama de "consolação". Para os autores neotestamentários e também para Inácio, a consolação é mais que consolo para os tristes. É também clareza e zelo pela missão, inspiração para agir, alegria e coragem quando atacado. Entretanto, enquanto Inácio limita a consolação à experiência pessoal, a consolação tem dimensões sociais e políticas que podemos apreciar de vários ângulos diferentes.

A consolação é contagiante

Já vimos que a consolação e a desolação são realidades compartilhadas. A desolação difunde-se em grupos, nos quais os cínicos escandalizam os "pequeninos". A repressão brutal acaba com a esperança de populações inteiras e espalha a duradoura desolação coletiva.

Quando perguntei a um grupo de adultos de comunidades pobres se achavam que a consolação também é contagiante, eles concordaram com entusiasmo. Relembraram como, nos aniversários do martírio do arcebispo Romero e

---

1. Mateus 28,8.10; Lucas 24,36-38.41.52; João 20,19.21.26; cf. João 14,27-28.
2. Quanto à consolação neste sentido, veja também 1 Tessalonicenses 3,7; 2 Tessalonicenses 2,16-17; Romanos 15,4-5; 1 Coríntios 14,3; 2 Coríntios 7,4-7.13; Filipenses 2,1; Filêmon 7; Colossenses 2,2; Hebreus 6,18.

de eventos similares, as pessoas reúnem-se para marchar, cantar, rezar e dançar e voltam para casa com a esperança renovada. Mencionaram como combatem a desolação com *fiestas*. Comemorar a colheita do milho, aniversários, chegadas, partidas e festas religiosas renova a esperança e a solidariedade.

A consolação difunde-se quando cantamos "Chegamos até aqui pela fé" e "Não nos moveremos". Mais do que "apenas uma experiência emocional" o que surge é não raro a consolação que renova a esperança. O culto todo da comunidade, acima de tudo a Eucaristia, é sobre combater a desolação e inflamar os corações para seguir em frente, na alegre convicção que a boa vontade triunfa sobre o mal e a morte.

A consolação é às vezes contagiante na interação entre o pregador e a congregação. Quando o pregador exclama: "Eu tenho um sonho hoje!" o povo exclama de volta: "Sim!" "Está certo!" O profeta desperta neles o Espírito e, em troca, seu Amém desperta o profeta.

A consolação e o Espírito profético

O Espírito que consola é espírito profético. Os profetas de Israel foram inspirados (consolados) para denunciar a injustiça e anunciar a vinda da justiça e da paz. Jesus aplicou a si mesmo o oráculo de Isaías: "O Espírito do Senhor está sobre mim, porque ele me consagrou com o óleo, para levar a Boa-Nova aos pobres" (Lc 4,18; cf. 3,22). Esse mesmo Espírito agora consola os discípulos de Cristo, inspirando-os para falar e agir por justiça.

Isaías e Zacarias prenunciaram que o Espírito profético produziria justiça e paz[3], e o Espírito que vem em Pentecostes inspira uma nova forma de vida comunitária.

> Os fiéis viviam todos unidos e tinham tudo em comum. Vendiam suas propriedades e seus bens, repartindo tudo entre todos, conforme a necessidade de cada um. Todos os dias se reuniam no Templo. Partiam o pão em suas casas tomando as refeições com alegria e simplicidade de coração (At 2,44-46).

A pobreza desapareceu nessa nova comunidade: "Não havia necessitados entre eles" (At 4,34).

Também hoje, a igreja deve ser o principal lugar onde a comunidade de iguais acontece. Ela deve ser o sal da terra e a luz do mundo, uma cidade

---

3. Isaías 2,15-20; 42,1-4; 59,15-21; Zacarias 4,6.

estabelecida em uma colina para todos verem — embora o Espírito também sopre fora da Igreja.

Consolação como libertação

Esta nova comunidade é ela mesma consolação divina. Nas tradições bíblicas, a consolação é realidade coletiva, praticamente sinônimo de libertação e *shalom*.

Durante o exílio na Babilônia (587-538 a.C.), o profeta que chamamos de Segundo Isaías anunciou que Deus estava prestes a libertar seu povo do exílio. No início dos oráculos reunidos do profeta (Is 40–55) encontramos esta proclamação sumária:

> Consolai, consolai meu povo, diz vosso Deus.
> Falai ao coração de Jerusalém e gritai-lhe:
> terminou vosso serviço!
> Foi expiado vosso pecado!
>
> (Is 40,1-2)

A consolação que o profeta anuncia é a libertação dos exilados e sua recondução a Jerusalém na justiça e prosperidade (*shalom*): "Javé consola seu povo e tem piedade de seus aflitos!" (Is 49,13). "Javé consola seu povo, ele resgata Jerusalém!" (Is 52,9; cf. 51,3). A própria criação surgirá para nova vida a fim de participar desta consolação divina:

> Javé consolará Sião,
> consolará todas as suas ruínas.
> Fará de seu deserto um Éden,
> e de sua estepe um jardim de Javé.
>
> (Is 51,3)[4]

Posteriormente, quando as Escrituras hebraicas foram traduzidas para o grego (a versão da Septuaginta principalmente dos séculos II e III a.C.), as palavras "Consolai, consolai [*nahamu, nahamu*]" foram traduzidas pelo verbo *parakleo*. A *paraklesis*/consolação do Novo Testamento reflete essa tradição mais primitiva.

Como a consolação plena anunciada pelo profeta e seu sucessor, o Terceiro Isaías (Is 56–66) não se materializou completamente em seu tempo, seus oráculos

---

4. A respeito da "consolação" do ambiente não humano, veja também Isaías 41,18-20; 43,19-21; 44,23; 48,21; 49,13.19.

continuaram a alimentar a esperança e a resistência judaicas durante os séculos que se seguiram, de governo estrangeiro opressor, e até o tempo de Jesus. O espírito desses oráculos derrama-se sobre a mensagem de Jesus, principalmente no evangelho de Lucas. O velho Simeão que recebe o bebê salvador no templo representa os que esperavam "a consolação de Israel" que é "a redenção de Israel" (Lc 2,25.38; cf. 1,68; 23,51). Em textos programáticos, Lucas apresenta o ministério de Jesus cumprindo os oráculos de consolação (Lc 4,16-19; 6,20-26; 7,22) que proclamam a libertação aos pobres e oprimidos[5].

Enquanto Inácio alonga-se em como o Cristo ressuscitado consola os discípulos, a concepção bíblica mais ampla de consolação — como libertação, justiça, o florescimento da natureza — liga sua intuição ao significado social, político e ecológico da ressurreição de Cristo, que é o início do reino divino de justiça e paz.

Como acontece essa realidade? Segundo a Escritura, é obra divina. E Deus opera por intermédio de seres humanos incumbidos de uma missão.

Missão e práxis

O Espírito consola para a missão. O Cristo ressuscitado manda as mulheres que primeiro o encontraram comunicar aos outros que ele está vivo (Mt 28,10 etc.). Ele encarrega os discípulos: "Disto sereis testemunhas" (Lc 24,48); "Ide, então, fazei de todos os povos discípulos" (Mt 28,19). Escolhe Pedro: "Apascenta minhas ovelhas" (Jo 21,15-17).

Ele vai acompanhá-los: "Eis que vou ficar convosco todos os dias, até o fim dos tempos" (Mt 28,20). O Espírito Santo dará autoridade à missão deles. "'Como o Pai me enviou, assim também eu vos envio'. Depois destas palavras, soprou sobre eles e lhes disse: 'Recebei o Espírito Santo'" (Jo 20,21-22; cf. At 1,8). O "Espírito da verdade" será seu *Parakletos*, advogado de defesa "consolador", que os esclarecerá e fortalecerá em face da oposição[6], dissipando o medo e inspirando o discurso e a ação corajosos[7].

---

5. Veja também Lucas 6,24; 16,25. Sobre a justiça e os pobres em Lucas, veja CASSIDY, RICHAR J., *Jesus, Politics, and Society. A Study of Luke's Gospel*, Maryknoll, N.Y., Orbis, 1978. Veja também RINGE, SHARON H., *Jesus, Liberation, and Biblical Jubilee. Images for Ethics and Christology*, Philadelphia, Fortress Press, 1985; NEYREY, JEROME H. (ed.), *The Social World of Luke-Acts. Models for Interpretation*, Peabody, Mass., Hendrickson Publishers, 1991.

6. Veja João 14,15-17.26; 15,26; 16,7-15.

7. Existem referências a essa coragem ou esse desassombro (*parrhesia* e *parrhesiazomai* em grego) em abundância. Veja principalmente 2 Coríntios 3,12.17 e Atos 4,13.29.31; 9,27-29; 13,46;

Também para Inácio, a consolação do Espírito move à ação. O que chamamos de espiritualidade inaciana volta-se a uma vida de ação, de "trabalho na vinha do Senhor"⁸. Inácio escreveu a Francisco Borja que devemos procurar a consolação e dons similares, para que com eles "nossos pensamentos, palavras e obras [...] se tornem calorosos, claros e justos para o maior serviço de Deus"⁹. Ele escreveu a Teresa Rejadell que "esta consolação nos mostra e nos abre o caminho que devemos seguir e o oposto, do qual devemos fugir". Conquista todos os obstáculos, pois

> com esta divina consolação, todas as penas são prazer, todas as fadigas, um repouso. Para a alma que caminha com este fervor, este ardor e esta consolação, a mais pesada carga parece leve; a penitência, a pena mais dura, muito doce¹⁰.

Uma colega de classe e professora de enfermagem relata (em nosso livro de reencontro universitário) que há alguns anos ela e o marido decidiram aumentar sua família de cinco filhos. Adotaram dois bebês, em seguida uma terceira criança, todos de Honduras. Dois anos depois, incluíram um bebê gravemente doente e subnutrido do Haiti. A mãe concluiu: "Estou exausta, sobrecarregada de trabalho, gastando mais do que podemos, mas, o que é mais importante, contentíssima". Esse contentamento não vem das amenidades nem de uma vida de comodidade. Aponta para o Espírito do ressuscitado, consolando e capacitando esta mãe trabalhadora.

Operando dentro de nós, o Espírito nos faz colaboradores de Deus (1Cor 3,9). Percebemos que isso acontece segundo o padrão da ressurreição de Jesus — que foi contínua, descontínua e inversão com respeito a sua existência anterior. A consolação é contínua com a vida cotidiana (não é estranha nem bizarra), mas também descontínua, na medida em que é desproporcional às causas aparentes; e ela reverte a desolação. Os "frutos do Espírito" — alegria e generosidade — superam nossos poderes e os miseráveis fatos superficiais. A consolação não

---

14,3; 18,25-26; 19,8; 26,26; 28,31. Veja também 1 Tessalonicenses 2,2; Efésios 6,19; Filipenses 1,20; 1 Timóteo 3,15; Hebreus 3,6; 10,35 etc.

8. Essa imagem predomina nas *Constituições*, não nos *Exercícios*, que foram escritos antes. Veja SCHINELLER, PETER J., SJ, The Pilgrim Journey of Ignatius. From Soldier to Laborer in the Lord's Vineyard and Its Implications for Apostolic Lay Spirituality, *SSJ* 31, n. 4 (setembro de 1999) 1-41.

9. *LettIgn*, 181 (20 de setembro de 1548); in: *Obras*, 832. *Escritos de Santo Inácio. Cartas Escolhidas*, 96.

10. *LettIgn*, 21-22 (18 de junho de 1536); in: *Obras*, 732. *Escritos de Santo Inácio. Cartas Escolhidas*, 43.

elimina a dor e a perda, a injustiça e o fracasso. (A "inversão" continua incompleta.) É paz, alegria, generosidade, coragem e esperança, apesar disso e da provação (*thlipsis*).

Deus opera em nossa fraqueza quando encontramos a força para dar mais e a coragem para esquecer, quando os resultados ultrapassam nossos esforços. É assim que Deus opera: tirando Israel do Egito contra o poderoso exército de Faraó, entregando Golias nas mãos do jovem Davi. O salmista entoa: "Outros tenham o fragor de carros e cavalos, no nome do Senhor é que está nossa força!" (Sl 19). "[...] Deus concede bênçãos a seus amados até enquanto eles dormem" (Sl 126). Mães idosas e estéreis dão à luz filhos que, embora pareçam candidatos improváveis, salvam seu povo[11]. Vemos Deus em ação alimentando milhares que compartilham uns poucos pães e peixes e compensando pescadores cansados enchendo-lhes os barcos de peixe. A jovem Igreja cresce e se expande porque, enquanto Paulo planta e Apolo rega, Deus dá o crescimento (1Cor 3,6). Há evidente desproporção entre o tesouro divino e os vasos de barro onde o levamos (2Cor 4,7).

Dorothy Day reconheceu essa desproporção nos primórdios do Catholic Worker. No epílogo de sua autobiografia, ela escreveu: "Só ficamos ali sentados conversando [...] Foi tão casual quanto tudo aquilo, muitas vezes penso. Simplesmente sucedeu. Simplesmente aconteceu"[12].

O diário de Oscar Romero exala serenidade e leveza de espírito em meio a intensa atividade e conflito, envolvimento em questões significativas e decisões tomadas. A desproporção com a fragilidade de Romero é notável. Mais que energia humana está em ação.

A ação divina dota nossa práxis de um caráter distintivo. Reunidos em Puebla em 1979, os bispos latino-americanos escreveram:

> Em face dos desafios históricos que confrontam nossos povos, encontramos duas reações extremas entre os cristãos. Os "passivistas" creem que não podem ou não devem intervir, na esperança que Deus aja e traga sozinho a libertação. Os "ativistas" adotam uma perspectiva secularizada. Veem Deus como remoto, como se ele tivesse entregado aos seres humanos a completa responsabilidade pela história: assim, ansiosa e freneticamente tentam mover a história para a frente.
> A postura jesuana foi diferente [...] [Ele] aparece agindo na história de mãos dadas com o Pai. Sua atitude é simultaneamente de total confiança por um lado e do má-

---

11. Lucas 1,36-37; Juízes 6,15; cf. Gênesis 18,14; 37,3-11; Êxodos 4,10-13; 1 Samuel 1; 16; Jeremias 1,6-7 etc.
12. Day, *The Long Loneliness* (cap. 5, n. 5, acima), 285.

ximo compromisso e corresponsabilidade por outro. Jesus sabe que tudo está nas mãos do Pai, que cuida das aves do ar e dos lírios do campo (Lc 12,22-33); mas ele também sabe que a obra do Pai destina-se a passar por sua obra.

Como o Pai é o principal protagonista, Jesus tenta seguir seus passos e ritmos. Sua preocupação constante é ficar em estrita e leal harmonia com o que o Pai quer[13].

Uma famosa máxima no mesmo espírito — no estilo de um *Zen koan* — é atribuída a Inácio: "Confie tanto em Deus como se todo o sucesso dos acontecimentos dependesse de você e nada de Deus. Contudo, trabalhe tanto neles como se você não devesse realizar nada neles e Deus tudo"[14]. Pedro Ribadeneyra, colaborador inaciano, associou-o a uma aparência que a princípio parece afirmar o oposto, mas que alguns consideram complementar na prática: "Em questões relacionadas ao serviço de nosso Senhor, que assumia, ele fazia uso de todos os meios humanos para sair-se bem nelas, com cuidado e eficiência tão grandes como se o sucesso dependesse desses meios e confiava em Deus e dependia tanto de sua providência como se todos os outros meios humanos que ele usava não tivessem nenhum efeito"[15]. Essas duas perspectivas são com frequência expressas nas fórmulas: "Reze como se tudo dependesse de você e trabalhe como se tudo dependesse de Deus"[16].

Puebla e as fórmulas inacianas expressam a fé que Deus opera em nós e por nosso intermédio. Isso inspira um sentimento de missão, esperança, ação corajosa e perseverança, mesmo na provação, no desapontamento e no fracasso aparente.

Conclusão

O Espírito de Cristo consola, produzindo alegria, paz e ação generosa. Muitas vezes enfatizamos os sacrifícios envolvidos em uma vida de serviço e esquecemos as consolações que a sustentam. Em resultado, muitos deixam de buscar consolação

---

13. EAGLESON, J. and SCHARPER, P. (eds.), *Puebla and Beyond. Documentation and Commentary*, Maryknoll, N.Y., Orbis, 1979, parágrafos n. 275-278, 160.

14. A atribuição data no mínimo do jesuíta húngaro HEVENESI, GABRIEL, *Scintillae Ignatianae*, Vienna, 1705. Trad. amer. em CUSSON, *BibTheol*, 71, n. 75.

15. RIBADENEYRA, P., *De ratione quam in gubernando tenebat Ignatius*, citado em GUIBERT, JOSEPH DE, *The Jesuits, Their Spiritual Doctrine and Practice. A Historical Study*, Chicago, IJS (1978) 320.

16. Veja RAHNER, HUGO, SJ, BARRY, MICHAEL (trad.), *Ignatius the Theologian*, New York, Herder and Herder, 1968, 25-31; e PADBERG, JOHN W., SJ, Personal Experience and the *Spiritual Exercises*. The Example of Saint Ignatius, *SSJ* (1978) 320.

e, quando ela chega, eles mal a notam e não se beneficiam dela. Outros dispensam a consolação como supérflua, ou mesmo porque os distrai do trabalho. Essa não é a tentação humana demais, não raro masculina, de fazer vista grossa a sinais de amor e deixar de responder a eles?

Como o Espírito Santo é a "garantia" da salvação plena ainda aguardada (2Cor 1,22; 5,5; Ef 1,14), a consolação pessoal tem o gosto de um mundo novo em desenvolvimento. A consolação do Espírito expande-se e produz comunidade. Inclui libertação para os pobres, cura para nossa terra ferida e ressurreição da morte.

Como devemos entender essa "esperança imperecível" de vida em abundância, mesmo além da sepultura? A sabedoria aconselha modéstia ao falar da vitória divina final. Como os profetas e visionários de antigamente, só podemos refletir na experiência passada e presente da ação divina libertadora e projetar uma imagem no futuro. Nessa base, nem uma imortalidade de almas desencarnadas, nem uma visão beatífica modelada em um cinema faz justiça à promessa divina e a nossos desejos mais profundos. Os testemunhos inspirados na Escritura nos dizem que o mundo novo será contínuo com nossa existência social corporal, mas também muito diferente e uma reversão da tristeza, da injustiça e da morte atuais. Toda criatura deseja participar desta nova criação, que começa agora mesmo, enquanto Deus opera por intermédio dos seres humanos[17].

O Espírito nos faz colaboradores divinos e multiplica os frutos de nossos trabalhos. Entretanto, no fim não contam tanto os resultados mensuráveis quanto a fidelidade resoluta, não raro apesar dos resultados aparentes. A pesca não raro aparece do lado oposto do barco de onde estivemos pescando. Por outro lado, se não estivéssemos pescando, é improvável que tivéssemos conseguido os peixes.

A ação é mais humana quando é resposta grata. A Contemplação para alcançar o amor, à qual agora nos voltamos, completa o retiro inaciano. Convida-nos a ver Deus operando em toda a criação para "fazer todas as coisas novas" e responder com serviço afetuoso.

---

17. Veja uma profunda reflexão nesses temas em ALISON, JAMES, *Raising Abel. The Recovery of the Eschatological Imagination*, New York, Crossroad, 1996.

23

Para aprender a amar como Deus

> *E o que está no trono disse:*
> *"Eis que eu renovo todas as coisas!"*
> (Ap 21,5)

A Contemplação para alcançar (ou despertar) o amor de Deus [230-237] é "a conclusão e o clímax adequado" dos Exercícios Espirituais[1]. Como o Fundamento e a meditação das Duas Bandeiras em que ela se baseia, essa Contemplação incute uma nova visão e um novo modo de vida. Seu propósito é ajudar-nos a perceber Deus em toda parte de todas as nossas atividades e a "em tudo amar e servir" [233] em resposta; ou, segundo três bem conhecidos bordões inacianos, *encontrar Deus em todas as coisas como contemplativos em ação em íntima familiaridade com Deus*.

A Contemplação funciona nos Exercícios como uma espécie de Pentecostes — não uma contemplação do acontecimento relatado nos Atos dos Apóstolos, mas um convite para experimentar alguma coisa como ele[2], isto é, experimentar

---

1. GANSS, GEORGE, Notes for the Spiritual Exercises, in: GANSS (ed.), *Ignatius of Loyola* (cap. 13, n. 8, acima). Embora o texto dos *Exercícios* não especifique quando se deve realizar este exercício, hoje quase todos concordam que ele faz parte da Quarta Semana, a ser feito depois, ou possivelmente junto com as contemplações do Cristo ressuscitado. A Contemplação surge organicamente das quatro semanas e parece pressupô-las. Veja CUSSON, *BibTheol*, 312-337; BUCKLEY, MICHAEL J., The Contemplation to Attain Love, *The Way Supplement* 24 (primavera 1975) 92-104, nas 92-93; e PETERS, *SpEx*, 11, 153-154.

2. Veja LERA, JOSÉ MARÍA, La contemplación para alcanzar amor, el pentecostés ignaciano. Apuntes para uma pneumatología de los Ejercicios, III, *Manr* 63 (1991) 163-190; e CHONG, JUAN CHECHON, SI, La contemplación para alcanzar amor [230-237], el pentecostés ignaciano, *Manr* 72 (2000) 293-303. Nesse contexto, Inácio não cita explicitamente o Espírito. A esse respeito, veja *O relacionamento dos três métodos de tomada de decisão*, no capítulo 16 deste livro, e o texto inserido "Espírito disfarçado?", 233-234, acima.

a doação que Deus faz de si mesmo (como Espírito Santo) e ver o mundo com novos olhos. A Contemplação nos convida a experimentar como "Deus é amor" e age no mundo por uma vida em abundância.

A contemplação para alcançar o amor

Deus é Amor.
(1Jo 4,8)

Antes de apresentar a Contemplação, Inácio lembra-nos de duas verdades a respeito do amor. Primeira: "o amor consiste mais em obras do que em palavras" ([230]; veja Jo 14,21; 1Jo3,18). Segunda:

> o amor é comunicação de ambas as partes. Isto é, quem ama dá e comunica o que tem ou pode a quem ama. Por sua vez, quem é amado dá e comunica ao que ama. De modo que, se um tem ciência, ou honras ou riquezas, dá ao que não as tem. E assim mutuamente [231].

Comentário. Se o amor se demonstra nas obras, então contemplar o amor divino significa contemplar as obras divinas, principalmente quando Deus nos concede dons. O amor divino deve despertar o amor ativo em nós.

O amor consiste em compartilhar mutuamente. Deus compartilha a "ciência" da realidade nesta Contemplação. É surpreendente ler que os que se amam compartilham "riquezas" e "honras" — as duas tentações principais na meditação das Duas Bandeiras [142]! A ênfase está obviamente em compartilhar. Entendemos compartilhar riquezas — mas e honras? O amor "honra" os outros; tem por eles *respeito*, talvez nossa necessidade humana mais profunda. Um amigo certa vez recomendou imaginar todos usando placas ao redor do pescoço com os dizeres: "Leve-me a sério!" O amor *reconhece*, acima de tudo, a dignidade daqueles que o mundo despreza. O amor escuta suas histórias — o que muitas vezes é tudo que têm.

Dois preâmbulos precedem o corpo principal da Contemplação: a composição e a graça procurada.

A "composição". Depois de primeiro pedir a Deus que dirija tudo ao objetivo fundamental da vida, imaginamos uma cena para manter a atenção concentrada [232]. Inácio sugere que nos imaginemos diante de Deus e dos santos na glória.

A graça procurada. Em seguida (como em todo exercício), pedimos o que queremos. Inácio sugere que a pessoa peça "conhecimento interno de tanto bem recebido, para que, inteiramente reconhecendo, possa em tudo amar e servir à sua divina Majestade" [233].

Comentário sobre a "graça" pedida. O propósito da Contemplação é despertar o amor em nós; reconhecer tanto o amor divino a ponto de sermos movidos a responder amando da mesma maneira³. Pedimos para amar e servir "em tudo" (*en todo*) — isto é, não apenas em resposta ao perdão (Primeira Semana) ou para amar Cristo a fim de segui-lo mais intimamente (Segunda, Terceira e Quarta Semanas), mas amar e servir a Deus em tudo, em todos e em cada aspecto da vida cotidiana.

O corpo da Contemplação consiste em quatro pontos, que são quatro perspectivas das quais considerar o amor divino.

• *O primeiro ponto* é recordar os benefícios que recebemos na vida, os benefícios recebidos "pela criação, redenção e dons particulares", refletindo que tudo isso vem da mão de Deus e demonstra como "o Senhor quer dar-se" a nós. Em seguida refletimos em como é muito razoável oferecer a Deus todas as nossas coisas e, com elas, a nós mesmos, exatamente como Deus fez. Com tanto afeto quanto possível, fazemos então a seguinte oferenda:

> Tomai, Senhor, e recebei
> toda a minha liberdade,
> minha memória e entendimento
> e toda a minha vontade.
> Tudo o que tenho ou possuo
> vós me destes.
> A vós, Senhor, restituo.
> Tudo é vosso.
> Disponde segundo a vossa vontade.
> Dai-me o vosso amor e a vossa graça,
> pois ela me basta. [234]

Comentário do primeiro ponto. Em programas de doze passos como os Alcoólicos Anônimos, os participantes fazem uma lista de acontecimentos

---

3. Procuramos "alcançar" o amor por Deus, isto é, "chegar a" amar a Deus, não "obter" o amor de Deus para nós (cf. Ivens, *Understanding*, 172). Para o título deste capítulo, uso a ideia de Joseph Tetlow que denomina o exercício Contemplação para amar como Deus ama, Tetlow, *Choosing Christ in the World* (cap. 7, n. 7, acima), 171. O título na versão da Vulgata latina dos Exercícios é *Contemplatio ad amorem spiritualem in nobis excitandum*, Contemplação para despertar o amor espiritual dentro de nós. Diversos diretórios primitivos adotam essa linguagem.

passados de sua vida. Procuram fazer as pazes com o prejuízo que causaram e o feliz débito de gratidão aos que ficaram a seu lado apesar de tudo (compare [60] nos Exercícios). O primeiro ponto da Contemplação é exercício de reapropriação do passado. Nossa nova situação ajuda-nos a ver a mão de Deus onde nunca a vimos antes. Deus sempre esteve lá, guiando-nos e ajudando-nos, quando em grande parte não estávamos conscientes disso.

Poucas coisas humanizam como a gratidão, que raramente é inapropriada e difícil de exagerar. Crescendo em uma sociedade afluente, em geral achamos normal ter o que muitas pessoas através da história não podiam e não podem ter: boa nutrição, saúde decente, certo grau de segurança econômica e a vida em si. De considerar essas coisas normais é um curto passo para supor que a vida nos deve mais que isso. Então, em vez de agradecer pelas coisas mais básicas, deixamos qualquer situação confusa arruinar nosso dia. Recebemos tudo como dádiva. Os pobres — gratos por estarem vivos, comer, desfrutar a família e a beleza da natureza — são nossos professores na escola da gratidão.

No primeiro ponto, recordamos os benefícios recebidos pela "criação, redenção e dons particulares" (que podem se referir a dádivas do Pai Criador, do Filho e do Espírito, respectivamente). A principal dádiva é de Deus mesmo. A comunicação de si mesmo que Deus faz é o sentido supremo das relações divinas com o universo. Cada uma de maneira diferente, as três Pessoas da Trindade invadem a história e nossa vida pessoal, habitando em nós e fazendo-nos habitar em Deus — como esclarecem a Eucaristia e Pentecostes. Os três pontos restantes da Contemplação desenvolvem essa ideia da dádiva que Deus faz de si mesmo.

Enquanto a "indiferença" no Fundamento [23] é liberdade de, a oração "Tomai e recebei" especifica que essa liberdade é para nos entregar — e a nossa vida — a Deus. Entretanto, não se trata de renunciar à memória, ao intelecto, à vontade e à liberdade, mas sim, com toda a nossa criatividade, organizá-los em serviço. Parece que "Dai-me o vosso amor e a vossa graça" significa: "Dai-me amor por vós e graça para vos amar"[4].

• *O segundo ponto* (que talvez constitua o tema de um exercício completamente diferente) é:

Olhar como Deus habita nas criaturas: nos elementos dando o ser; nas plantas, a vida vegetativa; nos animais, a vida sensitiva; nas pessoas, a vida intelectiva. Do

---

4. Veja diversas interpretações da oração Tomai e recebei em VERD, GABRIEL MARÍA, SJ, "Tomad, Señor, y recibid", una oración polivalente, *Manr* 58 (1986) 77-88.

mesmo modo em mim, dando-me o ser, o viver, o sentir e o entender. E também fazendo de mim o seu templo, criado à semelhança e imagem de sua divina Majestade [235].

Refletimos nesses assuntos, procurando o que queremos e encerrando (conforme podemos) com a oração Tomai e recebei.

Comentário do segundo ponto. Aqui também a ideia é perceber como Deus está presente em tudo e em todos, fazendo cada um ser o que é. Deus dá a existência a tudo por amor, momento a momento (J. Tetlow) e habita em cada dom. Deus sopra na brisa e flui nos riachos; Deus salta nos sapos e voa nos pássaros; Deus pensa, ama e comunica-se nos seres humanos. Como os índios maia dizem, Deus é *Corazón de la montaña, Corazón del cielo* — "Coração da montanha" e "Coração do céu".

• *O terceiro ponto* é "considerar como Deus trabalha e age por mim em todas as coisas criadas sobre a terra". Inácio diz que Deus "age à maneira de quem trabalha", trabalhando em plantas, frutos, animais, segundo a natureza de cada um [236]. Em seguida refletimos e encerramos com a oração costumeira.

Comentário do terceiro ponto. Deus age em tudo para levar toda a criação à fruição. Jesus percebia o Pai trabalhando para dar vida (Jo 5,17), fazendo o sol raiar e mandando a chuva cair sobre os bons e igualmente sobre os maus (Mt 5,45), o que sugere a solidariedade divina com os trabalhadores que continuam a obra divina da criação. Esse ponto também nos convida a refletir em nosso lugar e nosso papel verdadeiros no mundo em relação às outras criaturas.

• *O quarto ponto* é olhar como todos os dons e bens descem do alto, assim como meu limitado poder provém do infinito e sumo poder do alto. Do mesmo modo, a justiça, a bondade, a piedade, a misericórdia etc., assim como descem os raios do sol, as águas da fonte etc. [237].

Mais uma vez, refletimos e conversamos com Deus como parece apropriado.

Comentário do quarto ponto. Toda bondade participa da bondade divina e revela Deus como sua fonte, principalmente a bondade moral: "a justiça, a bondade, a piedade, a misericórdia" [237]. Segundo o apóstolo Tiago, "Toda a boa dádiva e todo o dom perfeito descem do alto, do Pai das luzes" (Tg 1,17). Neste ponto, o motivo para amar a Deus não são os dons ou o que Deus faz, mas quem Deus é.

* * *

Esses quatro pontos, que na verdade são quatro exercícios, estão voltados para incentivar um profundo apreço das dádivas divinas e de Deus como a principal dádiva em todas as dádivas. Segundo o Fundamento [23], as criaturas nos desviam de nosso objetivo final; segundo a Contemplação, todas as criaturas são sacramentos pelos quais Deus vem a nós. O Fundamento manda que usemos todas as criaturas para servir a Deus; a Contemplação apresenta Deus agindo em todas as criaturas para nos servir[5]. A realidade criada — coisas, pessoas, acontecimentos — não é um biombo por trás do qual Deus se esconde para então nos espiar. Deus está presente em todas as criaturas e acontecimentos e vem até nós neles e por intermédio deles. "O mundo está carregado da grandeza de Deus", escreveu o poeta Gerard Manley Hopkins. A Contemplação nos convida a "procurar Deus nosso Senhor em todas as coisas [...] amando-o em todas as criaturas e todas as criaturas nele"[6]. *A realidade criada tem em si uma profundeza e uma riqueza inesgotáveis no centro das quais encontramos Deus.* A Contemplação nos incentiva a ver (e sentir e ouvir etc.) essa riqueza e ficar mais conscientes de que Deus nos ama em tudo e por intermédio de tudo que existe e tudo que acontece (às vezes apesar das coisas que acontecem). Essa consciência desperta a resposta de grato amor e serviço para o mundo.

Mais especificamente: em todas as coisas e acontecimentos cotidianos, Deus nos oferece o Reino, uma nova criação. Presente e agindo em todas as coisas e em todos os acontecimentos, Deus torna possíveis o perdão, o amor, a comunidade, a justiça e a paz. Quando aceitamos a oferta, amando e servindo em resposta [233], o Reino de Deus acontece aqui e agora. Desse modo, Deus renova todas as coisas (cf. Ap 21,5).

A contemplação e o mistério pascal

De fato, Deus nos manifestou o mistério da sua vontade
[...] para [...] recapitular em Cristo todas as coisas.
(Ef 1,9-10)

O lugar de Cristo na Contemplação tem sido tema de debate desde a morte de Inácio. À primeira vista, parece não haver nenhuma menção a Cristo[7]. Ele está

---

5. Cf. Pousset, *LFF*, 198-199.
6. *Const* 288.
7. Em escritos iniciais como os Exercícios Espirituais, Inácio às vezes atribui a Cristo funções próprias do Pai, por exemplo, ao referir-se a Cristo como "Criador e Senhor" [53] e "Criador e Redentor" [229]. Referências similares no Fundamento [23], na eleição [169-189] e nesta

ausente da Contemplação? Não. De fato, as referências enigmáticas a Cristo nos dão indicações para ampliar as implicações sociais da Contemplação. Quais são essas referências?

O primeiro ponto inclui "os benefícios" da "redenção" que se resumem no próprio Cristo[8]. Cristo é também o exemplo mais completo da presença divina no mundo, que é o tema do segundo ponto. Segundo a tradicional figura silogística (escolástica) implícita no segundo ponto, Cristo é a chave para entender como Deus habita em todas as criaturas.

Entretanto, o pensamento bíblico e a boa teologia cristã procuram a presença divina não simplesmente em pessoas e coisas, mas também em acontecimentos e processos históricos. Deus atua e salva na história. Portanto, o terceiro ponto da Contemplação fala de "como Deus trabalha e age por mim", como Deus "age à maneira de quem trabalha" [236]. Isso lembra a Terceira Semana, quando o exercitante recorda "frequentemente, os trabalhos, as fadigas e as dores que Cristo nosso Senhor passou" [206][9]. Segundo o evangelho joanino, Jesus e seu Pai trabalham para trazer vida ao mundo: "Meu Pai continua a trabalhar até agora, por isso eu também trabalho" (Jo 5,17) e a presença salvífica divina é revelada muito claramente no sofrimento da paixão e morte de Jesus e em sua ressurreição (cf. Jo 17,1).

Contemplação talvez também se refiram a Cristo. Veja SOLANO, JESÚS, Jesucristo en las denominaciones divinas de S. Ignacio, *Estudios Eclesiásticos* 30 (1956) 325-342; DIEZ-ALEGRÍA, JOSÉ MARÍA, La contemplación para alcanzar amor en la dinámica espiritual de los Ejercicios de San Ignacio, *Manr* 23 (1951) 171-193; FIORITO, MIGUEL ANGEL, Cristocentrismo del Principio y Fundamento de S. Ignacio, *Ciencia y Fe*, separata (jan.-fev. 1961); GONÇALVES, TERESA DÍAS, Sentido cristológico del "Principio y Fundamento", *Manr* 44 (1972) 53-68; idem, ¿Es cristológica la contemplación "ad amorem"? *Manr* 45 (1973) 289-308; CUSSON, *BibTheol*, 57, n. 32. No *Diário Espiritual*, em passagens registradas dois anos antes de sua morte, parece que Inácio expressa uma nova percepção da "individualidade" de cada uma das três Pessoas divinas. Veja GANSS (ed.), *Ignatius of Loyola* (cap. 13, n. 8, acima), 245-250, parágrafos n. 52, 54, 63, 67, 72 e 73.

8. Entre os "benefícios" do primeiro ponto, a versão Vulgata dos Exercícios inclui: "o quanto o mais generoso Senhor *suportou e sofreu* para o meu bem", CALVERAS, I., S. I.; DALMASES, CANDIDUS DE, S. I. (eds.), *Monumenta Ignatiana*, Série 2, *Exercitia Spiritualia*, nova edição, MHSI, v. 199, Rom, Institutum Historicum Societatis Jesu, 1969, 308; minha tradução e ênfase. Isso só pode referir-se a Cristo. O fiel intérprete inaciano, Juan Polanco, repete a ideia em seu Resumo dos *Exercícios*, texto em IPARRAGUIRRE, I. (ed.), *Directoria Exercitiorum Spiritualium* (cap. 16, n. 1, acima), 344.

9. Cf. BUCKLEY, The Contemplation, 102. Nadal mencionou isso há muito tempo, NADAL, H., *Apologia Exercitiorum*, in: *Epistolae et Monumenta P. Nadal*, v. 4, Madrid, MHSI, 1905, 863, 867-868. Nos *Exercícios* e nos escritos inacianos em geral, *trabajo* (trabalho) refere-se com frequência a provações e perseguições sofridas no serviço de Deus. Cf. [93, 95-97, 116]; também [51]. Como FESSARD, GASTON, *La dialectique des Exercices Spirituels de saint Ignace de Loyola*, Paris, Aubier, 1956, 147-164, Buckley acredita que os quatro pontos da Contemplação recapitulam as quatro semanas dos Exercícios.

A contemplação no universo pós-einsteiniano

[As criaturas] também serem libertadas da escravidão da corrupção para participarem da liberdade gloriosa dos filhos de Deus.
(Rm 8,21)

Nossa terra ferida, com suas espécies e sistemas econômicos em perigo de extinção, participa do grande drama de morrer e ressuscitar. Toda a criação geme em trabalho de parto para dar à luz um novo mundo. A Contemplação para alcançar o amor reflete a visão paulina, em que toda a criação é atraída ("recapitulada") pelo trabalho salvífico de Cristo (Ef 1,10).

O modelo científico de um universo mecânico que domina a cultura moderna torna difícil aceitar essa visão ou reconhecer uma presença divina no cosmos. Esse modelo entrou agora em colapso à luz de descobertas mais recentes. Hoje, cientistas, naturalistas e filósofos nos convidam a uma nova sensação de deslumbramento[10].

O universo pré-científico que Inácio achava que transpirava com Deus não se parece em nada com o universo newtoniano-einsteiniano dos tempos modernos. A moderna perspectiva mecânica está ainda mais distante do mundo como os autores bíblicos o entendiam. Como escreve David Toolan, o mundo dos profetas está "cheio de grandes chances [...] contingências [...] quebras de simetria". Apesar de toda a sua estabilidade, o universo dos autores bíblicos tem um lugar "para as minorias de um ou mais que subvertem a ordem vigente", um lugar para "o reino de Deus — contra todas as forças em contrário". Esse universo é "sacramental", cheio de "sinais que concedem graça — a graça da estabilidade e a graça da instabilidade" (445). Surpresas são possíveis ali. Deus trabalha ali, curando, libertando, possibilitando pescas improváveis.

---

10. A reflexão teológica na "nova física" e na biologia evolucionária é rica, vasta e crescente. Recentes relatos proveitosos incluem TOOLAN, DAVID, *At Home in the Cosmos*, Maryknoll, N.Y., Orbis, 2001; HAUGHT, JOHN F., *God after Darwin. A Theology of Ecology*, Boulder, Colo., Westview Press, 2000; e BOFF, LEONARDO, *Ecologia, grito da terra, grito dos pobres*, Petrópolis, Vozes, 1994. Veja a extensa bibliografia nessas obras. Aqui, limito-me a comentar o maravilhoso ensaio, no espírito da Contemplação inaciana, de TOOLAN, DAVID, Praying in a Post-Einsteinian Universe, *Crosscurrents* (inverno de 1996/1997) 437-470. No texto, os números entre parênteses referem-se às páginas do ensaio de Toolan.

Parece que o universo newtoniano exclui tudo isso. Enquanto a revolução científica moderna melhora muito nosso entendimento da realidade, "o engenhoso Legislador que (pelo menos para o Newton teísta) está por trás de tais leis (de física) não é o Santo que judeus e cristãos adoram como imanente em toda a criação e 'mais perto de nós do que estamos de nós mesmos'. Pelo contrário, é o Proprietário Ausente do deísmo. De fato, quando o Deus newtoniano cria a máquina cósmica, ela funciona sozinha — e Deus pode retirar-se" (443). Essa leitura da realidade dificulta contemplar o Deus generoso agindo em toda a criação.

Nas últimas décadas, surgiu um entendimento mais pleno do universo. O universo pós-einsteiniano da física quântica, *quarks* e sequências começa a restaurar a unidade do universo e nossa comunhão com ele. Agora o cosmos "parece muito mais irregular, até mais caótico, do que supúnhamos e o reino de vida e ser humano parece encaixar-se aqui. A poesia voltou à natureza". A realidade caracteriza-se por "interligação, processo, flutuação e franqueza", com organismos que se auto-organizam nadando rio acima contra a corrente da entropia (446). No "novo" universo pós-einsteiniano, há até quem alegue perceber o início de pensamento, liberdade e comunicação na realidade não humana. Em todo o caso hoje "a lacuna entre a natureza e a cultura humana estreitou-se consideravelmente" (452). Tudo isso não se parece em nada com o paradigma científico moderno de fragmentação atomística e o rígido determinismo de bolas de bilhar infinitesimais que interagem em campos gravitacionais.

Deus e os profetas encontram mais facilmente um lar neste universo de sistemas abertos que comunicam matéria, energia e até "informações" uns aos outros. Este universo convida-nos a novamente ajoelhar-nos e a inclinar a cabeça em veneração e descobrir o Santo Mistério em quasares, no impulso da evolução, na beleza da neve que cai e nas pessoas crucificadas e que ressuscitam.

Portanto, o terceiro ponto dá o indício distintamente cristão para encontrar Deus "em todas as coisas". (Embora também cristãos, os outros três pontos são compatíveis com cosmologias não cristãs[11].) A presença divina salvífica na história

---

11. Cf. BUCKLEY, A contemplação, 102.

revela-se acima de tudo na cruz e ressurreição de Jesus e nas cruzes e ressurreições — o mistério pascal em andamento — da humanidade sofredora e esforçada. A glória divina brilha nas faces exaustas dos que, como Deus, trabalham para a humanidade realizar-se, muitas vezes sob condições injustas. A glória divina brilha nas vítimas da história, os pobres e humildes ('*anawim*) que se recusam a adotar os métodos de seus agressores. E brilha, acima de tudo, nos que sofrem e até morrem pelo que é certo. Nesses embaixadores (Mt 25) que completam o que falta nas tribulações de Cristo (Cl 1,24) Deus se aproxima na misericórdia.

Cobrimos as paredes da casa de retiros com paisagens, flores tropicais, e cangurus, cuja beleza com certeza aponta para o Criador. Que tal dar o mesmo espaço para pessoas crucificadas e ressuscitadas e imagens como a gravura de Fritz Eichenberg, "O Cristo no limite da pobreza", que retrata a presença de Cristo entre nossos rejeitados urbanos?

Toda borboleta e toda folha revela o Deus de Jesus, mas só se também reconhecermos Deus nos seres humanos desalentados. Se tentarmos, evitaremos o Deus de Jesus em crepúsculos e flores, mas não nos pobres que inevitavelmente nos colocam diante desse Deus. Se não reconhecemos a face divina neles, é duvidoso que alguma borboleta na terra nos revele o Deus de Jesus. Quando encontramos Deus em nossas cadeias e clínicas para pacientes de aids, encontramos Deus que vem se encontrar conosco em todos os outros lugares.

Todos desconfiamos que o mundo seja um lugar mais cruel do que ousamos admitir. Como os pobres nos confrontam com esse mal, é tentador evitá-los. Mas se deixarmos suas histórias partirem nosso coração, elas nos abrem os olhos para maravilhas que mal ousamos imaginar. Elas revelam a revolução do amor que Deus causa no mundo.

Há muita morte acontecendo, mas também muita ressurreição. É o sentido mais profundo da história e de nossa vida. Mas só percebemos as ressurreições cotidianas se abrimos os olhos para as crucificações. Para compartilhar a esperança dos pobres, precisamos deixar que o sofrimento deles nos mova e nos coloque diante do Santo Mistério que age entre nós.

Conclusão: um mundo impregnado de Deus

Como vimos, Inácio chama o Espírito de outros nomes, principalmente nos primeiros escritos publicados. Há quem perceba referências veladas nesta Contemplação. Seu título, a primeira nota preliminar [230] e o primeiro ponto (que inclui a oração "Tomai e recebei") fala de amor, dons (inclusive o dom de si mesmo) e partilha (*communio*), aplicando essas expressões a Deus. Essas mesmas palavras — Amor, Dom, *Communio* — têm sido usadas para identificar o Espírito Santo desde o tempo de Agostinho[12]. O segundo ponto da Contemplação lembra que Deus faz de nós um templo, referência clara ao Espírito Santo.

Quando reconhecemos a Contemplação para alcançar o amor como exercício pentecostal, torna-se clara a abrangente estrutura trinitária dos Exercícios inacianos, como diz José María Lera: "O Pai, no amoroso desígnio divino, traça o plano da criação (Princípio e Fundamento [23]). O Filho concretiza esse plano e convida os seres humanos a segui-lo (a parte central e mais importante dos Exercícios"). Finalmente o Espírito concretiza o plano divino em todos nós e por meio de nós, fazendo de nós "filhas e filhos no Filho [...] 'amando [Deus] em todas as coisas e todas as coisas em [Deus] [...]'" (Contemplação para alcançar o amor)[13]. O Fundamento revela o plano do Criador; as Semanas subsequentes revelam Cristo; a Contemplação revela o Espírito.

A Contemplação completa o Fundamento. Enquanto este último declara que somos criados "para louvar, reverenciar e servir a Deus" [23], a primeira especifica que isso quer dizer "em tudo amar e servir" [233]. Enquanto, segundo o Fundamento, devemos usar as criaturas até o ponto em que ajudam nossa salvação, a visão da Contemplação é mais fecunda: Devemos "em tudo amar e servir" por gratidão, isto é, amar todas as criaturas em Deus e amar a Deus que age em todas elas (cf. *Const* 288).

Entretanto, se a Contemplação trata primordialmente do Espírito, ela é também eminentemente trinitária. Convida-nos a ver a realidade com novos olhos, o que é obra do Espírito que conduz à verdade completa (cf. Jo 16,13). Entretanto, o que nossos novos olhos veem é o Criador que nos dá coisas boas por meio do Filho. Acima de tudo, é por meio do Filho que o Pai nos comunica o Espírito (o dom divino de si mesmo). Nossa resposta é "em tudo amar e servir" [233], cheios do Espírito que nos transforma à imagem de Cristo. Como a Contemplação, essas fórmulas trinitárias expressam o jeito em que um Deus generoso invade a realidade — principalmente nós mesmos — e age para transformá-la.

---

12. Cf. Lera, Pentecostés ignaciano, 173.
13. Ibid., 184. A citação é de *Const* 288.

Deus nos solicita permanentemente, convidando-nos a responder procurando habitualmente o propósito divino e guiando-nos por ele. A oração e a contemplação fazem obviamente parte dessa visão da vida e agir sem elas seria uma evasão da realidade. Por outro lado, não nos retiramos do mundo de ação a fim de rezar, pois é precisamente no mundo que se encontra Deus.

Voltamo-nos agora para o assunto da oração propriamente dita.

Oração

Inácio de Loyola adota um modo revolucionário de lidar com a oração. A Sexta Parte introduz a contemplação e a oração no espírito inaciano.

Embora o melhor jeito de crescer na oração seja simplesmente fazê-la, alguma orientação é proveitosa e até necessária para rezar bem. Começamos com alguns pensamentos a respeito da contemplação e da oração, inclusive a oração modelo que Jesus ensinou aos discípulos. Em seguida, examinaremos o que os *Exercícios Espirituais* nos ensinam sobre a oração. Finalmente, consideraremos a oração para as pessoas ativas.

24

Introdução à oração

> *Despertou Jacó e exclamou:*
> *"Na verdade, neste lugar está Javé, e eu não sabia!"*
> (Gn 28,16)

É verdade que o amor é a única coisa indispensável. Entretanto, o amor é como uma bela flor que só se desenvolve nas condições certas, inclusive solo, água, ar, luz e proteção. O amor precisa das condições certas para desenvolver-se. Entre elas estão a contemplação e a oração.

Contemplação

Tive a sorte de viver em comunidades e em diversos países, com pessoas de culturas, raças e histórias diferentes das minhas. Toda vez que eu chegava a um novo lugar, tudo parecia estranho, às vezes muito estranho. Então, com o tempo, eu começava a entender. Ou assim eu pensava. Só muito depois eu percebia que na verdade não entendia muito, de modo algum! As coisas eram realmente muito mais complexas do que eu pensava.

A vida é desse jeito. A realidade é intensa demais para ser engolida às pressas. Em qualquer dia específico entendemos só uma fração do que acontece. Pedaços substanciais de realidade nos passam despercebidos. Até certo ponto, vivemos na superfície da vida, com a realidade só parcialmente em foco. Não é de se admirar que discípulos sonolentos, damas de honra que cochilam, e administradores negligentes proliferem nos evangelhos, juntamente com chamados para vigiar, ficar acordado e rezar! Vigiar, ficar acordado e rezar. Refletimos nisso por partes. Primeiro, vigie e fique acordado (contemplação). Depois, reze.

Como despertamos mais e ficamos acordados? Como crescemos firmemente no entendimento da realidade, a fim de melhor responder a ela? Inicialmente, propus dez "pedras de toque" que se reduzem a três requisitos. Primeiro, precisamos deixar a realidade "chegar a nós", principalmente a realidade do sofrimento. Segundo, precisamos passar por uma transformação pessoal e discernir moções interiores. Terceiro precisamos do desafio e do apoio de uma comunidade que tenha sabedoria. Em tudo isso, sugeri, nossa vida deve ser um ritmo permanente de ação-contemplação-ação.

Aqui, refiro-me à contemplação em sentido amplo, não a sentar-se em uma almofada e concentrar-se por horas de cada vez, por mais proveitoso que isso às vezes seja para algumas pessoas. Para mim contemplação significa prestar muita atenção à realidade e deixar a verdade entrar, penetrar em nós e instigar nossos sentimentos e pensamentos. Precisamos da contemplação nesse sentido, do mesmo modo que precisamos de água e recreação, do mesmo modo que precisamos escovar os dentes e ter outros comportamentos diários. Sem ela, caímos em uma dessas vidas estouvadas que não vale a pena viver.

Nesse sentido amplo, a contemplação não é bem o contrário da ação. Antes, ação e contemplação são complementares, polos sobrepostos de nossa existência. Se considerarmos nossa vida inteira práxis (atividade livre, consciente), então ação e contemplação são duas formas de práxis[1]. A contemplação não é simplesmente passiva e receptiva; também supõe formas ativas [cf. 45-54, 199, 206]. Quando se torna um hábito, penetra na ação. A ação, então torna-se mais contemplativa.

Oração

Na perspectiva da fé, a contemplação para de repente a menos que atraia o Santo Mistério no coração da realidade, um Mistério pessoal que nos chama e estimula uma resposta. Simplesmente contemplar o mundo à nossa volta é muitas vezes insuficiente para descobrir e sempre insuficiente para conhecer realmente o Coração-da-Realidade pessoal que suavemente nos cerca por fora e por dentro. Para isso precisamos da ajuda de tesouros de sabedoria para ligar os pontos empíricos e ampliar o alcance de nossos poderes cognitivos. Assim, além de contemplar a realidade propriamente dita, também contemplamos palavras de

---

1. Veja ELLACURÍA, IGNACIO, La contemplación en la acción de la justicia, in idem, *Fe y justicia, Estudio introductorio de Jon Sobrino*, Bilbao, Desclée de Brower, 1999, 207-216. Ao lado de muitos pensadores contemporâneos, Ellacuría entende a ação (práxis) como sendo a característica que define a existência humana. Veja ELLACURÍA, IGNACIO, *Filosofía de la realidad histórica*, San Salvador, UCA, 1991. A contemplação é um momento de práxis entendida nesse sentido amplo.

sabedoria, principalmente a Escritura, que purifica, orienta, suplementa e amplia nosso conhecimento, sem substituir nossos poderes cognitivos nem impedir seu funcionamento correto. A Palavra da Escritura leva-nos pela via expressa para o coração da realidade para encontrar o Santo Mistério e o mundo a nossa volta à luz desse Mistério[2].

Se acreditamos que Deus está presente em nós e entre nós, levamos a sério essa presença? Até os que creem preferem fazer o que acreditam que Deus quer, sem se dar ao grande trabalho de juntar-se a Deus em oração.

Assim, talvez a primeira coisa que precisamos perguntar nessa questão de oração é se levamos Deus a sério. Para iniciantes, sugiro considerar que Deus é mais real que a mesa, a árvore, a chuva — mais real que nós.

Se Deus é real, então Deus está próximo, presente — mais presente que a mesa, mais presente que nós. Não que a mesa, a árvore e a chuva sejam reais e concretas e Deus uma espécie de fantasma escondido ou atrás delas. Deus é mais concreto e está mais presente que todas as outras coisas.

E Deus está presente como alguém que se dirige a nós pessoalmente e nos convida à amizade e colaboração íntimas. Se levamos isso a sério, então rezar é realismo. Ignorar Deus, presente e falando conosco, seria evasão da realidade.

Algumas pessoas protelam a oração porque ela é como falar ao telefone com alguém que não sabemos quem é, alguém que nunca revela seus pensamentos e sentimentos. Nessas condições é muito difícil comunicar-se, quanto mais cultivar um relacionamento! Mas parece que esse problema surge de um equívoco.

Um axioma tão velho quanto Moisés nos ensina que nenhuma imagem ou conceito capta a realidade de Deus. Deus é diferente de todas as criaturas e nossos poderes cognitivos são insignificantes e também preconceituosos. Embora eu acredite que isso seja verdade, não precisamos exagerar. Segundo a Contemplação para alcançar o amor[3], Deus comunica-se conosco por intermédio do mundo. Toda folha e todo crepúsculo nos falam de Deus. Deus fala conosco mais claramente ainda por intermédio dos seres humanos, criados à imagem divina.

Na visão cristã das coisas, temos um carpinteiro de Nazaré transformado em pregador e curandeiro que revela Deus mais plenamente que qualquer outra coisa ou pessoa. Jesus é a imagem totalmente adequada de Deus. E temos um Espírito

---

2. Inácio emprega o termo "contemplação" nesse sentido estrito e principalmente para referir-se à representação imaginativa de cenas evangélicas que caracteriza da Segunda à Quarta Semanas dos Exercícios Espirituais. Veja o capítulo 9 deste livro.

3. Conforme examinamos no capítulo anterior.

que se esforça para nos revelar esse Deus e que, quando não sabemos rezar, reza dentro de nós com gemidos inexprimíveis (cf. Rm 8,26). Nesse caso, não precisamos preocupar-nos com quem está do outro lado da linha. Com esse testemunho, podemos ter certeza que nosso parceiro de diálogo é como Jesus. Alguém de "firme bondade amorosa", acima de tudo, que não vai dar pedra a crianças que pedem pão, mas responde com compaixão à sinceridade e à fraqueza humana. É disso que trata a "aliança" — compromisso firme e confiável.

Talvez igualmente radical seja a ideia que não tomamos a iniciativa da aliança e da oração. Deus nos procura desde o princípio. Um dia, acordamos com Deus batendo à nossa porta. Então, encaramos o desafio de aprender a colaborar com os esforços de Deus para se comunicar.

Não que Deus esteja distante. O Deus da fé cristã está sempre em contato imediato conosco, disponível vinte e quatro horas por dia, sem prévio aviso. Dizer que Deus é "Trindade" significa que Deus está ocupado no mundo. Deus é amor generoso, "vindo a nós" como Criador em tudo, como Cristo, que é um de nós e como Espírito que nos humaniza e diviniza. Se quisermos aceitar a oferta insistente de amizade deste Deus "extrovertido", imediatamente presente, normalmente comunicaremos a nosso Amigo o que pensamos e sentimos e perguntaremos o que nosso Amigo pretende.

Ao menos de vez em quando! Como a vida continua e como Deus chama à ação conjunta, há muito para fazer além de rezar. Há louça para lavar e consertos para fazer. Entretanto, como em todo relacionamento íntimo, em algum momento do dia, vamos querer nos sentar juntos e perguntar: "Como vão as coisas?" Vamos querer organizar o dia juntos. Haverá incidentes pessoais para compartilhar e outros assuntos para analisar, por exemplo, como o Reino de Deus está se saindo no trabalho ou no Oriente Médio. Como em outros relacionamentos íntimos, alguns dias passaremos mais tempo juntos, alguns menos, dependendo de nossas dificuldades e necessidades prementes.

Assim, a oração é parte normal de uma vida em que discernimos e fazemos a coisa mais amorosa. Se perseverarmos nesse tipo de vida, com o tempo não só provavelmente a oração tratará da ação, mas a contemplação penetrará na ação, fazendo de toda a vida uma "dança com Deus". Tornamo-nos "contemplativos em ação". E, como Deus chama muitos amigos e colaboradores, vamos precisar de muita oração comunitária para fortalecer nossa visão e nosso compromisso.

Em suma, a contemplação e a oração são necessárias para uma vida plena. É verdade que o amor é a única coisa necessária e que amamos a Deus amando o próximo. Mas isso não torna a oração mais dispensável que comer, respirar e tomar banho. Todos esses são atos de amor necessários. Se passarmos sem eles, ainda que por pouco tempo, o amor ao próximo sofre consideravelmente! Do mesmo modo, o compromisso sério com nosso próximo não sobrevive muito tempo sem oração. Embora os efeitos não apareçam imediatamente, podemos dizer da oração o que, segundo consta, o grande Pablo Casals disse da prática do violoncelo: "Se deixo de praticar um só dia, Deus nota. Se deixo de praticar dois dias, eu noto. Se deixo de praticar três dias, a plateia nota".

Na prática, como se parece a oração? Quando os discípulos perguntaram a respeito disso, Jesus ensinou-lhes uma oração.

"A oração que Jesus nos ensinou"

Um dia, Jesus estava rezando em certo lugar. Quando acabou, um dos discípulos lhe pediu: "Senhor, ensina-nos a rezar, como João ensinou aos seus discípulos".
(Lc 11,1)

Jesus ensinou aos discípulos o "pai-nosso". Mais que uma fórmula, ele contém os elementos principais da boa oração. O tema desta e de toda oração é duplo: 1) que seja feita a vontade divina (o "Reino") e 2) que nossas necessidades básicas sejam satisfeitas — alimento, perdão e proteção contra abandonar a fé.

A versão lucana da oração é mais primitiva e vem a seguir:

Pai, santificado seja teu nome
venha o teu reino;
dá-nos o pão necessário para cada dia;
e perdoa os nossos pecados,
porque também nós perdoamos a quem é o nosso devedor,
e não nos deixes cair em tentação (Lc 11,1-4).

Eis a versão mateana com seus acréscimos:

Pai nosso que estás no céu,
santificado seja o teu Nome,
venha o teu Reino,
seja feita a tua vontade
assim na terra como no céu.

Dá-nos hoje nosso pão, de que precisamos.
Perdoa-nos o mal que fizemos
assim como perdoamos aos que nos fizeram mal.
E não nos deixes cair na tentação,
mas livra-nos do Maligno (Mt 6,9-13).

Pai nosso. Esta oração é comunitária ("nosso", "nos", "nós") mesmo quando rezada "ocultamente", como Jesus rezava e recomendava que os outros rezassem (Mt 6,6).

Embora seja legítimo chamar Deus de Mãe e de outras maneiras, o convite de Jesus para chamar Deus de Pai é boa nova revolucionária. Ele quer dizer que os discípulos formam uma família de irmãs e irmãos (e mães). A nova família não deve ter pais terrenos patriarcais[4]. O Pai de Jesus é diferente — afetuoso e generoso, praticamente maternal. Devemos chamar Deus de *Abbá*, a forma como os judeus chamavam seus pais em confiança e liberdade[5]. Paulo diz que já não somos escravos, mas filhos e filhas do chefe da casa e, portanto, herdeiros da fazenda, isto é, do mundo (cf. Gl 4,6-7; Rm 4,13). É como se hoje passássemos de conferentes de estoque no porão a filhos do executivo-chefe e herdeiros da empresa. Agora vamos ao andar de cima da sede da empresa sem marcar hora. Entramos calmamente para ver nosso pai, quando queremos. "Em quem nós temos, pela fé nele, livre e confiante acesso a Deus" (Ef 3,12; cf. Hb 4,16; 10,19).

No céu expressa a transcendência divina. Não que Deus está fora do universo, mas que Deus não é outra entidade. Deus está no centro da realidade como fonte de tudo que existe e de toda bondade.

Santificado seja o teu Nome significa "que todos reconheçam tua bondade e santidade". Expressa reverência e louvor. Segundo o Fundamento inaciano, somos criados "para louvar, reverenciar e servir a Deus" [23]. Estas palavras indicam maneiras diferentes de amar a Deus. Louvor e reverência, que não são amplamente valorizados na sociedade moderna, nos humanizam, como Etty Hillesum descobriu quando era aluna de pós-graduação aos vinte e poucos anos. Ela escreveu em seu diário:

---

4. Cf. Marcos 3,35; Mateus 23,9; e compare as duas listas em Marcos 10,29-30.

5. Esta não era exclusivamente uma expressão infantil, "assim a interpretação 'Papai' para o uso de Jesus deve ser abandonada", Brown, Raymond E., *Death of the Messiah. From Gethsemane to the Grave. A Commentary on the Passion Narratives in the Four Gospels*, New York, Doubleday, 1, 173. Trad. bras.: *A morte do Messias*, São Paulo, Paulinas, 2011, 1, 229.

Sexta-feira santa de manhã, 8h30 [1942] [...] Uma coisa que há dias, talvez semanas, quero anotar, mas que uma espécie de timidez — ou talvez falsa vergonha? — impedia-me de pôr em palavras. O desejo de me ajoelhar vibra através de meu corpo, ou melhor, é como se meu corpo fosse destinado e criado para o ato de ajoelhar. Às vezes, em momentos de profunda gratidão, ajoelhar torna-se um impulso irresistível, a cabeça profundamente inclinada, as mãos diante do rosto[6].

Etty foi surpreendida pelo impulso de ajoelhar-se diante do Mistério que tomava conta de sua vida. Ao cair de joelhos, ela experimentou a consolação que vem quando descobrimos parte de nosso verdadeiro eu.

Louvor e reverência são atos salutares de gratidão em uma sociedade que não dá o devido valor às bênçãos da vida. (A respeito da ação de graças, veja 2Cor 1,11; Cl 2,7; 3,17; 4,2; 1Ts 5,8). Embora seja pueril multiplicar palavras ao pedir alguma coisa (cf. Mt 6,7), essa regra não se aplica à multiplicação de expressões de amor e louvor, como sabe todo apaixonado e poeta — desde que as palavras venham do coração. É o que fazemos em cânticos, litanias, rosários, mantras e orações repetitivas similares. (Ao menos deveria ser assim.)

O resto do pai-nosso é uma série de súplicas. Venha o teu Reino, seja feita a tua vontade assim na terra [...] É a súplica principal e abrangente. Não pedimos simplesmente alguma coisa — vencer concursos de beleza ou derrotar a concorrência nos negócios —, mas sim que venha o Reino divino, com sua justiça, paz e vida em abundância. Todas as súplicas devem se encaixar nessa descrição.

É notável quanta oração de súplica encontramos na Bíblia, principalmente no Novo Testamento. "Por isso eu vos digo: pedi e vos será dado; buscai e achareis; batei à porta e ela vos será aberta" (Lc 11,9). "Eu vos declaro: se pedirdes alguma coisa a meu Pai em meu nome, ele vos dará. [...] Pedi e recebereis" (Jo 16,23-24)[7]. Nos *Exercícios Espirituais*, a oração de súplica (a "graça" e os colóquios) orienta todo exercício de oração. Nas *Constituições*, onde Inácio define a vida dos apóstolos ativos, a oração é quase exclusivamente súplica para indivíduos, decisões e missões[8].

Hoje, a oração de súplica apresenta dificuldades. Para alguns, parece um pouquinho vulgar, até egoísta, talvez o modo de um iniciante rezar que deveríamos

---

6. HILLESUM, *An Interrupted Life* (cap. 5, n. 5, acima), 105. Etty imaginou intitular um romance quase autobiográfico, A garota que não conseguia se ajoelhar (ibid., 58).

7. Veja também Mateus 18,19; Marcos 11,22-24; Lucas 18,1-8; João 14,13-14; 15,7; 1 João 3,22; 5,14; Efésios 6,18; Filipenses 4,6; 1 Timóteo 2,1; Tiago 1,5-8.

8. Cf. SCHINELLER, PETER, The Pilgrim Journey of Ignatius (cap. 22, n. 8, acima), 25.

superar em favor de coisa mais sublime. Além disso, é difícil perceber como "funciona". Em primeiro lugar, achamos desagradável pensar em Deus escutando nossas orações e depois intervindo no mundo de um jeito mágico ou milagroso. Em segundo lugar, parece que a oração de súplica fracassa com frequência. Pessoas boas rezam por coisas boas e aí parece que nada acontece.

Quanto à primeira objeção, se Deus é a fonte de tudo que somos e temos, nunca superamos nossa necessidade absoluta de Deus. Entendida corretamente, a dependência de Deus é diferente de todas as outras. Como é da natureza divina criar liberdade, quanto mais dependentes somos de Deus, mais livres e maduros somos.

A ação divina também não suplanta nem compete com a nossa. Como diz o filósofo basco Xavier Zubiri: "A moção divina não é uma segunda moção acrescentada à nossa". Pelo contrário, Deus opera em mim e por meio de mim. Portanto, pedir a ajuda divina "não é pedir a assistência de alguém que está fora e que pedimos que se aproxime para ajudar [...] [mas] pedir que Deus intensifique a atividade divina dentro de nós"[9]. Aqui Zubiri nos dá uma feliz paráfrase do pai-nosso: Que o Reino de Deus venha ("se intensifique") em nós e entre nós!

Isso não é rezar por uma ação mágica ou estritamente milagrosa que transgrida as leis da natureza, mesmo que Deus possa bem operar dessa forma. Temos mais provas — realmente abundantes — daquilo que prefiro chamar de surpresas que são desproporcionais a causas aparentes: processos de cura acelerados, comunicação telepática, coincidências extraordinárias e até mudanças sociais repentinas que, como o arrastão de peixe nos evangelhos, indicam a intensificação da obra divina que não precisamos explicar como exceções aos meios da natureza — principalmente em um universo pós-einsteiniano.

Recentemente, perguntei a um grupo de quarenta pessoas em Chalatenanco, El Salvador, quantos tinham experimentado pessoalmente tais surpresas desproporcionais, que só podiam atribuir a Deus, ou tinham ouvido testemunhos de tais fenômenos de que não podiam razoavelmente duvidar. Então perguntei quantos estavam presentes entre nós naquele dia "por puro milagre de Deus" que os tinha resgatado durante a guerra civil nos anos 1980. Praticamente todos do grupo encaixavam-se em uma dessas categorias!

---

9. ZUBIRI, XAVIER, *El hombre y Dios*, Madrid, Alianza, 1994, 203.

As surpresas divinas exibem a continuidade, a descontinuidade e a inversão da ressurreição de Jesus[10]. A fé percebe a criação arrebentando as algemas e gozando a liberdade dos filhos de Deus (cf. Rm 8,21).

Mas por que a oração às vezes não é respondida? Segundo a carta de Tiago (Tg 4,3), uma das razões é que as pessoas buscam a devassidão, em vez do Reino de Deus. Mas por que parece que a oração persistente para a cura e para a paz também fica sem resposta? A fé só responde que, embora os resultados visíveis da oração possam nos desapontar, o fiel amor divino nos convida a acreditar que, sempre que a fé genuína está presente, Deus opera uma mudança real em nós e entre nós, mesmo que não percebamos isso claramente.

Dá-nos hoje nosso pão, de que precisamos. A segunda metade da oração de Jesus pede ajuda para enfrentar três desafios da vida cotidiana: necessidades materiais, ofensas sociais e tentação moral. O que poderia ser mais básico?

A súplica pelo pão de cada dia pede a Deus que satisfaça nossas necessidades materiais, um dia de cada vez. Esta não é uma oração só para os pobres que não têm refrigeração (e todo dia precisam encontrar o pão). É também para os modernos que trocam a dependência uns dos outros e de Deus por uma falsa autossuficiência, só para ficarmos dependentes do capital e da tecnologia para assegurar pão (e uísque escocês!) até um futuro distante. Como a multiplicação dos pães, Jesus sugere que se nos concentrássemos mais em compartilhar ("acima de tudo tende todo o interesse pelo Reino e pela justiça de Deus") que em produzir e estocar, teríamos todos o pão cotidiano e também menos preocupações (cf. Mt 6,33-34).

Perdoa-nos o mal que fizemos assim como perdoamos aos que nos fizeram mal. Pedimos o perdão divino, cônscios de que precisamos perdoar os outros do mesmo modo (Mt 5,14-15). No aramaico nativo de Jesus, "dívida" e "pecado" são a mesma palavra e o mesmo acontece com "devedor" e "pecador". O pecado faz de nós devedores de Deus e do próximo. A versão lucana, em especial, pode referir-se a débitos materiais e também ao pecado: "Perdoa os nossos pecados, porque também nós perdoamos a quem é o nosso devedor".

E não nos deixes cair na tentação, mas livra-nos do Maligno. A primeira metade deste dístico significa: "Não nos deixes sucumbir à provação e assim abandonar-te". Talvez se refira a provações extremas, como a de um trabalho ou a grande

---

10. Veja o capítulo 21, "A ressurreição e o Espírito".

prova que deve preceder à vitória final (Mc 13,14-20.24; 1Pd 4,12; etc.). Outros entendem simplesmente: "Ajuda-nos em nossas provações!"

Embora contenha os elementos básicos de toda oração, a oração de Jesus não é a única oração. Como a oração é altamente pessoal e rezamos em todo tipo de circunstância, a oração assume uma variedade interminável de formas.

Variedade

A oração é silenciosa ou vocal, entoada ou falada, sussurrada ou gritada. Rezamos com fórmulas (como os salmos) ou sem elas. Rezamos sozinhos ou com outros. Se com outros, a oração é formal e "solene", como na liturgia da Igreja, ou informal e "ordinária", como na devoção popular. Ajoelhamo-nos, ficamos de pé ou nos sentamos; dançamos ou nos expressamos por meio de outros gestos.

Na oração empregamos nossos sentidos (olhos, ouvidos, toque); sentimos, imaginamos, desejamos, lembramos, entendemos, ponderamos, avaliamos, decidimos.

Experimentamos e expressamos uma gama de emoções: prazer e alegria, tristeza, confiança, gratidão, pesar, esperança e anseio, amor, indignação, frustração, cansaço, tédio, resignação, espanto, admiração. Nós nos expressamos em louvor, ação de graças, súplica, lamento, queixa, contrição, declaração e promessa.

Exatamente como quando nos comunicamos com outras pessoas, com Deus fazemos bem em escutar tanto quanto falamos, ou mais. E, como os apaixonados um com o outro, com Deus às vezes achamos suficiente ficar juntos, sem fazer nada em especial.

O assunto da oração varia imensamente. Rezamos sobre o mundo com suas alegrias e sofrimentos (meu dia, a família, nossa vizinhança, o Oriente Médio). Ou rezamos sobre a palavra a respeito da realidade, principalmente a Palavra de Deus. Terceiro, também prestamos atenção a nossa palavra interna. Finalmente, concentramo-nos diretamente em Deus.

Quando se trata de oração, um só tamanho não serve para todos. O que "funciona" para Fran pode não fazer muito por Terry, pelo menos não agora. O que funcionou bem o ano passado pode não dar certo este ano. O que foi bom em meus vinte anos dá lugar a outra coisa em meus trinta anos. O tipo de oração depende de nossa personalidade, nosso humor, nossa saúde e da situação.

O importante é tentar alguma coisa, observar o que ajuda, ser constante na oração cotidiana e procurar sábios conselhos. Aprender a rezar é um pouco como aprender uma língua ou um esporte. Como descobrimos o que funciona? Em geral, ficamos com *o que traz consolação e produz amor efetivo*.

✶ ✶ ✶

Inácio de Loyola foi um dos grandes mestres da oração. O capítulo seguinte reúne o que ele diz sobre a oração nos *Exercícios Espirituais*. Entretanto, essa doutrina só serve de ponto de partida para a oração no espírito inaciano. O que é mais singular e característico na abordagem inaciana é a maneira como ele relaciona a oração à vida cotidiana.

25

Escola de oração

*De madrugada, ele se levantou muito antes de raiar o dia,
e saindo para um lugar deserto, ali ficou rezando.*
(Mc 1,35)

Quando se trata de oração, Inácio apresenta um paradoxo. Embora fosse um grande místico e mestre da oração, desconfiava de pessoas que passavam longas horas rezando. Além dos *Exercícios Espirituais*, ele deixou poucos escritos sobre a oração. De fato, poucos dos "métodos" de oração nos *Exercícios* foram criados por ele. Mesmo assim, Inácio foi um revolucionário, rompendo com o ideal monástico de oração e insistindo em integrar oração e ação. Seu estilo é apropriado principalmente a pessoas que levam uma vida atarefada.

No espírito inaciano, a oração combina com a vida cotidiana. Acima de tudo, concentra-se no discernimento com Deus: avaliar acontecimentos passados, situações atuais e possibilidades futuras. É também oração de súplica preocupada com a missão.

Aqui vou apresentar alguns princípios fundamentais de oração no espírito inaciano e resumir os métodos propostos pelos *Exercícios* para a oração. Como a oração em um retiro difere da oração na vida cotidiana, "Os Exercícios são essencialmente um ponto de partida"[1]. Mesmo assim, grande parte do que Inácio diz a respeito da oração nos Exercícios adapta-se à oração na vida cotidiana.

---

1. VEALE, JOSEPH, Ignatian Prayer or Jesuit Spirituality, *The Way Supplement* 27 (primavera 1976) 8.

Princípios básicos

Fins e meios. O propósito da oração é crescer no efetivo amor de Deus. Assim, na oração buscamos devoção — isto é, consolação que nos atrai a uma união mais profunda com Deus — para melhor amar e servir em tudo que fazemos.

Todos os meios de oração, inclusive o tempo, a hora do dia ou da noite, o lugar, a postura, o assunto e a ordem, devem servir para esse fim. Os meios variam, dependendo dos indivíduos ou circunstâncias. Inácio criticava severamente os "mestres" que impunham aos outros seu modo de rezar[2]. De fato, Deus guia cada um de nós por um caminho adequado às nossas necessidades individuais. Para descobrir este caminho muitas vezes ajuda experimentar tipos diferentes de oração [89]. Inácio escreveu a Francisco Borja:

> [A oração] melhor para uma determinada pessoa é aquela em que Deus nosso Senhor se comunica mais [...] Como ele tudo sabe, ele mostra o caminho a seguir. De nossa parte, é de grande valia para nós, amparados por sua divina graça, procurar e experimentar muitas maneiras [de oração] para conseguir andar pelo caminho que é "o mais claro", o mais feliz, o mais santificante[3].

Seguir a consolação. Como reconhecemos nosso caminho? Basicamente, *seguimos a consolação* (*discretamente*, como explicam as Regras de discernimento)[4]. O principal é observar o que nos ajuda a encontrar Deus, o que traz devoção e consolação. Inácio sugere entrar em oração

> ora de joelhos, ora prostrado por terra, ora deitado com o rosto voltado para cima. Também sentado ou de pé. Indo sempre em busca do que quero. Ter presente duas coisas: 1ª se de joelhos acho o que quero, não mudarei de posição. Se estiver prostrado, do mesmo modo etc.; 2ª no ponto em que achar o que quero, vou deter-me, sem pressa de pensar adiante, até que me sinta satisfeito [76].

Pela consolação, o Espírito nos empurra para a frente. Queremos que o tema da oração desperte nossos sentimentos e mova nossa vontade — e depois nossas

---

2. Câmara, Luis Gonçalves da, *Memorial* (cap. 16, n. 32, acima), 182, § 256.
3. Carta a Francisco Borja, 20 de setembro de 1548, in: *Obras*, 831-832. Cartas Escolhidas, 95; Cf. *LettIgn*, 181.
4. Veja o capítulo 15, acima.

mãos e pés. Na oração cooperamos com Deus, que nos liberta, inscrevendo nossos "amores" em serviço generoso[5].

Como disse Teresa d'Ávila, não vamos à oração para conhecer muito, mas para amar muito. Contudo, entender também é objetivo da oração e pensar faz parte da oração — mais para alguns que para outros. Entretanto, não precisamos ficar ansiosos para "ampliar muito o sentido da história" na oração, pois "não é o muito saber que sacia e satisfaz a pessoa, mas o sentir e saborear as coisas internamente" [2].

A oração nos Exercícios Espirituais

Segundo uma velha anedota jesuíta, não é permitido fumar ao rezar; mas é permitido rezar ao fumar! Naturalmente, podemos rezar em qualquer lugar, a todo momento — na esquina, no ônibus, no elevador. Entretanto, também precisamos reservar um tempo só para a oração, isto é, para a oração formal. Muitas pessoas acham proveitoso ter um momento especial, ou momentos, para isso, todo dia e até um lugar especial.

O assunto da oração pode ser 1) um problema pessoal ou alguma coisa do noticiário ("realidade") ou 2) um texto, em especial da Escritura. Para períodos mais extensos de oração, Inácio divide o assunto em três ou mais "pontos" a ponderar.

Ao iniciar a oração, ele recomenda que, depois de pedir a ajuda divina para rezar bem, concentremos a imaginação em uma cena relacionada ao assunto e então peçamos a Deus o que queremos (veja a inserção "Ajudas para a oração"). Por exemplo, na oração talvez queiramos conhecer e amar Cristo melhor a fim de segui-lo mais de perto [48, 104]; ou podemos querer orientação para enfrentar algum desafio durante o dia que começa ou paz em tempo de guerra ou saúde para amigos doentes.

A conversa é o centro da oração. Embora nos *Exercícios* Inácio sugira deixar a conversa com Deus para o fim, é apropriado conversar em qualquer momento que isso traga o fruto que buscamos. Conversamos "como um amigo fala a seu amigo ou como um servo, a seu senhor" [54; cf. 199], isto é, por um lado, com a liberdade e confiança dos filhos de Deus e, por outro, com reverência. Expressamos nossos sentimentos e desejos e escutamos Deus. A conversa também é apenas olhar, apenas "estar ali", como apaixonados costumam desfrutar a presença um do outro.

---

5. Veja o capítulo 2 e Castillo, José María, La "tercera manera de humildad" (cap. 12, n. 7, acima), 127-128.

Meditação e contemplação. Nos *Exercícios*, Inácio distingue entre meditação discursiva e contemplação imaginativa. Na primeira, pensamos mais; lembramos, ponderamos, esforçamo-nos para entender. As meditações da Primeira Semana [50-64] e as Duas Bandeiras [136-147] são exemplos deste tipo de oração. Meditaríamos em uma passagem da carta paulina aos Romanos dessa maneira.

Ajudas para a oração

Deus é o ator principal da oração. Embora nossa resposta deva ser sincera, devemos evitar tensão e preocupação excessiva com a técnica. Como um guia sensato me disse certa vez, a alma não tem músculos. Ainda assim, há muitas coisas que podemos fazer para entrar melhor na oração. Inácio recomenda fazer uma breve pausa antes da oração para considerar com quem estamos prestes a conversar e como Deus nos ama [75]. Então pedimos que Deus oriente nossa oração para o único propósito de amor e serviço [46, 49; cf. 23].

Em seguida, recordamos sobre o que pretendemos rezar. Pode ser uma crise no trabalho ou uma passagem da Escritura. Então pensamos em uma imagem que nos ajude a concentrar a imaginação no assunto da oração: Cristo, uma pessoa por quem queremos rezar, a passagem evangélica que queremos contemplar etc. [47]. Em seguida, pedimos a Deus o que queremos na oração. Finalmente, Inácio recomenda terminar o tempo da oração formal com uma oração vocal como o pai-nosso.

Em nossos tempos agitados, barulhentos, muitas pessoas sentem necessidade de passar alguns momentos simplesmente se acalmando, concentrando-se, quando começam a rezar. Técnicas de relaxamento ajudam. Elas com frequência envolvem concentração — o que, paradoxalmente, nos relaxa e refaz[6].

Inácio sugere algumas preparações antecipadas para a oração, principalmente em um retiro. Se rezamos pela manhã, isso ajuda a revisar o assunto da noite anterior, por exemplo, ler a passagem sobre a qual planejamos rezar e relembrar novamente o tema, um pouco antes de adormecer. Ao acordar pela manhã, ajuda relembrar o tema antes que outras preocupações nos importunem [73-74]. Muitas pessoas preferem rezar quando se levantam pela manhã, porque é um momento tranquilo para se concentrar.

---

6. MELLO, ANTHONY DE, *Sadhana. A Way to God. Christian Exercises in Eastern Firm*, 5. ed., St. Louis, IJS, 1978, contém sugestões proveitosas para centralizar-se e concentrar-se na oração.

Para Inácio, "contemplação" significa recriar imaginativamente uma passagem dos evangelhos ou alguma outra história revivendo-a em nossa imaginação e refletindo nela. (Aqui tenho usado "contemplação" em um sentido mais amplo; o próprio Inácio amplia seu escopo na Contemplação para alcançar amor [230-237]). Nas contemplações das Segunda, Terceira e Quarta Semanas, deixamos que a história se desenrole em nossa imaginação como um filme, até atribuindo-nos um pequeno papel. Entramos em uma narrativa como a do nascimento de Cristo considerando acima de tudo as pessoas envolvidas; nós 1) as observamos, 2) escutamos o que dizem e 3) notamos o que fazem (não necessariamente nessa ordem), refletindo no que promete dar frutos [110-117][7]. Inácio recomenda três pontos ou perspectivas adicionais ao contemplar a paixão de Cristo: note o que Cristo padece, como sua glória está oculta nesse padecimento e como ele padece por nossos pecados [195-197]. Ao contemplar uma aparição de Cristo ressuscitado, além dos três primeiros pontos, ele sugere mais dois: considerar como agora a glória de Cristo revela-se e como ele consola os seguidores desalentados [223, 224].

Repetições. No decorrer de um dia de retiro, com seus quatro ou cinco exercícios de uma hora, Inácio recomenda para a tarde "repetições" dos exercícios da manhã. As repetições exigem menos esforço de nossa parte. Neles, repito os exercícios anteriores, demorando-me "mais nos pontos em que senti maior consolação, desolação ou sentimento espiritual" [62], isto é, passando por cima dos pontos áridos dos exercícios anteriores.

Por exemplo, talvez você tenha meditado pela manhã nas bem-aventuranças de Mateus (Mt 5,1-12). Duas ou três bem-aventuranças o comoveram ou esclareceram. Ou talvez se sentisse desafiado ou irritado com "Felizes os aflitos". Na repetição da tarde, você faz uma pausa para considerar essas duas ou três bem-aventuranças. Isso é mais provável onde para você a "ação" é ou a ação do inimigo ou do Espírito, ou ambas. Essas bem-aventuranças trazem à tona áreas de resistência ou áreas de crescimento para você considerar. Em uma repetição prestamos atenção à desolação anterior e procuramos entendê-la, mas evitamos ser atraídos a seu turbilhão [cf. 318].

O princípio por trás das repetições aplica-se fora do retiro. A ideia é prestar atenção a moções interiores, principalmente na oração e mais tarde voltar àquilo que as ocasionou, a fim de aprender o que elas têm para nos ensinar.

---

7. Veja "Contemplação da vida de Jesus", no capítulo 9.

Espiritualidade holística

Embora "concentrar os sentidos" assuma uma simples forma elementar, não é necessariamente uma forma inferior de oração. Ao permitir que a Palavra de Deus influencie nossos sentidos, sentimentos e imaginação, este exercício ajuda a reintegrar nossa personalidade dispersa.

A oração move nossos sentimentos, isto é, os apetites da sensibilidade física, de modo que eles inclinam a vontade e o intelecto para o que é bom. A imaginação desempenha um papel essencial nisso. Ao formar símbolos que são ao mesmo tempo sensíveis e universais, nossa imaginação torna a realidade concreta presente para nosso entendimento, transpondo sentidos e sentimentos, por um lado, e intelecto e vontades, por outro. Nessa capacidade, a imaginação colabora com o Espírito divino, reintegrando sentidos, emoções, vontade e razão — que de resto operam sozinhos, de um jeito desordenado — de modo que mesmo agora estamos nos tornando aquele corpo espiritual (corpo transfigurado pelo Espírito) que um dia seremos plenamente (cf. 1Cor 15,44).

Entretanto, a imaginação produz fantasia narcisista. Ao "concentrar os sentidos" no tema da oração, os sentidos interiores saboreiam símbolos libertadores, principalmente os símbolos bíblicos do Reino de Deus e o antirreino[8]. Os Exercícios Espirituais concentram os sentidos em Jesus acima de tudo. Ele sucessivamente nos convida a imaginar e sentir a água vivificante, o pão, as bodas, um semeador, sua semente, uma rede de arrasto, um filho pródigo. Por meio desses símbolos, o Espírito opera para nos integrar e unir a Deus. "Concentrar os sentidos" ilustra o caráter holístico da espiritualidade inaciana, que atrai os sentidos, os sentimentos, o corpo, a imaginação, o intelecto e a vontade e une a contemplação e a ação.

Ao comentar a aplicação dos sentidos, Hugo Rahner escreve: "Como Inácio e seus primeiros discípulos nunca se cansavam de enfatizar, não existe essa coisa de técnica de meditar só por meditar, pois a meditação genuína só é possível quando a pessoa também está preparada para pôr em ação o que contemplou. *Intelligo ut faciam* — entendo a fim de agir. Mas as ideias formadas apenas na mente devem ser construídas para tocar o coração antes de

---

8. Cf. SCHINELLER, PETER J., SJ, The Pilgrim Journey of Ignatius (cap. 22, n. 8, acima), 25.

> ser possível a ação e essa síntese de mente e coração acontece precisamente na aplicação dos sentidos, que, por afetar corpo e alma juntos, é a forma mais delicada e sensível de oração"[9].

Aplicação dos sentidos. O último exercício de uma hora de duração do dia do retiro é a aplicação dos sentidos, literalmente, "Concentrar os sentidos" no tema da oração anterior [66-71, 121-126, 133, 227]. Isto envolve usar a imaginação para "ver", "ouvir", "sentir", "provar", "tocar" e "cheirar", o material sobre o qual rezamos antes e, como sempre, refletir e procurar devoção. Isso é rezar com os sentidos interiores que não incluem somente a visão interior, mas todos os sentidos.

Como a repetição, aplicar os sentidos é uma oração menos exigente para mais tarde no dia de retiro. Com os dois tipos, a oração torna-se mais simples, envolvendo menos reflexão.

Esse tipo de oração é apropriado quando estamos cansados. A oração que usa a imaginação ou os sentidos é geralmente mais tranquila e regenerativa que a meditação racional. Ao escrever para Teresa Rejadell, Inácio recomendou formas tranquilas de oração e até "recreação piedosa, deixando o entendimento vagar onde quiser, sobre coisas boas ou [moralmente] indiferentes, evitando só as coisas más"[10].

Oração difícil

Às vezes, a oração é uma experiência difícil, árida como um deserto. Assemelha-se a conversar com uma pessoa que lhe parece surda. Ao conversar com pessoas pobres, doentes ou mental e emocionalmente deficientes, às vezes é preciso paciência para descobrir as riquezas ocultas sob camadas de pobreza, inclusive a nossa, e as cicatrizes deixadas pelos azares da vida[11]. Alguém disse certa vez: "Dentro de toda pessoa há um gigante se coçando para sair". Lidar com Deus é parecido com isso, o que não deve nos surpreender, pois Deus se oculta precisamente nesses lugares. Assim como às vezes precisamos de fé, imaginação e paciência para descobrir as

---
9. ZUBIRI, XAVIER, *El hombre y Dios*, Madrid, Alianza, 1994, 203.
10. Veja o capítulo 21, "A ressurreição e o Espírito". Veja outros tipos de oração não examinados aqui nos Exercícios Espirituais e nos comentários.
11. Veja as belas reflexões do fundador do movimento L'Arche, por exemplo, VANIER, JEAN, *Tears of Silence*, Toronto, Griffin House, 1970, e idem, *Eruption to Hope*, New York e Ramsey, N.J., Paulist Press, 1971.

riquezas de pessoas que a princípio podem não nos atrair, precisamos dessas virtudes para encontrar Deus, que age para vencer nossa resistência e insensibilidade nos dois casos.

A oração não é menos valiosa quando Deus parece ausente. Embora possamos sentir menos animação ao visitar um amigo doente ou alguém na cadeia, isto não torna nosso cuidado menos genuíno, nem nossa visita menos valiosa. Como prazer e consolação não são essenciais para a boa oração, sua falta não deve nos desanimar. A oração difícil talvez seja mais genuína que a oração fácil.

É normal passar por crises de crescimento na oração, como as "noites escuras" que João da Cruz descreve. Há quem acredite que períodos de oração árida assinalam o início de uma união mais profunda com Deus[12]. Muitos mestres experientes nos dizem que a oração tende a ficar mais simples com os anos. Entretanto, Inácio não mostrou interesse em especificar etapas de crescimento na oração. Tais esquemas podem ter menos relevância para avaliar a oração de pessoas ativas. Como Joan Scott diz, o progresso na oração "acontece sem ficarmos olhando o mapa"[13].

Conclusão

Os Exercícios Espirituais são excelente escola de oração. Mas, como toda boa escola, preparam para a vida. Eles nos preparam para encontrar Deus no mundo no meio da atividade. Com suas muitas responsabilidades, pais, operários e trabalhadores comunitários raramente encontram tempo para retiros ou oração formal longa. Meu amigo George reza admirando os passageiros do metrô de Nova York. Minha colaboradora Mayra levanta-se às 5 horas da manhã; todo dia gasta três a quatro horas viajando para ir e vir do trabalho; volta para casa à noite para preparar o jantar da família. Não tem alternativa a não ser encontrar Deus em um ônibus lotado indo aos solavancos pelo tráfego. Nosso último capítulo analisa a oração de pessoas ocupadas como eles.

---

12. Cf. MANSFIELD, DERMOT, The Exercises and Contemplative Prayer, in: SHELDRAKE, PHILIP, SJ (ed.), *The Way of Ignatius Loyola* (cap. 17, n. 12, acima), 191-202.

13. SCOTT, JOAN, The Experience of Ignatian Prayer, *The Way Supplement* 82 (primavera 1995) 56. "Já não estamos interessados em se algum tipo de oração é mais elevado e de algum modo misterioso mais próximo de Deus que outro [...] No fim o único critério de escolha possível é onde me sinto atraída e onde me sinto mais à vontade", ibid., 55-56.

26

Oração terrena

> *Rezai sem cessar.*
> (1Ts 5,17)

Além do ideal monástico

Inácio incentivava os outros a procurar e encontrar Deus em todas as coisas, como "contemplativos na ação"[1]. Ele valorizava a familiaridade e a facilidade na conversa com Deus[2]. O que ele tinha em mente era revolucionário em seu tempo e assim permanece hoje.

Durante a maior parte dos últimos dois mil anos, os cristãos compararam sua oração com o ideal monástico, e um falso ideal monástico ainda por cima. Os primeiros Padres da Igreja e os teólogos medievais apresentaram consistentemente a vida contemplativa (Maria) como superior à vida ativa (Marta). Embora não fosse para todo mundo, a vocação contemplativa era apontada como o padrão pelo qual todos podiam medir sua vida e sua oração. Posso não ser chamado para ser freira ou monge, mas posso esforçar-me para alcançar este ideal, afastando-me às vezes das preocupações seculares e especialmente na oração. Não posso dedicar-me a longas horas de oração na solidão, mas, quanto mais tempo eu dedicar a esse tipo de oração, melhor. Aqui o próprio monasticismo está distorcido: o ideal proposto não é simplesmente procurar Deus na oração comunitária e no silêncio, mas afastando-se de todas as preocupações terrenas.

---

1. Intérprete de confiança de Inácio, Jerónimo Nadal, assim o caracterizava: "[...] em todas as coisas, ações e conversas, ele sentia e contemplava a presença de Deus e a atração para coisas espirituais, como pessoa contemplativa, até mesmo quando em ação [*simul in actione contemplatiuus*] (que ele costumava expressar como 'para encontrar Deus em todas as coisas')". NADAL, J., In examen annotationes, *Epistolae et Monumenta* (cap. 23, n. 9, acima), v. 5 (1962) 162.

2. *Const* 723, 813; CÂMARA, LUIS GONÇALVES DA, *Memorial* (cap. 16, n. 32, acima), 140, § 175.

Também no tempo de Inácio, os mestres da vida espiritual propuseram a oração como o meio privilegiado, até mesmo exclusivo, de união com Deus, e a oração monástica como a forma ideal de oração. Inácio rompeu com essa tradição opressiva[3]. Para ele, a oração solitária e longa não é o padrão principal pelo qual avaliar nossa oração, nem nossa oração é sempre o meio preferido para a união com Deus.

Algumas pessoas são chamadas a mais oração que outras e até a oração extensa. Às vezes todos precisamos fugir e rezar por períodos mais longos. Entretanto, para muitas pessoas, isto não é nem possível nem desejável como prática frequente. Para pais, operários e trabalhadores comunitários, a longa oração comunitária cotidiana exigiria negligenciar importantes responsabilidades. Se Deus nos chama para estas tarefas, então deve querer que rezemos de um modo que nos ajude a realizá-las, não arruiná-las. Embora pessoas atarefadas possam aprender muito com outras que rezam por longos períodos, elas não precisam imitá-las a fim de rezar como deveriam e estar igualmente unidas a Deus.

Poucos são tentados ao excesso de oração hoje em dia. Ao contrário, precisamos lembrar o quanto precisamos dela. Mas propor o ideal monástico a quem não tem essa vocação é tiro-e-queda para sufocar o interesse na oração. E, para quem precisa desculpa para não rezar, nada melhor que esse ideal inviável.

Unidos com Deus na práxis do amor

"Se alguém me ama, guardará minha palavra, meu Pai o amará, nós viremos a ele e nele estabeleceremos nossa morada."
(Jo 14,23)

Contemplativus in actione, sim. Mas uma formulação mais exata do que Inácio tinha em mente seria unido a Deus para procurar e fazer a vontade divina[4]. Somos unidos

---

3. O mesmo fizeram Francisco de Sales, Mary Ward e os reformadores, de maneiras diferentes. Três séculos antes de Inácio, Tomás de Aquino afirmou que, em certo sentido, era mais perfeito interromper a contemplação com Deus a fim de partilhar seus frutos com o próximo. Confira S.T. II-II, q. 188, a. 6. Mestre Eckart de modo mais geral defendeu a prioridade da ação sobre a contemplação. Inácio especificou que a ação em pauta é seguir Jesus. Veja ASHLEY, J. MATTHEW, La contemplación en la acción por la justicia. La contribución de Ignacio Ellacuría a la espiritualidad cristiana, *Revista Latinoamericana de Teología* 51 (setembro-dezembro 2000) 211-232.

4. Sou grato a Miguel Elizondo, que treinou gerações de jesuítas na América Latina (e também orientou o arcebispo Oscar Romero pelos Exercícios Espirituais) por mostrar-me a importância dessa mudança de linguagem. Elizondo usa a fórmula "unido a Deus para procurar e encontrar

a Deus não pela oração como tal, mas procurando e fazendo o que Deus quer. Às vezes isso significa rezar. Com mais frequência, significa algum outro tipo de atividade. "Um jesuíta disse a Inácio que ele encontrava Deus primordialmente na solidão e meditando ou rezando reservadamente. Inácio respondeu: 'O que você quer dizer? Não tira nenhum proveito de ajudar o próximo? Pois essa é a nossa prática!'"[5]

Um administrador do Colégio Jesuíta de Coimbra, em Portugal, Manuel Godinho, estava profundamente agitado. Prover às necessidades materiais da comunidade escolar o ocupava com detalhes e conflitos que ele considerava distrações, impedindo seu crescimento espiritual. Inácio escreveu-lhe com afeto, assegurando-lhe que aceitar essas distrações a fim de servir a Deus na verdade o unia a Deus:

> As distrações suportadas por seu maior serviço e em conformidade com a sua divina Vontade que nos interpreta a obediência não somente podem ter o mesmo valor que o recolhimento da contemplação contínua, mas ainda ser mais agradáveis a Deus, porque provenientes de uma caridade mais ardente e mais forte[6].

Para Inácio, se procuramos fazer a vontade divina, não estamos menos unidos a Deus na confusão movimentada que na oração formal. Não precisamos estar menos unidos a Deus lavando os pratos que na Eucaristia. Se possível, não devemos encontrar menos devoção em dirigir o ônibus escolar que na oração[7]. "E tudo que disserdes ou fizerdes, seja sempre em nome de Jesus, o Senhor, dando por ele graças a Deus Pai!" (Cl 3,17). Quando habitualmente procuramos fazer a coisa mais afetuosa, toda a nossa vida é uma oferta agradável a Deus (cf. Rm 12,1-2).

---

a vontade divina". Veja também VEALE, JOSEPH, Saint Ignatius Speaks about "Ignatian Prayer", *SSJ* 28, n. 2 (março 1996). DUMEIGE, GERVAIS, El problema de la acción y de la contemplación. La solución ignaciana, *Cursus Internationalis Exercitiorum Spiritualium*, Rome, 1969, 192/1-7, prefere a fórmula *"in actione unitus cum Deo"* a "contemplativus in actione", ibid., 192/5, ênfase no original.

5. KINERK, E. EDWARD, When Jesuits Pray. A Perspective on the Prayer of Apostolic Persons, *SSJ* 17, n. 5 (novembro 1985), 6, citando GREGORIUS ROSEPHIUS, *Fontes Narrativi de S. Ignatio de Loyola*, MHSI, v. 3, 515.

6. Carta a Manuel Godinho (31 de janeiro de 1552), *LettIgn*, 254-255; *Obras*, 906. *Cartas Escolhidas*, 117.

7. Por intermédio de seu secretário pessoal Polanco, Inácio escreveu que desejava dos membros da Companhia "que se possível não encontrem menos devoção em qualquer obra de caridade ou obediência que na oração ou meditação; de fato, eles não devem fazer nada exceto pelo amor e serviço de Deus" (Carta a Urbano Fernandes, 1º de junho de 1551), em *Obras*, 892; cf. *LettIgn*, 236. Cf. também *Const* 340.

Quantos milhões de operários e trabalhadores domésticos, quantos pobres e iletrados, destreinados na oração formal, experimentam união com Deus como essa? Deus está presente para eles, "mortificados" como estão pela pobreza e pela luta para cumprir suas responsabilidades cotidianas.

Quando servimos habitualmente a Deus, tudo que fazemos se torna uma espécie de oração. Tomás de Aquino empregou o termo "oração" nesse sentido amplo: "Enquanto a pessoa age no coração, na fala ou no trabalho de maneira tal a inclinar-se para Deus, ela está rezando. Quem dirige toda a sua vida para Deus reza sempre"[8].

Como a contemplação se difunde na ação, estamos "sempre rezando" (cf. Lc 18,1; 1Ts 5,17). Inácio escreveu: "Em meio a ações e estudos, a mente eleva-se a Deus e por meio disso dirige tudo para o serviço divino, tudo é oração"[9]. É um dom que contudo requer nossa cooperação. Aliás, rezar informalmente ou "sempre" pressupõe rezar formalmente, isto é, reservar algum tempo para a oração em sentido estrito. "Reconheço a verdade do antigo axioma 'Trabalhar é rezar'", escreve o teólogo Walter Burghardt, "mas fazer do trabalho nossa única oração é correr o risco de naufrágio espiritual"[10].

Entretanto, rezar (formalmente) não é fuga das responsabilidades cotidianas. Deve brotar da ação e levar à ação, uma alimentando a outra. "A meditação e a contemplação parecem desperdiçadas", escreveu Jerônimo Nadal, "se não proporcionam súplica e algum desejo devoto — e, por fim, alguma ação"[11].

---

8. Tomás de Aquino, Comentário a Romanos, cap. 1, lição 5. Altero a tradução para o inglês em Ganss, George, *The Constitutions of the Society of Jesus*, St. Louis, IJS, 1970, § 340, n. 4, e Veale, Joseph, Saint Ignatius Speaks, 15.

9. Carta 4.012, *Epistolae et Instructiones S. Ignatii de Loyola*, v. 6, *Monumenta Ignatiana*, v. 33, Madrid, MHSI, 1907, 91; citada em Veale, Saint Ignatius Speaks, 15. Nas palavras de um associado de longa data de Inácio: "ele desejava que todos da Companhia se acostumassem a sempre encontrar a presença de Deus em tudo e que aprendessem a elevar o coração não só na oração particular, mas também em todas as ocupações, levando-as a cabo e oferecendo-as de maneira tal que não sentissem menos devoção na ação que na meditação. E costumava dizer que esse método de oração é muito proveitoso para todos e principalmente para os que estão muito ocupados nas coisas exteriores do serviço divino". Ribadeneyra, Pedro, *Vita Ignatii Loyolae*, in: *Fontes Narrativi*, v. 4, 743; citado por Kinerk, When Jesuits Pray, 7.

10. Burghardt, Walter, SJ, The Richness of a Resource, in: Fleming, David L. (ed.), *A Spirituality for Contemporary Life. The Jesuit | Heritage Today*, St. Louis, Mo., Review for Religious, 1991, 14.

11. *Epistolae et Monumenta*, v. 5 (n. 1, acima) 29; citado em Kinerk, When Jesuits Pray, 13. A respeito dos jesuítas e sua oração, Nadal escreveu: "Todos devem se esforçar no Senhor, enquanto seguem o caminho da oração e da vida espiritual, para encontrar Deus em todos os ministérios e

Mais fundamentalmente, encontrar Deus em todas as coisas depende de procurar Deus em todas as coisas, buscando e fazendo acima de tudo a vontade divina. Não é possível limitar-se a ser um contemplativo cristão em qualquer tipo de ação. Em nosso deserto materialista em expansão cada vez mais pessoas têm sede de contemplação, inclusive políticos astutos, magnatas e figurões militares, estressados pelos rigores de suas profissões. Devemos supor que todos os que praticam exercícios de respiração profunda em uma almofada de meditação estão se comunicando com o Deus dos cristãos? Não necessariamente. O que nos une a Deus é a prática do amor. Se não se baseia nisso, a oração, ou qualquer outro ato religioso, é uma ofensa a Deus[12]. Deus torna-se presente no amor generoso [cf. 230-231] do qual Jesus é o melhor exemplo. Quando agimos como ele agiu, Deus une-se a nós e age em nós. Como disse Inácio Ellacuría, segui-lo hoje significa ser um contemplativo em ação por justiça, unido a Deus na luta por um mundo mais justo[13].

---

trabalhos. O prazer, o amor da oração que os estimula a buscar o isolamento e a solidão além do que é imposto, não parecem apropriados para a Companhia. O que é apropriado é uma oração que estimule os trabalhos e ministérios de nossa vocação e principalmente a obediência perfeita que nosso instituto requer [...] [A oração apropriada para a Companhia] consiste nisto: que, com a graça de Jesus Cristo, a luz do entendimento, as boas inclinações da vontade, a firme união com Deus (exceto a oração em sentido estrito) acompanhem e guiem todas as nossas ações, de tal maneira que encontremos Deus em tudo [...] Que nossa oração seja tal que aumente em nós o prazer espiritual pelos trabalhos [apostólicos] [...] e estes trabalhos aumentem a virtude e a alegria na oração. Assim [...] Marta e Maria estarão unidas e ajudarão uma à outra no Senhor", *Epistolae et Monumenta*, v. 4, 673-674. "Dessa maneira, o que foi o ponto de partida da oração é também seu fim, isto é, a caridade", ibid., 651. Veja as excelentes reflexões do companheiro de Inácio, Pedro Fabro, sobre a oração apostólica, em FAVRE, P., *The Spiritual Writings of Pierre Favre*, St. Louis, IJS, 1996, 141.

12. "Quando estendeis a mão [em oração], desvio o olhar. Multiplicais as orações, não as escuto. Vossas mãos estão cheias de sangue" (Is 1,15; cf. 1Jo 4,8.20). Segundo Nadal é característico do estilo inaciano preferir "facilmente" o próximo aos prazeres que podem advir de longas horas de oração contemplativa. Cf. NADAL, In examen annotationes (n. 1, acima), 163. Na verdade, Nadal estava defendendo a disciplina dos jesuítas contra os que exageravam a necessidade de longas horas de oração contemplativa — hoje em dia uma rara tentação.

13. ELLACURÍA, IGNACIO, Lectura latinoamericana de los Ejercicios Espirituales de San Ignacio, *Revista Latinoamericana de Teología* 23 (maio-agosto 1991) 111-147, principalmente 142-147; idem, La contemplación en la acción de la justicia (cap. 24, n. 1, acima), principalmente 214. A respeito de Ellacuría e a espiritualidade inaciana, cf. ASHLEY, MATTHEW, Ignacio Ellacuría and the *Spiritual Exercises* of Ignatius Loyola, *Theological Studies* 61, n. 1 (março 2000) 16-19; idem, La contemplación (n. 3, acima).

Distrações e recolhimento

Jesus olhou para o céu e disse: [...] "Não te peço que os tires do mundo, mas que os guardes do Maligno".
(Jo 17,15)

Como as distrações arruínam a oração, é importante deixar o mais possível de lado problemas e preocupações obsessivas. Isso permite até lidarmos com essas preocupações mais tarde com melhores perspectivas. Também mantém a desolação a distância [cf. 319]. Contudo, às vezes "distrações" são na verdade convites para tornar nossa oração mais real. Dando-lhes uma acolhida experimental, descobrimos se levam ou não à consolação e à ação produtiva. Rezar sobre problemas reais torna a oração mais turbulenta e até dolorosa. Mas isso não a torna mais superficial. Torna a oração mais real. Os cristãos (inclusive os que estão em mosteiros) levam à oração o mundo, com todas as suas alegrias e angústias. O que é mais apropriado que levar nossos cuidados diários e nossas atividades diante de Deus e pedir orientação?[14]

Talvez precisemos repensar o recolhimento. O ensino tradicional enfatiza corretamente sua importância para a oração. Recolhimento significa ser capaz de concentrar a mente e o coração no assunto da oração para a exclusão de outras coisas. Acalmar-se e concentrar-se certamente ajuda a entrar melhor na oração. É recolhimento de curta duração. Entretanto, é até mais importante cultivar um recolhimento mais profundo habitual. Isso significa ter a mente e o coração habitualmente concentrados em coisas que realmente importam, como o bem-estar dos que estão à nossa volta e as questões de vida ou morte de guerra e paz, desemprego e crise ambiental.

Embora seja proveitoso para a oração, o recolhimento de curta duração não substitui esse habitual mais básico. Um retiro, um cenário monástico ou um verão no campo proporcionam condições para evitar distrações e interrupções na oração. É proveitoso rezar em ambiente tranquilo, principalmente ao enfrentar desafios importantes. Mas a oração não precisa ser menos genuína fora desses cenários!

A práxis do discipulado — dizer a verdade, defender os fracos e desafiar a injustiça — gera conflito e desordem interior, mas também paz em um nível mais

---

14. Entre muitos ótimos recursos nesse espírito, veja REISER, WILLIAM, SJ, *To Hear God's Word Listen to the World. The Liberation of Spirituality*, New York, Paulist Press, 1996. Trad. bras.: *Para ouvir a palavra de Deus, escute o mundo! A libertação da espiritualidade*, São Paulo, Loyola, 2001.

profundo. Posso estar tão calmo quanto for preciso meditando ao lado da piscina e estar fora de contato com a realidade e com Deus. Por outro lado, posso estar com a cabeça latejando e os nervos irritados depois de uma manhã tensa de intervenção crítica no centro de reabilitação. Em meio a isso tudo, ofereço uma oração silenciosa, ou pauso para minutos de discernimento, embora possa estar muito estressado. Apesar de minha turbulência interior, minha oração não precisa ser menos genuína, menos profunda que a de um monge absorto na missa. Se estou calmo no nível mais profundo do Fundamento, minha oração gaguejante se elevará dali, onde estou habitualmente em contato com a realidade e com Deus. A paz da banheira quente não tem nada a ver com a paz que o mundo não pode dar.

Sem dúvida, vamos nos concentrar para a oração e procurar condições tranquilas onde pudermos. Reconheçamos nossa necessidade periódica de fugir para períodos mais longos de solidão. Mas não vamos confundir isso com a forma ideal de oração. Tudo considerado, uma breve oração em que nos esforçamos para descobrir a coisa mais afetuosa a fazer é preferível a uma oração longa e serena que nos protege contra as rigorosas exigências do amor. A melhor preparação para a oração é deixar as cruzes do mundo partirem nosso coração e depois responder. Isso nos leva às regiões mais barulhentas e às situações mais desconcertantes — mas também à oração mais profunda[15].

Isso é boa nova para as pessoas atarefadas e para os pobres em apartamentos barulhentos com longas viagens de ônibus e empregos tediosos. Quantos deles realmente levam uma vida de profunda oração, talvez inconscientemente? Provavelmente muitos mais do que costumamos supor.

Qualidade e quantidade

Quando rezardes, não multipliqueis as palavras como fazem os pagãos:
pensam que, devido à força de muitas palavras, é que são atendidos.
(Mt 6,7)

Quanto tempo as pessoas atarefadas devem rezar? Cada uma deve decidir por si mesma. Mais oração não é automaticamente melhor. Ao escrever a Borja, que

---

15. "Há uma centralidade só encontrada por meio da tranquilidade e da solidão que escapa ao apóstolo atarefado. Mas há outro tipo de centralidade que não consiste em eliminar todo 'barulho' do mundo, mas em classificá-lo diante de Deus, em 'priorizá-lo'; e esse segundo tipo de centralidade está no centro da oração apostólica". KINERK, When Jesuits Pray, 11.

passava longas horas em oração, Inácio recomendou que ele cortasse pela metade a oração e a penitência, observando diplomaticamente que há "uma graça maior em poder gozar de seu Senhor em diversos negócios e em diversos lugares, do que em um só". Em outra ocasião ele escreveu:

> Seria bom perceber que não só quando rezam os seres humanos servem a Deus, pois se fosse assim, nossas orações seriam insuficientes se durassem menos de vinte e quatro horas por dia, se isso nos fosse possível, pois todos se entregariam a Deus o mais completamente possível. Mas de fato às vezes Deus é servido mais por outras coisas que pela oração, tanto assim que Deus fica satisfeito que a oração seja omitida completamente para essas coisas e muito mais que seja encurtada[16].

Já que os estudantes precisam gastar a maior parte de sua energia mental nos estudos, Inácio limitou estritamente o tempo que os estudantes jesuítas dedicavam à oração formal. Fora desse tempo, aconselhou-os a "praticar buscando a presença de nosso Senhor em todas as coisas, nas conversas com alguém, caminhando, vendo, provando, ouvindo, entendendo e em tudo que pudessem fazer". Essa prática de "encontrar Deus em todas as coisas" é menos exigente que "nos elevarmos a assuntos divinos mais abstratos". Ocasiona também "grandes visitas do Senhor, até mesmo em uma breve oração"[17]. Esse tipo de oração é conhecido por causa da Contemplação para alcançar o amor[18]. Inácio incentivava os estudantes a oferecerem a Deus os estudos e outros trabalhos.

A respeito de Inácio, seu secretário pessoal escreveu: "Noto que ele aprova mais o esforço para encontrar Deus em todas as coisas que o passar longo tempo em oração"[19]. Era reticente para com pessoas que se dedicavam a longas horas de oração. Um observador mais atento, Luís Gonçalves da Câmara, diz que Inácio costumava comentar que de cem pessoas entregues a muita oração, noventa e nove se iludem[20]. Sabia por experiência que longas horas de oração frequentemente ca-

---

16. Carta a Francisco Borja, 20 de setembro de 1548, in: *Obras*, 830; *LettIgn*, 180; *Cartas Escolhidas*, 94, e carta a Borja, julho de 1549, in: *Obras*, 859; *LettIgn*, 211.

17. Carta a Antonio Brandão, 1º de junho de 1551, in: *Obras*, 885-886; *LettIgn*, 240. A mesma doutrina, com as expressões conhecidas (por exemplo "para encontrar Deus em todas as coisas"), está incorporada a *Const* 288.

18. Veja o capítulo 23.

19. *Sancti Ignatii Epistolae et Instructiones, Monumenta Ignatiana*, v. 3, Madrid, MHSI, 1903-1911, 502; citado por Kinerk, When Jesuits Pray, 3.

20. Câmara, Luis Gonçalves da, *Memorial*, 149 (§ 146). Gonçalves não tinha certeza se Inácio realmente disse que noventa e nove se iludiam.

muflavam obstinação. Por mais apropriada que a oração longa possa ser às vezes, o essencial é a presteza para fazer a vontade divina. Pessoa interiormente livre era "pessoa mortificada", na linguagem da época. Gonçalves observou: "Quando fala de oração, parece que o Padre [Inácio] sempre pressupõe que as paixões estejam muito dominadas e mortificadas e ele aprecia isso acima de tudo"[21].

Em 1553, os jesuítas da Espanha queixaram-se ao emissário de Inácio, Nadal, que estavam dedicando muito pouco tempo à oração, não mais que uma hora, e que tinham vergonha de contar isso aos outros. Ao voltar a Roma, Nadal propôs que Inácio permitisse aos jesuítas, ou ao menos aos estudantes, rezar mais tempo. Inácio recusou veementemente, acrescentando que "para a pessoa verdadeiramente mortificada, quinze minutos são suficientes para se unir à oração divina" e que na verdade essa pessoa reza mais em quinze minutos que uma pessoa sem liberdade em duas horas[22].

Inácio tinha alto apreço pela oração, diz Gonçalves, "acima de tudo por aquela oração em que colocamos Deus sempre diante dos olhos". Embora ele mesmo passasse horas em oração, estava convencido que sua prática não era critério válido para orientar os outros em uma questão tão pessoal[23].

A oração das pessoas ativas não raro consiste em breves períodos de oração formal durante o dia e em "encontrar Deus em todas as coisas".

A oração indispensável

Amigos, colegas e apaixonados comunicam-se de muitas maneiras. O mesmo fazem os fiéis e Deus. Quando as pessoas compartilham um projeto importante, como formar uma família ou um empreendimento científico, sua comunicação

---

21. Ibid., 148 (§ 195).
22. Ibid., 148-149 (§ 195-196); cf. 181-182 (§ 256).
23. Ibid., 181-182 (§ 256). Inácio estipulou para os estudantes jesuítas o total de uma hora de oração cotidiana além da missa. A hora incluía dois períodos de quinze minutos de exame (*Const* 340-343; sobre o exame, veja a seguir). Por acreditar que a quantidade e o tipo de oração eram questões muito pessoais, ele não planejou nenhuma regra uniforme a respeito desses assuntos para os jesuítas formados (*Const* 582) — desvio radical da prática de todas as outras ordens religiosas. Todo jesuíta devia preparar uma prática conveniente em conversa com o superior. As *Constituições* inacianas também concedem ampla liberdade nessas questões aos responsáveis por noviços e estudantes (*Const* 279, 343). "Padre Inácio desejava muito que em coisas espirituais a respeito do serviço divino sejamos movidos e inclinados pela devoção e o impulso interior e ele usava princípios extrínsecos o menos possível nessas questões". CÂMARA, LUIZ GONÇALVES DA, *Memorial*, 138 (§ 171).

será na maioria das vezes: "Como vão as coisas?" "Como estamos nos saindo?" Esse é o centro de sua comunicação e serve como o mínimo quando o tempo é escasso. A oração chamada de "exame" é assim.

Durante muito tempo o exame foi a oração que as pessoas instruídas na espiritualidade inaciana aprendiam a detestar porque lhes ensinavam que significava passar um quarto de hora catalogando os pecados. Se casais e colegas devessem terminar o dia *desse jeito*, deveríamos temer por seus relacionamentos e seus projetos. Hoje vemos o exame através de uma lente mais ampla e valorizamos mais o que Inácio queria dizer quando insistia que essa era, ao menos para os jesuítas, a oração indispensável[24]. Ele próprio considerava sua experiência semanalmente, diariamente, até mesmo a cada hora[25].

Exame é aquela pausa (ou duas ou três pausas) todo dia, quando refletimos nas coisas. Exame significa considerar o dia, ou parte dele, com Deus, avaliando o que aconteceu a fim de fazer melhor no futuro. Deus e eu perguntamos, Como estamos nos saindo? Como vão as coisas? Como amanhã pode ser melhor?[26] Quando se trata de oração formal, alguma coisa como o exame deve ser o mínimo necessário.

O exame origina-se da prática e volta a ela. Se lutamos com um problema moral, concentramo-nos nele. Onde errei? Onde corri perigo? O que deu certo e o que não deu? [cf. 24-30]. Se não lutamos com um problema moral, então, no exame, consideramos nossas atividades com atenção especial à consolação e à desolação. O exame é um momento privilegiado daquela "dança com Deus", em que procuramos descobrir onde Deus nos conduz. No exame, damos um passo atrás para aprender os "passos de dança" do dia. Padrões de consolação e desolação (e outros princípios de discernimento que examinamos[27]) sugerem onde Deus estava presente nos acontecimentos, onde Deus estava incentivando e onde

---

24. Veja ASCHENBRENNER, GEORGE A., Consciousness Examen, in: *Review for Religious* 31 (1972) 13-21 na 21.

25. Cf. DE GUIBERT, *The Jesuits* (cap. 22, n. 15, acima), 39-40, 66-67.

26. Cf. TETLOW, *Choosing Christ in the World* (cap. 7, n. 7, acima), 210. Trad. bras.: *Para escolher Cristo no mundo*, 205. Sobre o exame em geral, além do clássico artigo de ASCHENBRENNER, GEORGE A., Consciousness Examen, veja TETLOW, JOSEPH, SJ, That Most Postmodern Prayer, *SSJ* 26, n. 1 (janeiro de 1994), ST. LOUIS, DONALD, The Ignatian Examen, in: SHELDRAKE (ed.), *The Way of Ignatius Loyola* (cap. 17, n. 12, acima), capítulo 13, faz vibrante comentário sobre o texto dos Exercícios Espirituais que trata do exame geral [43].

27. Veja principalmente os capítulos 6 e 15.

cooperamos ou resistimos. Assim, o exame segue a lógica das Repetições nos Exercícios: voltamos àqueles lugares onde durante o dia houve moções interiores [cf. 62].

Além de considerar nossa atividade, o exame inclui outros elementos como questão de bom senso e cortesia. Como sempre saudamos um amigo, a oração começa com louvor e ação de graças. Pedimos iluminação para examinar nossas atividades; e, depois desse exame, expressamos contrição e pedimos ajuda para o futuro [cf. 43].

O exame em comum é proveitoso principalmente para casais, amigos e colegas de trabalho.

Além disso, todos precisamos de ajuda para discernir o que acontece em nossa vida. Chame-se acompanhamento espiritual, orientação ou direção espiritual; precisamos de alguém com experiência que nos escute e faça bons comentários, ajudando-nos a evitar armadilhas e a perceber aonde o Espírito nos conduz.

Conclusão

É boa nova para pais e trabalhadores atarefados que, quando tentamos fazer o que Deus quer, nós nos unimos a Deus. A oração formal deve emanar de nossas responsabilidades cotidianas e ajudar-nos a realizá-las melhor. Cada um de nós deve encontrar o tipo de oração formal que nos atraia para mais perto de Deus, inclusive os tipos tranquilos de oração apropriada para pessoas atarefadas.

Quando nos esforçamos para amar e servir como Deus deseja, tudo na vida torna-se oração e oferenda e aprendemos, em meio a nossa atividade cotidiana, a encontrar Deus em todas as coisas.

O pinguim é real

Anos atrás tomei parte em uma viagem de estudos ao Peru. Foi meu primeiro encontro com a pobreza de massa, as instituições que a geram e a administram e os sérios esforços em curso para resistir a esses males, principalmente por pessoas de fé. Certa manhã daquele verão, quando seguia aos solavancos por uma cidade litorânea deserta em um ônibus lotado, avistei um pinguim que andava gingando pela rua! Eu mal podia acreditar nos meus olhos. Seguimos em frente e o pinguim sumiu de vista.

À noite, quando relatei essa visão ao nosso grupo, eles riram às gargalhadas. Um pinguim *aqui*? De jeito nenhum! Comecei a achar que deviam ter razão. Afinal de contas, como eu podia ter certeza que a criatura branca e preta que eu tinha visto apenas alguns segundos era um pinguim, principalmente aqui, em um dos desertos mais áridos do mundo e não longe do equador?

No dia seguinte, depois de enterrar a lembrança do pinguim, conversei com Michael, que estava ausente na noite anterior. Michael informou-me que ele também tinha visto o pinguim durante o dia. Estava brincando? Não, não estava. Dois de nós o vimos. O pinguim era real.

Desde então, Michael e eu continuamos a lembrar um ao outro, às vezes através de vastos continentes e oceanos, o pinguim de Chimbote, que se tornou para nós um símbolo daquele verão que nos abriu os olhos e mudou nossa vida. No Peru descobrimos verdades fundamentais a respeito do mundo, de seu sofrimento e de esperança, que nunca esqueceremos. O pinguim nos une. Também nos lembra que precisamos dos outros a fim de permanecer fiel a nossa visão em um mundo às vezes cínico que sufoca os sonhos e guarda poucas surpresas. Sim, um pinguim no deserto. Sim, o amor é possível. Sim, um mundo diferente é possível.

Se fôssemos confiar no noticiário vespertino e nas comédias de costumes, poderíamos concluir que não somos nada mais que criaturas solitárias, violentas, destinadas a passar a vida comprando, gastando e indo para a cama. Neste livro consideramos uma alternativa. Por um lado, as coisas são muito piores do que parecem. Por outro, são muito melhores. O pecado existe em abundância — mas a graça existe em abundância ainda maior. Sejam quais forem as coisas terríveis que tenhamos feito, por mais cruel que o mundo seja, a cura e novos inícios são possíveis. Não estamos condenados a viver por trás de blocos de concreto e arame farpado. Se no fundo do coração acreditamos que algum dia a justiça triunfará, é porque ela triunfará. Não estamos sozinhos no universo. Alguma coisa — Alguém — está em ação, transformando a realidade.

Entretanto, o mundo só mudará se houver novos seres humanos para mudá-lo, pessoas que são livres para amar, para resistir ao chamariz da riqueza e ficar com os pobres. É esse o jeito que Jesus de Nazaré, cujo Espírito nos conduz para a frente via consolação, ensina-nos a rezar, fortifica-nos para a provação e revela a divina bondade que resplandece em tudo e em todos. Um mundo novo não só é possível, já começou. O pinguim é real.

Infelizmente, compromissos assumidos com entusiasmo muitas vezes imobilizam-se e com o tempo até viram na direção oposta. "Permanecer firme" exige disciplina e muito apoio. Como eu já disse, o amor é como uma flor delicada. Exige condições apropriadas para se desenvolver. Através dos anos tento colher de sábios veteranos o que eles julgam ser necessário para perseverar e produzir frutos duradouros durante o longo trajeto. A lista a seguir resume o que aprendi:

- Primeiro, precisamos de comunidade. Como Michael e eu aprendemos com o pinguim, precisamos de companheiros que compartilhem nossa visão. Precisamos de uma comunidade que nos apoie e desafie a permanecer fiéis, que alimente e aprofunde nossa visão alternativa e nossa práxis. É o que a Igreja deve ser.
- Precisamos de contato constante com os pobres e sofredores.
- Precisamos de oração e contemplação cotidianas.
- Precisamos de acompanhamento espiritual, isto é, recurso constante a alguém com quem possamos desabafar e que nos ajude a evitar armadilhas e a fazer escolhas sensatas.
- Precisamos de um estilo de vida simples.
- Precisamos de exercícios físicos e de uma preocupação moderada com nossa saúde.

- Precisamos de descanso e recreação regulares.
- Precisamos de estudo, principalmente da realidade social.
- Precisamos de senso de humor.

A satisfação dessas necessidades mantém-nos respondendo ao Espírito, fortes na convicção que... o pinguim é real! Apesar de contrariedades e fracassos, um mundo diferente — de liberdade, comunidade, vida abundante — está em formação.

Apêndices

Apêndice I (aos capítulos 7 e 8)
A meditação do Reino?

Segundo William Peters, o exercício inaciano tradicionalmente chamado O Reino, "é um dos mais difíceis para qualquer diretor (de retiro) dar e ao que tudo indica é o mais difícil de entender"[1]. Além disso, a história da interpretação "não mostra nenhuma uniformidade de opinião quanto à importância, ao lugar e à função do exercício *Del Rey*. Também não existe uniformidade de opinião quanto à interpretação do exercício propriamente dito"[2]. Talvez Peters exagere, mas o problema é real.

Não está claro nem mesmo como o exercício deveria se chamar. O "Diretório Autógrafo" de Santo Inácio diz no início (em espanhol): "O chamado do rei temporal ajuda a contemplar a vida do Rei eterno" [91]. Esse tipo de título descritivo está no cabeçalho de vários exercícios (cf. [45, 190, 218]). Enquanto Peters abrevia o título "Del Rey", Santiago Arzubialde abrevia-o "O chamado"[3]. Essas duas abreviações não se originam automaticamente do título descritivo, mas dependem do que cada autor considera o centro do exercício. O título tradicional, "O Reino" baseia-se na versão de 1548 da Vulgata latina dos *Exercícios*, que serviu de texto latino padrão até uma nova tradução ser publicada em 1835. A Vulgata insere no início do exercício o título "A Contemplação do Reino de Jesus Cristo". George Ganss defende que esse título, ao lado da abreviação "O Reino", reflete a mente

---

1. PETERS, *SpEx*, 71.
2. PETERS, WILLIAM, The Exercise in Jesuit Tradition, *The Way Supplement* 18 (primavera 1973), *The Kingdom*, 30. "*Del Rey*" = "Sobre o Rei" (cf. PETERS, *SpEx*, 73).
3. ARZUBIALDE, SANTIAGO, SJ, *Ejercicios Espirituales de S. Ignacio. Historia y análisis*, Bilbao e Santander, Mensajero and Sal Terrae, 1991, 221.

inaciana, lembrando-nos que pessoalmente ele empregou essa versão com aprovação papal de 1548 a 1554[4].

Então, qual deve ser o título? Mais importante, sobre o que trata o exercício: da causa (o Reino), do chamador (o rei) ou do chamado propriamente dito?

O objetivo do exercício relaciona-se com seu lugar nos *Exercícios Espirituais* como um todo. Ao menos nos últimos 150 anos ele geralmente tem sido tratado como uma das duas meditações centrais do retiro, formando uma dupla juntamente com a meditação das Duas Bandeiras [136-148]. A principal autoridade para essa opinião é o companheiro e expositor oficial de Inácio, Jerónimo Nadal, que via nesse exercício e na meditação das Duas Bandeiras o núcleo dos Exercícios Espirituais[5]. Ao contrário, Peters afirma que "o exercício *Del Rey* é extremamente moderado e tem um lugar bastante discreto, talvez até insignificante, nos Exercícios Espirituais". De vez em quando pode até ser omitido[6]. Peters salienta que os primeiros diretórios (manuais escritos para orientar o diretor dos Exercícios Espirituais) especificam que o exercício deve ser dado em um dia de descanso de transição entre a Primeira e a Segunda Semanas. Deve ser repetido só uma vez, sem nenhum outro exercício prescrito para esse dia. Na versão autógrafa ele não é designado nem como meditação nem como contemplação. O exercitante deve simplesmente "considerar" o chamado, primeiro do rei temporal, depois do rei eterno — ambos apresentados em termos bastante vagos — como se de longe, um tanto sem originalidade[7]. "Considere" significa exatamente isso, ruminar os temas apresentados.

Peters também se opõe à forma como ele acredita que o exercício tem sido usado para pressionar os exercitantes a assumir um compromisso prematuro. Isso acontece, diz ele, quando alguém faz do Reino o ponto central da meditação, faz a meditação essencial para os Exercícios como um todo e enfatiza demais a oferenda final de si mesmo desse exercício [98]. Isso leva os diretores a apresentar a meditação em um tom semipelagiano, isto é, que enfatiza a força de vontade e o esforço do exercitante e até mesmo em um espírito marcial agressivo. Peters considera isso inteiramente estranho à intenção inaciana. Ele também afirma que

---

4. Cf. GANSS, *The Spiritual Exercises* (cap. 2, n. 2, acima), 159.

5. Veja a palestra de Nadal em Alcalá em 1554 em MHSI, *Fontes Narrativi*, 1, 305.

6. PETERS, WILLIAM, The Kingdom. The Text of the Exercise, *The Way Supplement* 18 (primavera 1973), *The Kingdom*, 11.

7. PETERS, *SpEx*, 71-72.

metáforas militaristas para a vida e a missão cristãs eram raras nos escritos inacianos e nos dos jesuítas em geral até a restauração da Companhia de Jesus no início do século XIX[8].

Creio que em vez da *causa* (o Reino de Deus) ou o rei (Cristo) o chamado é o ponto central do exercício. Daí o título do capítulo 7 deste livro, "O chamado". Concordo com Peters que o exercício apresenta o chamado não como alguma coisa a ser experimentada durante o exercício em si, mas como uma coisa a ser antecipada no futuro. O capítulo 8 explica brevemente a causa para a qual Cristo chama, o "Reino de Deus". Inácio apresenta isso no exercício da encarnação [101-109], que se segue imediatamente a "O chamado". Ali Cristo recebe sua missão, que então ele convida os outros a compartilhar. O próprio Cristo, o que chama, é o ponto central de todas as contemplações evangélicas da segunda semana e das semanas subsequentes. É ao contemplar Cristo (confira o capítulo 9), principalmente na Segunda Semana, que esperamos ouvir seu chamado. Vou agora explicar minhas razões para interpretar "O chamado" desta maneira e fazer alguns comentários a respeito da apresentação do exercício hoje.

Arzubialde está com certeza correto ao inferir do longo título inaciano que o chamado é o "sentido e finalidade" do exercício[9]. O texto todo aponta nessa direção. A "graça" pedida no exercício deve dissipar quaisquer dúvidas: De acordo com o Segundo Preâmbulo, o exercício é guiado pela súplica de não ser surdo ao chamado de Cristo, mas pronto e diligente para responder a ele [91]. Entretanto, embora o chamado seja o foco principal, aquele que chama e o empreendimento ao qual ele chama são também claramente elementos essenciais.

O chamado é central para a espiritualidade inaciana como um todo. Nos Exercícios o tema repete-se na meditação das Duas Bandeiras e durante toda a Segunda Semana. Fundamenta toda a ideia da espiritualidade apostólica inaciana de trabalhar na vinha como companheiro de Cristo[10].

---

8. Peters, The Exercise, passim; idem, The Text, 12.

9. Inácio "denomina [este exercício] simplesmente *o chamado*. Esta curiosa observação nos põe na pista do sentido e finalidade em que o exercício se aprofunda. A vida toda de Jesus, até mesmo seus últimos detalhes, é 'chamado'. Portanto, as pessoas têm de discernir como ouvi-la e como responder-lhe". Arzubialde, *Ejercicios Espirituales*, 221, ênfase no original. Assim, também, Peters, The Text, 9: "O objeto da consideração é, sem dúvida, o chamado".

10. Veja Schineller, Peter, The Pilgrim Journey pf Ignatius. From Soldier to Laborer in the Lord's Vineyard and Its Implications for Apostolic Lay Spirituality, *SSJ* 31, n. 4 (setembro de 1999).

Hoje é preciso remover obstáculos desnecessários à aceitação dessa ideia. Primeiro, o individualismo contemporâneo e a crise global de autoridade militam contra a própria ideia de discipulado. Por mais atraente que Cristo seja, é importante salientar que seu chamado é convite pessoal, não comando a distância. As minhas ovelhas conhecem minha voz. Eu as conheço e elas me conhecem. Eu chamo a cada uma pelo nome (cf. Jo 10,3-4). Cristo também não chama escravos nem drones, mas companheiros e amigos (Jo 15,15). Ele vem não para ser servido, mas para servir (Mt 20,28).

Segundo, Cristo não convoca as pessoas para uma tarefa estranha, mas para a vocação que as satisfaz como seres humanos (por meio da cruz, é claro). Hoje, a própria ideia de uma vocação requer explicação (cf. o capítulo 7), pois muitas pessoas não pensam na vida nesses termos. Elas tendem mais a ver o futuro em termos de carreira, ou opções de estilo de vida. Forjar uma identidade vocacional é singularmente problemático, devido aos exemplos que confrontam as pessoas na sociedade pluralista de hoje sempre em mudança. Assim, a vocação merece ênfase.

Terceiro, o chamado de Cristo vem, não como exigência severa, mas em forma de consolação que atrai ao serviço generoso, o que não pode ser nem programado nem forçado. Em O chamado, a pessoa só "considera" o chamado de Cristo na antecipação de realmente experimentá-lo mais tarde. (O primeiro preâmbulo convida o exercitante a "ver com o olhar da imaginação" os lugares que Cristo visitou [91] — só os lugares. Cristo ainda não entrou em cena.) Hoje, também, é adequado fazer as pessoas considerarem o chamado de longe, em parábola ("Considere alguma coisa como isto [...]") sem pressão para uma resposta imediata, que as pessoas raramente estão preparadas para dar. Enquanto contemplam a vida de Cristo durante a Segunda Semana, muitos exercitantes experimentam o chamado em forma de consolação que os atrai para Cristo. Daí o título descritivo inaciano: Considerar que "o chamado do rei temporal ajuda[-nos] a contemplar a vida do Rei eterno" nos exercícios da Segunda Semana [91].

E a causa para a qual Cristo chama? Neste exercício, Inácio descreve-a somente em termos gerais: Cristo quer conquistar o mundo inteiro e assim entrar na glória do Pai. Entretanto, já no exercício seguinte, da encarnação [101-109], a Santíssima Trindade observa a humanidade no caminho da perdição e decide enviar o Filho a fim de salvar toda a humanidade da danação e para a vida eterna. *Essa* é a causa para a qual Cristo opera e com a qual ele convida outros a cooperar. "A pessoa é convidada não só a compartilhar a salvação (esse é o objeto da

Primeira Semana), mas também a compartilhar a missão da salvação: associar-se a Cristo para levar o mundo todo [...] de volta para o Pai"[11]. Como podia contar com um entendimento comum da obra salvífica divina e da missão da Igreja, Inácio não viu necessidade de explicar isso ainda mais. Não supomos nenhum entendimento comum como esse. Hoje precisamos explicar detalhadamente a natureza do projeto divino. O capítulo 8 faz isso, identificando a missão de Cristo com o Reino de Deus.

Inácio não identifica explicitamente a causa de Cristo como Reino. Não intitula esse empreendimento O Reino; de fato, a palavra está ausente do texto autógrafo do exercício. Exercícios subsequentes da Segunda Semana omitem as narrativas e passagens evangélicas que se referem diretamente ao Reino. Tudo isso com certeza reflete o fato de Inácio não entender o Reino como os estudiosos bíblicos o explicam hoje, a saber, como obra salvífica divina no mundo, mas sim como a tradição da Igreja o entendia desde os tempos patrísticos, a saber, referindo-se principalmente à comunidade dos abençoados no céu (e também à Igreja na terra).

Embora eu não creia que o título tradicional deste exercício ("O Reino") indique seu tema central, ele tem o mérito de corretamente especificar a missão que Cristo chama as pessoas a compartilhar. Hoje todos concordam em que o "Reino de Deus" constitui a soma e substância da proclamação de Jesus nos evangelhos sinóticos. Ele chama todos para se abrirem ao Reino de Deus, que está próximo. Esse símbolo admite uma variedade de interpretações, pois a atividade salvífica divina assume formas diferentes em contextos diferentes, e ambientes culturais diferentes requerem expressões diferentes. A história do cristianismo dá testemunho dessa variedade. Mas também dá testemunho de venenosas deturpações do Reino de Deus, como sua redução a uma platônica imortalidade da alma ou, com menor frequência, a um reino puramente terreno.

Apesar de toda a sua riqueza e variedade, "Reino de Deus" não significa seja lá o que se queira. Refere-se sempre à ação do mesmo Deus que ama, dá vida, combate o mal e a injustiça, perdoa e permanece fiel às promessas divinas. Significa seres humanos regenerados vivendo em comunhão com Deus, uns com os outros e com toda a criação. A Igreja deve ser a mais clara manifestação dessa realidade.

---

11. CUSSON, *BibTheol*, 201.

Embora Peters critique interpretações militaristas do "Reino", Inácio realmente considerava a iniciativa salvífica divina análoga a uma campanha militar[12]. A meditação crucial das Duas Bandeiras desenvolve mais essa imagem, de acordo com o Novo Testamento segundo o qual o Reino divino enfrenta um projeto contrário organizado. O Novo Testamento exclui uma apresentação privatizada, puramente psicologizada ou não conflitante do Reino de Deus, que disfarçaria o desafio divino a relações e instituições sociais desumanizadoras. "Reino de Deus" continua a ser um símbolo político que significa, entre outras coisas, a subversão da política (e do militarismo) como de costume.

Quanto à pessoa do Cristo que chama, ele é o centro de tudo que segue "O chamado". Na Segunda Semana, ele aparece pregando [91][13]. De fato, embora viesse para servir, realmente ensina e conduz. ("Vós me chamais de Mestre e Senhor, e dizeis bem, porque realmente eu o sou" [Jo 13,13].) Ele faz isso não de um jeito dominador, mas como modelo e mentor [cf. 93]. O próprio Cristo nos mostra sua causa e nosso lugar nela. Isso não dispensa a necessidade de apresentar a causa em termos gerais (como fazem os evangelhos, os *Exercícios* e o capítulo 8 deste livro). Mas é Cristo quem comunica o conhecimento interior disso aos que contemplam sua vida. À medida que eles o conhecem, amam-no e o seguem na prática [104], o próprio Cristo, lidando diretamente com o indivíduo [cf. 15], atrai todos para que cooperem no "Reino" de acordo com seu chamado particular. Mais precisamente, o Espírito de Cristo os levará, por meio da consolação, a sua vocação.

Apêndice II (ao capítulo 10)
O sentido das Duas Bandeiras

A meditação das Duas Bandeiras mostra-nos a lógica demoníaca que arruína o compromisso e a contraestratégia de Cristo pela qual o compromisso se aprofunda. Minha apresentação da meditação (no capítulo 10) se choca em alguns pontos com a maneira como frequentemente é interpretada. Por exemplo, muitos afirmam que o primeiro passo da estratégia inimiga — ganância de riquezas — se

---

12. Embora o exercício contenha ecos da cavalaria medieval, o tema é fundamentalmente bíblico e messiânico. Veja COATHALEM, *Ignatian Insights. A Guide to the Complete Spiritual Exercises*, Taichung, Taiwan, Kuangchi Press, 1961, 134-135.

13. PETERS, The Text, 9-10; idem, *SpEx*, 72-73; ARZUBIALDE, *Ejercicios Espirituales*, 221.

refere não só ao desejo de riqueza material, mas de modo mais amplo ao desejo de qualquer bem criado seja ele qual for: riqueza, saúde, vida longa, inteligência, carreira, honra etc. Nessa interpretação, a "maior pobreza espiritual" [146] da bandeira de Cristo, que está em direta oposição à avareza, equivale à "indiferença" do Fundamento [23]. Isto é, a "pobreza espiritual" da bandeira de Cristo não é só o desapego interior da riqueza material, mas de "todas as coisas criadas", inclusive saúde, riquezas, honra e vida longa[1]. Além disso, muitos interpretam "humildade" e "soberba", o último elemento crucial de cada "bandeira" como atitudes interiores sem nenhuma particular importância social.

Considero essas interpretações enganosas. E já que a meditação das Duas Bandeiras está no centro dos *Exercícios Espirituais* e da espiritualidade inaciana, é importante fundamentar minha interpretação mais a fundo.

O primeiro ponto a estabelecer é que nas Duas Bandeiras, a avareza nada mais é que o desejo de riqueza material. O exercício dos Três Tipos de Pessoas [149-156], que se segue imediatamente à meditação das Duas Bandeiras, confirma isso de maneira decisiva. Duas Bandeiras conclui com um triplo colóquio no qual o exercitante suplica para ser recebido sob a bandeira de Cristo "na maior pobreza espiritual" e, se Deus for servido, "não menos na pobreza material", e também "afrontas e injúrias" [147]. Então, na meditação dos Três Tipos de Pessoas, três tipos de empresários percebem que o apego a enormes somas de dinheiro (dez mil ducados) ameaça sua salvação. A solução para eles é a indiferença a respeito de sua fortuna [155]. A meditação encerra-se com o mesmo triplo colóquio das Duas Bandeiras [156, 147]. No texto dos Exercícios, segue-se então uma nota, explicando o ponto dos Três Tipos de Pessoas em termos inconfundíveis: "[...] quando sentimos afeto ou repugnância à pobreza material, não estamos indiferentes à pobreza ou riqueza. Muito aproveita ao exercitante, para

---

1. No capítulo 10 fiz referência à interpretação de Michel Ivens. Assim David Fleming parafraseia os *Exercícios Espirituais* [146]: "as pessoas veem-se tentadas a cobiçar seja o que for que pareça fazê-las ricas", FLEMING, *Draw Me Into Your Friendship* (cap. 7, n. 7, acima), 113; ênfase minha. Depois de reconhecer que "a posse de bens materiais [...] é o que [Inácio] quer dizer com 'riqueza'" aqui, Karl Rahner acrescenta que o "desejo de possuir" que Inácio tem em mente é realmente "'riqueza' no sentido mais amplo; inclui não só bens materiais, mas também valores espirituais como sucesso, honra, habilidades culturais". RAHNER, KARL, *Spiritual Exercises*, New York, Herder & Herder, 1965, 173. De modo semelhante, embora a pobreza seja, antes de mais nada, o desapego de riquezas materiais, ela inclui desapego de "valores espirituais como carreira, reputação etc." (ibid., 176). Da mesma forma, CUSSON, *BibTheol*, 255-256; DYCKMAN et al., *The Spiritual Exercises Reclaimed* (cap. 1, n. 2, acima), 198.

extinguir essa afeição desordenada, pedir [...] que o Senhor o escolha para a pobreza material" [157]. Portanto, o objetivo desta meditação não é simplesmente a indiferença, como muitos críticos reconhecem, mas a indiferença *com respeito aos bens da pessoa*. Por mais simbólicos que os ducados sejam, não há dúvida de que "pobreza" e "riqueza" têm sentido concreto na parábola dos Três Tipos de Pessoas. Juntamente com a nota [157], a parábola confirma que, na meditação precedente das Duas Bandeiras, "riqueza" significa fortuna material e "pobreza espiritual" é a liberdade de desfazer-se dos bens pessoais.

Provas adicionais confirmam isso e lançam ainda mais luz nas Duas Bandeiras.

Em 1927, o jesuíta espanhol Luis Teixidor salientou uma aparente dependência, direta ou indireta, de Inácio de Santo Tomás de Aquino com referência a "avareza" nas Duas Bandeiras[2]. Quando diz que o inimigo tenta as pessoas com "a ganância de riquezas", Inácio acrescenta: "como [o inimigo] costuma fazer na maioria das vezes" [142]. Esta última expressão, acrescentada ao autógrafo espanhol dos *Exercícios* com a letra de Inácio, inclui as palavras latinas *ut in pluribus* para "na maioria das vezes". Na *Suma Teológica*, onde Tomás de Aquino pergunta se "um pecado é a causa de outros pecados" (1a 2ae, q. 84) sob o artigo "A avareza é a raiz de todos os pecados?" (art. 1), ele afirma que, sim, a avareza é a raiz de todos os pecados, embora não em todos os casos específicos, pois, "em moral, considera-se o que acontece na maioria das vezes [*ut in pluribus*], e não o que sempre acontece"[3]. O contexto e a expressão concordam com o texto dos *Exercícios*.

É compreensível encontrar traços de influência tomista nos Exercícios[4]. As linhas principais da meditação das Duas Bandeiras datam dos dias de Inácio em Manresa (1522-1523) e são até anteriores, datam da convalescença em Loyola.

---

2. TEIXIDOR, LUIS, Un pasaje difícil de la meditación de Dos Banderas, y una cita implícita en el mismo de Santo Tomás de Aquino, *Manr* 3 (1927) 298-309. A partir desse ponto, sigo a linha de argumento em meu ensaio, Downward Mobility. Social Implications of Saint Ignatius's Two Standards, *SSJ* 20, n. 1 (janeiro de 1988), Appendix I. Thomistic Influence on Ignatius's Two Standards, 41-48.

3. *S.T.*, 1a 2ae, 84, 1 ad 3. As citações de SANTO TOMÁS DE AQUINO, *Summa Theologiae, Latin text and English translation, Introduction, Notes, Appendices and Glossaries*, London & New York, Blackfriars/Eyre & Spottiswoode/McGraw Hill, 1965-, com uma ligeira alteração ocasional. Trad. bras.: *Suma Teológica, texto latino e tradução inglesa, Introdução, Notas, Apêndices e Glossários*, São Paulo, Loyola, 2001-.

4. "Na formulação verbal definitiva da meditação das Duas Bandeiras, Inácio, sem dúvida, tinha consultado os resultados das investigações teológicas de seu tempo." RAHNER, KARL, SJ, *The Spirituality of St. Ignatius Loyola. An Account of its Historical Development*, Westminster, Md.,

Entretanto, em reação a ataques em sua ortodoxia e investigações pela Inquisição, Inácio continuou a aprimorar suas primeiras anotações até 1535, com a ajuda de seus estudos da tradição escolástica na Universidade de Paris[5].

A descoberta de Teixidor significaria pouco mais que uma curiosidade se não fosse por outros paralelos nos quais ele deixou de aprofundar-se, que confirmam a ligação que ele descobriu e dão esclarecimentos adicionais sobre as Duas Bandeiras. Como eu disse, no primeiro artigo da questão 84, Tomás pergunta: "A avareza é a raiz de todos os pecados?" Entretanto, o artigo seguinte pergunta: "A soberba é o início de todo pecado?" Lembre-se de que no parágrafo [142] dos *Exercícios* Inácio diz que depois de nos tentar com a ganância, o inimigo nos induz "a todos os outros vícios" a partir da progressão de três passos: riqueza-honra-soberba.

No art. 1 Tomás segue seus predecessores[6] quando se refere ao texto bíblico básico a respeito da avareza (*cupiditas* = *avaritia*) como a "raiz de todo mal": "Quem quer ficar rico cai na armadilha, na tentação, numa multidão de desejos loucos e perigosos que precipitam os homens na perdição e na desgraça. Porque a ganância pelo dinheiro é a raiz de todos os males" (1Tm 6,9-10). Tomás argumenta que a avareza é a raiz de todos os pecados — avareza em sentido estrito, concreto, isto é, como ganância pela riqueza material. "Vemos, de fato, que o homem adquire com a riqueza a faculdade de cometer qualquer pecado" ou para "adquirir quaisquer bens deste mundo, segundo o livro do Eclesiastes: 'tudo obedece ao dinheiro' (Ecl 10,19, Vulgata)".

Para chegar a essa conclusão, Tomás considerou e descartou, dois sentidos da palavra "avareza", primeiro, "o desejo desordenado de um bem temporal qualquer" (inclusive ter "saúde, ter mulher [...] do saber e das grandezas"[7]) e, segundo, "a falta de moderação no apego interior que se tem às riquezas". O primeiro sentido é mais concreto, mas geral; o segundo sentido é mais abstrato. Ele lembra que alguns autores afirmavam que a avareza é a raiz de todos os pecados no

---

Newman Press, 1953, 94. Veja também 89-90 e idem, *Notes on the Spiritual Exercises*, Woodstock, Md., Woodstock College Press, 1956, 286-287, 323.

5. Inácio dá poucos detalhes das acusações, mas nos relata que em 1527, em Salamanca, quando o Vice Prior dominicano o interrogou, respondeu que ele e seus companheiros falavam de virtudes e vícios e que isso levantou as suspeitas dos interrogadores. Veja *Autobiog* 65. Um interrogatório como esse estimulou Inácio a procurar apoio teológico para as tríades de virtudes e vícios na meditação das Duas Bandeiras?

6. Por exemplo, Agostinho em *De Div. Quaest.* 83, 33 e 35; *PL* 40,23-24.

7. Cf. *S.T.* 2a 2ae, 118, 2, onde Tomás trata da avareza propriamente dita. Veja 2a 2ae, 119, 2 ad 1. Compare [23], o Fundamento.

segundo sentido, pois "O pecado tem sua origem no apetite dos bens mutáveis". Entretanto, ele rejeitava os sentidos abstratos e gerais da avareza em favor do sentido concreto estrito:

> Embora isso seja verdade, não parece que seja segundo a intenção do Apóstolo [em 1Tm 6] [...] Manifestamente ele fala contra aqueles que "por querer tornarem-se ricos caem nas tentações e nos laços do diabo [...]" Portanto é evidente que ele fala da cupidez como desejo imoderado das riquezas.

No artigo seguinte (art. 2), sobre a soberba como "o início de todo pecado", Tomás comenta a base tradicional dessa tese, Sirácida 10,15 (Vulgata) que diz: "O princípio de todo o pecado é a soberba". Esse tem sido o ensinamento consistente da tradição cristã[8]. De novo, Tomás considera três sentidos possíveis: Soberba significa, primeiro, "o apetite desordenado da própria excelência". Segundo, significa "um certo desprezo atual de Deus, com o efeito de não submissão aos seus mandamentos". Neste sentido, todos os pecados têm um elemento de soberba. Terceiro, Soberba significa "uma certa tendência da natureza corrompida a este desprezo"[9].

Esses três sentidos igualam-se aos três sentidos da avareza no artigo anterior da *Suma Teológica*. Mais uma vez, Tomás menciona que alguns autores consideram que a soberba é uma propensão geral (*inclinatio*, o terceiro sentido de soberba e o mais geral) e o começo de todo pecado. Afirmam que, assim como a avareza (como propensão geral) trata da "conversão desmedida para um bem mutável", "a soberba no pecado diz respeito à aversão de Deus", o que faz parte de todo pecado. Entretanto,

> Embora essas coisas sejam verdadeiras, não são segundo a intenção do sábio [o autor de Sirácida] que disse: "o começo de todo pecado é a soberba". Com efeito, claramente ele fala da soberba enquanto apetite desordenado da própria excelência, como se vê claramente no que se segue: *"Deus destruiu os tronos dos chefes orgulhosos"* [Sr 10,17]. É disto que o autor fala em todo o capítulo.

---

8. Agostinho é a autoridade fundamental no Ocidente. O pecado dos anjos era o da soberba (*Cidade de Deus*, xii, 6), como foi o pecado de Adão e Eva (ibid., xiv, 13). Assim, a cidade terrena baseia-se na soberba "amor de si mesmo estendendo-se ao desprezo de Deus" (ibid., xiv, 28). Para o Oriente veja Basílio, *Homilias* 20,1, e João Crisóstomo, *In Joan.* 9,2. A teologia feminista desafia essa tese.

9. Veja também *S.T.* 2a 2ae, 162, 3.

Assim, Tomás entende que o começo de todo pecado é a soberba no sentido do "apetite desordenado da própria excelência", com o que ele quer dizer arrogância, ambição pessoal, desejo de poder — de acordo com Sirácida 10.

Finalmente, Santo Tomás explica a relação entre avareza como a raiz de todo mal e a soberba como começo do pecado. Ele diz que embora a soberba seja o que é pretendido inicialmente (ordem da intenção, fim), a avareza é a primeira a entrar em ação (ordem de execução): "Ora, o fim do homem na aquisição de todos os bens deste mundo consiste em obter por eles uma certa perfeição e excelência", isto é, honra. Tomás continua: "Por isso, na ordem da intenção, a soberba que é o desejo da excelência é tido como o começo de todo pecado".

Essa é outra notável concordância com os *Exercícios Espirituais*, que descreve o inimigo tentando as pessoas para ambicionar riquezas "para que, assim, facilmente, cheguem à honra vã do mundo e daí a uma grande soberba" [142]. (Diferente de Inácio, Tomás especifica que se buscam as riquezas com a intenção consciente de chegar às honras.) Tomás acrescenta: "Os vícios [...] como a avareza que é chamada 'a raiz' e a soberba que é chamada 'o início' [...] são também aqueles que constituem a origem próxima de muitos pecados"[10]. Da soberba, diz Tomás, originam-se os "vícios capitais" e desses todos os outros vícios[11]. Mais uma vez, é notável a semelhança com as Duas Bandeiras.

Teixidor descobriu uma ligação entre o que Tomás e Inácio dizem a respeito da avareza como a raiz de todo mal. Entretanto, Tomás continua e 1) afirma que a soberba leva a todos os outros vícios e 2) explica a gênese do pecado como progressão da avareza à soberba, por meio de *honras*. Inácio afirma os dois pontos em [142]. Para Tomás e para Inácio, riquezas levam a honras, honras à soberba e a soberba a todos os outros vícios.

Essa ligação entre a *Suma* e os *Exercícios Espirituais* confirma também que, nas Duas Bandeiras, "riquezas" refere-se a bens materiais, não a qualquer bem criado (saúde, honra, vida longa etc.). Parafraseando Santo Tomás: embora a "indiferença" a todos os bens criados seja claramente central nos *Exercícios Espirituais*, não é isso que Inácio tem em mente quando diz que o inimigo primeiro tenta as pessoas à ganância de *riquezas*. Inácio não pensa em um elemento genérico em todo pecado, a saber, "o desejo desordenado de um bem temporal qualquer", nem no que é metafisicamente primeiro no pecado, a saber, "a falta de moderação no apego

---

10. *S.T.* 1a 2ae, 84, 3 ad 1.
11. Veja 2a 2ae, 162, 8 e 1a 2ae, 84, 4 ad 4.

interior que se tem às riquezas" (Tomás rejeitou esses dois sentidos abstratos da avareza para 1 Tm 6.) Como de costume, Inácio pensa concreta e praticamente, neste caso quanto ao primeiro passo costumeiro no processo de declínio moral, o desejo de bens materiais.

É por isso que nas *Constituições* dos jesuítas, Inácio chama a pobreza evangélica de "muralha firme" da vida religiosa, o muro exterior que resiste aos primeiros assaltos do inimigo[12].

A ligação tomista sugere, segundo, que Inácio entende que a soberba é o início do pecado da mesma maneira que Tomás entende, considerando o começo do pecado soberba no sentido concreto do capítulo 10 de Sirácida: ambição egoísta, arrogância, desejo de poder — o tipo de soberba que se origina das honras deste mundo. As primeiras traduções latinas dos Exercícios Espirituais traduzem a *crescida soberbia* de Inácio por *arrogantem superbiam*.

Isso é confirmado pela oposição inaciana a honras para os jesuítas, sua aversão e censura à ambição eclesiástica e social na Companhia de Jesus[13] e sua insistência em tarefas humildes e obediência. Essas medidas e a censura a respeito da pobreza são muitos meios de implementar a Bandeira de Cristo.

Cristo chama todos à "maior pobreza espiritual" e alguns à "pobreza material" [146]. "Pobreza material" significa necessidade material. E "pobreza espiritual"? No tempo de Inácio "pobreza espiritual" significava desapego de todas as coisas criadas (como no Fundamento)[14]. Entretanto, se "riquezas" significa riquezas materiais e "pobreza *actual*" significa "pobreza material", então "pobreza espiritual" nas Duas Bandeiras significa claramente desapego de riquezas materiais, não de saúde, honras[15], uma vida longa etc. Como eu já disse, a parábola dos Três Tipos, com a nota que a acompanha [157], torna isso claro. "Pobreza espiritual" não é idêntica à "indiferença", mas sim um exemplo crucial dela, a liberdade de

---

12. Veja *Const* 553-554. Inácio considerava os conselhos evangélicos meios privilegiados para concretizar a Bandeira de Cristo. Ele acreditava que muitas ordens religiosas de seu tempo precisavam de reformas porque haviam se tornado negligentes na prática da pobreza ordenada por seus fundadores. A fim de evitar isso para a Companhia, ele estipulou que os jesuítas professados prometessem não mudar os estatutos da pobreza na Companhia, exceto para tornar a pobreza mais estrita.

13. Os jesuítas prometem não solicitar prelazias e relatar aos superiores os jesuítas que o fazem.

14. A ideia de "pobreza espiritual" também se referia a nossa absoluta pobreza diante de Deus, como acontece com frequência na *Imitação de Cristo*.

15. Nas Duas Bandeiras, "riquezas" não inclui "honra", porque as duas palavras ocorrem em série em [142] e [146].

desistir de bens. Não é uma questão da virtude mais fundamental de um ponto de vista psicológico ou ontológico, mas de uma tática prática contra o primeiro ataque do inimigo.

Finalmente, a "humildade" da bandeira de Cristo não é elemento genérico de toda virtude ou uma subordinação geral da criatura ao Criador, que fundamentaria toda virtude. Ao menos, não se limita a isso. Humildade é despretensão na prática, o oposto de soberba arrogante. Os "três modos de humildade" inacianos [165-167] indicam uma progressão. Todos incluem obediência a Deus. Entretanto, a "humildade" da bandeira de Cristo parece ser o terceiro modo de humildade [167] — o desejo de partilhar com Cristo e seus amigos a pobreza e a rejeição. É a capacidade de identificar-se com aqueles que o mundo considera insignificantes[16].

As "humilhações" da bandeira de Cristo são o contrário das honras que o mundo concede às pessoas "importantes". São uma participação no desprezo que o mundo inflige às pessoas "insignificantes", na perseguição dos que as defendem, como Cristo fez.

De tudo isso, segue-se que ser recebido sob a bandeira de Cristo — indubitavelmente o tema central da espiritualidade inaciana — significa rejeitar a busca da riqueza e preferir compartilhar a pobreza material e o desprezo experimentado pelos pobres. Juntar-se a Cristo significa juntar-se aos pobres. Servir ao Reino de Deus significa assumir a causa deles, do mesmo jeito que Deus faz (Lc 6,20-21). "Louvar, reverenciar e servir a Deus" [23] é, assim, traduzido corretamente por "o serviço da fé e a promoção da justiça", como Congregações Gerais dos Jesuítas declararam e como o superior geral Pedro Arrupe (1965-1983) viu tão claramente.

---

16. Veja CALVERAS, JOSÉ, ¿De qué humildad se habla en las Dos Banderas?, *Manr* 9 (1933) 12-22 e 97-106.

Abreviaturas

[32]	Números entre colchetes sem outra indicação referem-se a parágrafos dos *Exercícios Espirituais* de Santo Inácio, de acordo com a numeração padrão. Veja a nota de rodapé na p. 29. Veja versões dos *Exercícios Espirituais* na Bibliografia a seguir.
Autobiog	Autobiografia de Santo Inácio. Veja a Bibliografia.
CIS	Centrum Ignatianum Spiritualitatis, Rome.
Cusson, *BibTheol*	Cusson, Giles, SJ, *Biblical Theology and the Spiritual Exercises*, St. Louis, IJS, 1988.
DirAutog	O chamado "Diretório autógrafo", instruções breves de Inácio de Loyola para ministrar os Exercícios Espirituais, in: *Obras*, 312-315; trad. ingl.: Palmer, *Giving*, 7-10.
IJS	The Institute for Jesuit Sources, St. Louis, Missouri.
Ivens, *Understanding*	Ivens, Michael, SJ, *Understanding the Spiritual Exercises. Text and Commentary. A Handbook for Retreat Directors*, Herefordshire/Surrey, Gracewing/Iñigo Enterprises, 1998.
LettIgn	*Letters of St. Ignatius of Loyola*, selected and translated by Young, William J., SJ, Chicago, Loyola University Press, 1959.
Manr	*Manresa*, revista de espiritualidade inaciana, Madrid.
MHSI	Monumenta Historica Societatis Jesu (Registros históricos da Companhia de Jesus).

Obras	SAN IGNACIO DE LOYOLA, *Obras*, IPARRAGUIRRE, IGNACIO SJ et al., transcrição, introduções e notas, 5. ed. revisada e corrigida, Madrid, B.A.C., 1991.
PALMER, *Giving*	PALMER, MARTIN, SJ, *On Giving the Spiritual Exercises. The Early Jesuit Manuscript Directories and the Official Directory of 1599*, St. Louis, IJS, 1996.
PETERS, *SpEx*	PETERS, WILLIAM A. M., *The Spiritual Exercises of St. Ignatius. Exposition and Interpretation*, Jersey City, N.J., Program to Promote the Spiritual Exercises, 1967.
POUSSET, *LFF*	POUSSET, ÉDOUARD, SJ; DONOHUE, EUGENE L. (trad. & ed.). *Life in Faith and Freedom. An Essay Presenting Gaston Fessard's Analysis of the Dialectic of the Spiritual Exercises of St. Ignatius*, St. Louis, IJS, 1980.
SSJ	*Studies in the Spirituality of Jesuits,* publicado cinco vezes por ano (quatro a partir de 2004) pelo IJS.
TONER, *CommRules*	TONER, JULES A., *A Commentary on Saint Ignatius' Rules for the Discernment of Spirits. A Guide to the Pinciples and Practice*, St. Louis, IJS, 1982.
TONER, *DecisMakg*	TONER, JULES A., *Discerning God's Will. Ignatius of Loyola's Teaching on Christian Decision Making*, St. Louis, IJS, 1991.

Bibliografia selecionada de recursos inacianos, em inglês

A lista a seguir inclui só traduções de fontes primárias e secundárias de natureza mais geral. As fontes secundárias só incluem livros, não artigos ou capítulos individuais.

Coletânea de Santo Inácio

GANSS, George E., SJ. (ed.), DIVARKAR, Parmananda R., SJ et al. (colaboradores). *Ignatius of Loyola. The Spiritual Exercises and Selected Works. Classics of Western Spirituality.* Mahwah, N.J.: Paulist Press, 1991. Contém os *Exercícios Espirituais*, a *Autobiografia*, seleções do *Diário Espiritual*, seleções das *Constituições* da Companhia de Jesus, cartas selecionadas, textos adicionais e comentário.

Textos dos Exercícios Espirituais (com Comentário)

As versões em inglês dos *Exercícios Espirituais* mais facilmente disponíveis incluem:

FLEMING, David L., SJ. *Draw Me into Your Friendship. A Literal Translation and a Contemporary Reading of "The Spiritual Exercises".* St. Louis: IJS, 1996. Inclui as traduções literais de Elder Mullan de 1914.

GANSS, George E., SJ. (ed.). *The Spiritual Exercises of St. Ignatius. Translation and Commentary.* Chicago: Loyola University Press, 1992. Tradução e comentário excelentes.

IVENS, Michael, SJ. *Understanding the Spiritual Exercises. Text and Commentary. A Handbook for Retreat Directors.* Herefordshire/Surrey: Gracewing/Iñigo, 1998.

PUHL, Louis J. *The Spiritual Exercises of St. Ignatius. A New Translation Based on Studies in the Language of the Autograph.* Chicago: Loyola University Press, 1951. Tradução inglesa altamente precisa.

TETLOW, Elizabeth M. *The Spiritual Exercises of St. Ignatius Loyola. A New Translation.* Lanham, Md.: College Theology Society, 1987. Usa linguagem inclusiva e modifica a linguagem e o simbolismo militares.

YEOMANS, William. *Iñigo Texts. The Spiritual Exercises.* London: Iñigo Enterprises, 1989.

WOLFF, Pierre. *The Spiritual Exercises of St. Ignatius*. Liguori, Mo: Triumph, 1997. Tradução com comentário de Wolff, da versão latina oficial, "V", oficialmente aprovada em 1548. (As versões anteriores nesta bibliografia são todas traduções do Autógrafo espanhol, c. 1534).

Diretórios dos Exercícios Espirituais

PALMER, Martin E., SJ (ed.). *On Giving the Spiritual Exercises. The Early Manuscript Directories and the Official Directory of 1599*. St. Louis: IJS, 1996.

A "Autobiografia" de Santo Inácio

DIVARKAR, Parmananda R. *A Pilgrim's Testament. The Memoirs of Ignatius of Loyola*. Rome: Gregorian University; Chicago: Loyola Press, 1983. Também em GANSS (ed.). *Ignatius of Loyola*.

O'CALLAGHAN, J. F. *The Autobiography of St. Ignatius of Loyola with Related Documents*. COLIN, J. C. Introduction and Notes. New York: Harper and Row, 1974.

TYLENDA, Joseph N. *A Pilgrim's Journey. The Autobiography of Ignatius of Loyola, with Introduction and commentary*. Wilmington, Del.: M. Glazier, 1985.

YEOMANS, William (trad.). *Iñigo. Original Testament. The Autobiography of St. Ignatius of Loyola. Introduction by William Hewett*. Iñigo Text Series 1. London: Iñigo Enterprises, 1985.

YOUNG, William, SJ. *St. Ignatius' Own Story as Told to Luis Gonzáles de Câmara*. Nova ed., com uma amostra de suas cartas. Chicago: Loyola University Press, 1968.

Cartas de Santo Inácio

GANSS, George E. (ed.). *Ignatius of Loyola*. Primeira anotação nesta bibliografia, também contém cartas selecionadas.

MUNITIZ, Joseph (ed.). *Ignatius of Loyola. Letters Personal and Spiritual*. Iñigo Text Series 3. Hurstpierpoint, England: Iñigo Enterprises, 1995.

RAHNER, Hugo (ed.). *St. Ignatius Loyola. Letters to Women*. POND, K. et al. (trads.). New York: Herder & Herder, 1960.

YOUNG, William, SJ. (ed.). *Letters of St. Ignatius of Loyola*. Chicago: Loyola University Press, 1959.

As Constituições da Companhia de Jesus

The Constitutions of the Society of Jesus and Their Complementary Norms. A Complete English Translation of the Official Latin Texts. St. Louis: IJS, 1996.

GANSS, George, SJ. (trad. e ed.). *The Constitutions of the Society of Jesus*. St. Louis: IJS, 1970. A versão inclui notas excelentes.

GANSS, George E., SJ. (ed.). *Ignatius of Loyola*. Primeira anotação nesta bibliografia, também contém seleções das Constituições.

O Diário Espiritual

GANSS, George E., SJ. (ed.). *Ignatius of Loyola*. Primeira anotação nesta bibliografia, também contém seleções do *Diário Espiritual*.

MUNITIZ, Joseph (ed.). *Iñigo. Discernment Log-Book. The Spiritual Diary of St. Ignatius Loyola*. Iñigo Text Series 2. London: Iñigo Enterprises, 1987.

Espiritualidade inaciana (inclusive comentários dos Exercícios Espirituais)

COATHALEM, Hervé. *Ignatian Insights. A Guide to the Complete Spiritual Exercises*. Taichung, Taiwan: Kuangchi Press, 1961.

DE GUIBERT, Joseph, SJ. YOUNG, William, SJ (trad.). *The Jesuits. Their Spiritual Doctrine and Practice. A Historical Study*. 3. ed. St. Louis: IJS, 1964.

DISTER, John E. (ed.). *A New Introduction to the Spiritual Exercises of St. Ignatius*. Collegeville, Minn.: Michael Glazier, 1993.

DYCKMAN, Katherine; GARVIN, Mary; LIEBERT, Elizabeth. *The Spiritual Exercises Reclaimed. Uncovering Liberating Possibilities for Women*. New York: Paulist Press, 2001.

EGAN, Harvey D. *Ignatius Loyola the Mystic*. Wilmington, Del.: Michael Glazier, 1987.

____. *The Spiritual Exercises and the Ignatian Mystical Horizon*. St. Louis: IJS, 1976.

ENGLISH, John. *Spiritual Freedom*. 2. ed. Chicago: Loyola University Press, 1995.

FLEMING, David L. (ed.) *Notes on the Spiritual Exercises of St. Ignatius of Loyola [The Best of the Review]*. St. Louis: Review for Religious, 1981. Trad. bras.: *Notas sobre os Exercícios Espirituais de Santo Inácio de Loyola*. Coleção Experiência inaciana 8. São Paulo: Loyola, 1990.

____. (ed.). *A Spirituality for Contemporary Life. The Jesuit Heritage Today*. St. Louis: Review for Religious, 1991.

GANSS, George E., SJ. Veja acima sob "Coletânea" e "Textos dos *Exercícios Espirituais*".

HARBAUGH, Jim. *A 12-Step Approach to the Spiritual Exercises of St. Ignatius*. Kansas City, Mo.: Sheed & Ward, 1997.

IVENS, Michael, SJ. Veja acima sob "Textos dos *Exercícios Espirituais*".

LONSDALE, David. *Eyes to See, Ears to Hear*. London: Darton, Longman and Todd, 1990. Trad. bras.: *Olhos de ver, ouvidos de ouvir*. São Paulo: Loyola, 2002.

MODRAS, Ronald. *Ignatian Humanism. A Dynamic Spirituality for the Twenty-first Century*. Chicago: Loyola Press, 2004.

MULDOON, Tim. *The Ignatian Workout. Daily Spiritual Exercises for a Healthy Faith*. Chicago: Loyola Press, 2004.

PETERS, William A. *The Spiritual Exercises of St. Ignatius. Exposition and Interpretation*. Jersey City, N.J.: Program to Adapt the Spiritual Exercises, 1968.

POUSSET, Édouard, SJ. *Life in Faith and Freedom. An Essay Presenting Gaston Fessard's Analysis of the Spiritual Exercises of St. Ignatius.* DONOHUE, Eugene L., SJ (trad. e ed.). St. Louis: IJS, 1980.

RAHNER, Hugo, SJ. *Ignatius the Theologian.* BARRY, Michael (trad.). New York: Herder & Herder, 1968.

SEGUNDO, Juan Luis. *The Christ of the Ignatian Exercises.* London: Sheed & Ward, 1988.

SHELDRAKE, Philip, SJ (ed.). *The Way of Ignatius Loyola. Contemporary Approaches to the Spiritual Exercises.* St. Louis: IJS, 1991.

SILF, Margaret. *Inner Compass. An Invitation to Ignatian Spirituality.* Chicago: Loyola Press, 2000.

TETLOW, Joseph A. *Choosing Christ in the World. Directing the Spiritual Exercises according to Annotations Eighteen and Nineteen. A Handbook.* St. Louis: IJS, 1989. Trad. bras.: *Para escolher Cristo no mundo.* São Paulo: Loyola, 2003.

TONER, Jules J., SJ. *A Commentary on St. Ignatius' Rules for the Discernment of Spirits.* St. Louis: IJS, 1982.

____. *Discerning God's Will. Ignatius of Loyola's Teaching on Christian Decision Making.* St. Louis: IJS, 1991.

Veja artigos, obras especializadas e temas específicos nas notas nos capítulos individuais deste livro e referências nas bibliografias a seguir.

Bibliografias

BEGHEYN, Paul, SJ. A Bibliography on St. Ignatius' *Spiritual Exercises. SSJ* 23, n. 3 (maio de 1991).

____. Bibliography on the History of the Jesuits. Publications in English, 1900-1993. *SSJ* 28, n. 1 (jan. de 1996).

IVENS, Michael, SJ. *Understanding the Spiritual Exercises.* Veja acima sob "Textos dos *Exercícios Espirituais*". Contém extensa bibliografia atualizada dos Exercícios.

Sobre o autor

Desde 1990, Dean Brackley leciona teologia e ética na Universidad Centroamericana (UCA) em El Salvador, América Central.

Brackley nasceu no interior de Nova York em 1946, entrou para a Ordem jesuíta em 1964 e foi ordenado sacerdote católico em 1976. Doutorou-se em ética teológica na University of Chicago em 1980. Nas décadas de 1970 e 1980, Brackley trabalhou no ministério social e na educação popular na zona leste de Manhattan e no sul do Bronx. Lecionou na Fordham University em 1989-1990, antes de juntar-se ao quadro da UCA. Além de lecionar ali, administra a Escola de Educação Religiosa da universidade e colabora em escolas de formação pastoral patrocinadas pela UCA. Faz trabalho pastoral em uma comunidade urbana de San Salvador.

Além de textos sobre educação popular e artigos a respeito de teologia e sociedade, suas obras publicadas incluem *Etica social cristiana*, UCA Editores, 1995, e *Divine Revolution: Salvation and Liberation in Catholic Thought*, Orbis Books, 1996.

Edições Loyola

editoração impressão acabamento

Rua 1822 nº 341 – Ipiranga
04216-000 São Paulo, SP
T 55 11 3385 8500/8501, 2063 4275
www.loyola.com.br